岩波現代文庫／学術 357

増補 日本人の自画像

加藤典洋

JN159343

岩波書店

はじめに――自画像について

この本でわたしは「日本人」という考え方がこの日本という国に生まれ、わたし達に引き受けられていく際に起こったドラマに、光をあててみようと思う。

そのようなドラマは、一八世紀の江戸にはじまっている。

そしてその後、幕末・開国期、大正期、昭和戦前期、とそれぞれの画期を記している。

そのドラマは、戦後にも引きつがれている。

このドラマを用意する一大革新を行ったのは、荻生徂徠である。この本では、その徂徠の革新の意味に光をあて、その後、本居宣長、福沢諭吉、柳田国男、吉本隆明の四人の思想家について、自画像制作の試みという観点から、一つの系譜的な流れをたどっている。

　自画像制作の試みとは、簡単にいうと、「日本人」という考え方への抵抗ということである。「日本人」という考え方の現れる前、わたし達にはあるまとまりの感覚があったはずだが、それには、どのような可能性があるのか。「日本人」という考え方が現れることで、その感覚はどこにいったのか。それは消えてもうわたし達のもとにないのか、それとも姿を消しはしたが、見えないまま、わたし達の身体とものの考え方の中に残っているのか。

その未成の共同性の感覚ともいうべきものが、わたし達の身体には、一つの記憶のようなものとして残っていると思う。わたし達が、「日本人」「国民」「民族」という考え方に、頭で考えて批判的な感想をもつという以外に、いわば身体の底からの違和感を感じるという時、わたし達を動かしているのは、その未成の感覚なのではないか。わたしのなかにはいま、そのような予感がある。

自画像制作の試みとは、その未成の感覚を身体的記憶の底におく、「日本人」という考え方への抵抗をさしている。そのような試みの系譜、またそのことのもっている思想的意味が、この本で考えてみたいわたしの主題である。

なぜそれは、自画像制作の試みと呼ばれるのだろうか。

絵の世界で自画像がいつ頃から描かれているかを見ていくと、それがだいぶ新しい時期のことであることがわかる。わたし達の知っている最初の自画像は、一四八四年に描かれている。そこには、晩年のアルブレヒト・デューラーの手で、「われ自ら鏡に写して一四八四年にこれを描く。時にわれなお少年なりき」という言葉が記されている。そこに描かれているのはまだあどけなさの残る一三歳の少年の顔だ。それが、とてもその年とは思えない成熟した筆致で銀筆の粗描をされている。この時、鏡はあった。けれども誰もその鏡に映る自分を描こうとはしなかった。最初にそういうことを行ったのが、後に大画家になったとはいえ、当時まだ徒弟修業をしていた一人の無名の少年だったという事実は、わたしに、なぜ、画家たちがある時いっせいにそこに映る自分の顔を描きだすようになるのかということを、一つの問いとして、さしだしている。わたしはこの本が入るシリーズのパンフレットに、この本の案内の文として、たとえば、このように書いたことを思いだす。

ゴッホは沢山の自画像を書いている。その自画像は、じっとこちらを見すえていて、わたしに自画像と肖像画の違いを考えさせる。

あるいは違っているのかも知れないが、画家たちが一五世紀末、あるいは一六世紀に入って自画像を描きだすことのうちには、一つのドラマがあるのではないだろうか。ある時、彼らにほぼ時を同じくして、一つの感覚が宿る。彼らは鏡の中に自分の像を認める。それは今朝もそこにあったし、昨夜もそこにあった昨日と変わらない自分の顔だ。しかし、いま彼らは思う。これはわたしではない。彼らは、自分に感じられている自分と鏡に映っている自分を、同じではない、と感じるのである。

鏡に映っている自分とは何だろうか。そのつもりになって考えれば、そこには自分に感じられている自分と人に見られている自分との二つの自分が重なっている。その二つの自分を重なりあわせた二重の存在として、わたし達はわたし達自身として生きている。そのような二重の自分の像から、自分に見えている自分の像を救いだしたいという欲求、それが、画家たちに自画像というものを描かせはじめた契機だと、そうわたしは、感じるのである。

自画像と肖像画の違いはそこからくる。肖像画にわたし達は、人に見られているモデルの像を見る。しかし自画像からわたし達は、もしそれがほんとうにすぐれたものである場合、見られている画家の顔をではなく見ている画家の眼を感じるのではないだろうか。そしてその違いは、自分に感じられている自分が描かれているのか、人に見られている自分が描かれているのか、ということから、くるのではないのだろうか。

右のくだりに続き、そのパンフレットにわたしはこうも書いている。

これまでの日本人論はたとえ日本人が書いていても、結局、さまざまな画家に書いてもらう肖像画だったのではないだろうか。

肖像画と自画像の違いは、だから、それを描いているのが本人なのかそうでないのかということにあるのではない。鏡の中の自分を人が見るようにしか、あるいは人を見るようにしか見ない視線で描かれた自画像は、たとえ本人が描いていても自画像ではない。その逆に、たとえ画家が描いていても、それが自画像のように描かれる、そういう肖像画も、あるかも知れない。その場合画家は、モデルを描きながら、その自分に見えているモデルが、モデル自身からは違ったふうに見えている、というそのことを、その絵に、描いているのである。

肖像画になく自画像にあるもの、それは、鏡に映る自分から自分に見えている自分を取りだそうという意欲である。ある自画像を見て思わずそれに釘づけになる時、わたし達に感じられているのは、鏡に映る自分から自分に見えている自分を取りだそうという画家の抗い、画家自身に感じられている自分の、鏡に映る自分への、抵抗なのである。

わたしは、「日本人」という考え方がこの列島に現れ、それからしばらくした時起こったことも、これと同じことだったのではないかと思う。

これはわたしではない。

「日本人」をめぐる自画像の制作もまた、「日本人」を描くことで「日本人」に抗う、一つの試みだといえる。これは、この自分に感じられている自分と鏡に映っている自分の落差の感覚にはじまり、やがて、自分を知るとは何か、世界を知るとは何か、という問いにまで育った、この列島生まれの一つの思想的な伝統だというのが、いまのわたしの、予感なのである。

この本を構想するにあたって、わたしは共同性ということについて考えずにはいられなかった。これまでわたしは共同性ということをもっぱらまとまりの意識として考えてきた。しかしこの概念には、ちょうどわたし達が、人に見えている自分と自分に感じられている自分の二重性として生きているように、二つのあり方が、重層している。一つがまとまりの意識だとすれば、もう一つは、つながりの意識である。「日本人」という考え方が生まれることで、わたし達の身体の中に消えたもの、先に未成の共同性の感覚と呼ばれたそれは、たぶん、このつながりの意識にあたっている。

いまから何十年か前、アフリカで飢餓が起こりある山岳民族がほぼ壊滅的な崩壊ぶりを示し、絶滅に瀕した。その記録を一人の人類学者がわたし達のために残してくれている。そこにこういうことが書いてある（コリン・M・ターンブル『ブリンジ・ヌガク――食うものをくれ』）(1)。死に瀕し、もうほとんど動けなくなって最後に人々がしたことは、こういうことだった。人々は互いに少しずつ近づいた、そして、手と手を近づけ、ふれあおうとした。このつながりの意識という時、わたしが思い浮かべるのは、この死んでいく人々の、最後の努力の姿である。

目　次

第一部　自画像制作とは何か

第一章　自画像の思想

1　命がけの飛躍——ラカン

自分に感じられる自分と人に見えている自分。その関係とはどのようなものだろうか。この二つのものの違いを取りだすために、どんな手続きが必要になるだろう。

まずはじめに、わたし自身が「日本人」という考え方について、これは人に見えている自分というものが列島の人々に獲得されたということなのだとわかった、その順序を、ふりかえってみたい。

その了解はわたしに、もう一五年も前——一九八〇年代の半ば——、次のようにやってきた。

最初にわたしにわかったこと、それは、「日本人」とは、「日本人」という具体的な存在をさす以前に、「日本人」という考え方、概念だ、ということである。

わたしが、この問題に関心をもつようになったきっかけは、ある事典の「日本人」という項目の執筆を引き受けたことだった。引き受けた時、わたしには何もわからなかったのだが、これは、大変な作業になった。問題は、何を書いたらよいのかわからない、ということだった。何を書けばよいかわかれば、それについて勉強することができる。しかし、その「何を書けばよいか」が、皆目見当がつかない。何について書けば、日本人について説明したことになるのか、わからない、そのことに、わたしは、いざ執筆する段になって、はじめて気づかされたのである。

わたしは図書館にいって、これまで人がどのようにこういう仕事を行ってきたのかを調べてみた。内外の百科事典、専門的な事典、その他参考になりそうなものにだいたいあたったが、その結果、わかったのは、次のようなことだった。

まず、「日本人」という項目について、こういうことについて書けばこれについて書いたことになるというような決まった内容はない。したがって、たとえば「日本の税制」について事典の項目を書く時のように、これを勉強すればよいというような準備は、この仕事の場合は行いにくい。

また、これまでこの項目を書いている人々は、すべて自分の専門分野にこの主題を引き込んで、自分の専門分野における「日本人」の意味内容について書いている。その専門分野は形質人類学、社会人類学、考古学、歴史学、社会学、民俗学、民族学などである。しかし、それでは「日本人」とは何か、という問いに答えたことにはならないのではないか、という疑問に苦しめられた形跡のある記述は、そこにはなかった。

わたしがそこから得たのは、何について書けば、「日本人」とは何か、という問いに答えたことになるのか、もしこの問いに答えることができれば、それが、「日本人とは何か」という問いの答えになるのではないか、そんな手がかりにもならないような、手がかりだった。

わたしは結局、次のような考えに落ちついた。

わたしの見た専門家達の記述はみなこんなふうである。つまり、ここに容れ物があってその中に何かが入っている。その中に入っているものは、いろんなふうにいえる。形質人類学、社会人類学、考古学、歴史学、社会学、民俗学、民族学、これらはすべてその「いい方」の種類なのだ。しかし、誰一人として、自分がこんなふうにいえるのはここに「容器」があって、その中に「中身」が入っているからだ、というようには考えていない。しかし、これらはすべて「容器」があっての話だ。ここに「日本人」という概念の容れ物、容れ物としての概念があるから、そもそも、「日本人とは何か」などという問いを行うことも、可能なのである。

だとするなら、この「日本人」を、具体的な内容物ではなく、概念の容器と受けとり、この概念の容器が、いつ、どのようにして形成されてきたかについて述べれば、それが「日本人とは何か」という問いに答えること、「日本人」という事典項目の要求をみたすことになるのでは、ないだろうか。

わたしは、「日本人」を「日本人」という概念とみなし、その形成過程を問題にし、そのある時点で、「日本人」という概念が成立した、ということを示す以外に、この問いに答えることはできない。そういう考えに落ちついたのである。

わたしは、それを可能な限りの方法で調べ、それについてわかったことをまとめてその事典に書いた。

また、この自分なりの発見に促されるようにして、ここに考えたことをまとめて一つの論文に書いた。

しかし、わたしの論には一つの難点があった。

何をもって「日本人」という概念は、この時成立した、といえるのか。

わたしの論の構えからは、この問いの答えは、見えそうで、なかなか見えなかったのである。(1)

この本は、この難問を一つの仕方で乗り越えるところからはじまる。

では、何をもって『日本人』という概念は、この時成立した」、といえるのか。

そのことについて、わたしの見るところ、もっともはっきりした答えを提出している酒井直樹は、その問いの答えを、次のように書いている。(以下、わたしの言葉に咀嚼して、いい直して書く(2))

酒井はいう。

「日本人」(という概念)が〝生まれる〟とわたし達はいう。「日本人」(という概念)が〝生まれる〟とは、どういう事態だろうか。

こう考えてみよう。

よく人は、古代以来、日本は「つねに『中国』との対照によって自己措定を行ってきた」というようなことをいう。これは、明治以来、多くの学者に唱えられ、日本社会に「広く受け容れられている」見解である。しかし、こうした見解は、近代になって生まれた考え方を「過去に投射した」、歴史考察上の遠近法的倒錯の産物にすぎない。というのも、このように他の同等存在との比較で自己措定するのは、「対他かつ対自的」な関係性の中で、「自己を構想」するということであり、近代になり、日本が「国民共同体」の場となるまでは、――つまり、日本に「日本人」という概念が生まれ、「日本」という概念が生まれるまでは――、行われようのないやり方だったからである。

列島にそういうものが生まれるまで、人々は、これとはまったく違うあり方で「自己を構想」していた。というより、まだ「日本」という形では、「自己を構想」していなかった。そこでは、人々は、それぞれ自分を、「無数の社会関係の網目の中に位置を占める身分の束」として規定していた。敬語の体系を考えてみれば、わかるだろう。敬語の世界では、「親―子、兄―弟、夫―妻、主―従」というように、相手との関係によって、個人はそのつど、その関係性の中で、言語上の自己の同一性を限定している。人は近代以前は、いま敬語の世界がわずかにわたし達に想像させる、そういう世界に生きていた。そこでは、人は、「同時に親でありまた子であり(子でない親は原理的に存在しえない)」、また、主であり、従である。人々はそこでは、「親、子、主、従の集合に同時帰属」できる。けれども、近代となれば、そうはいかなくなる。近代の自己の規定を統括するのは、それまでのように、〝そのつどの関係〟ではない。これまでの身分、関係とは違う、「国民・民族・人種といった非身分的集合への帰属による規定」が、新しく、「ひとの主体的位置を優先的に決定するように」なる。「近代になって登場する同一性」は、「種的同一性」とでも呼ぶべき、排他的な原理に則っている。それは「犬が同時に猫であることができない」ように、「同時に複数の国民、民族、人種であることはできないという建前」に立つ、これまでにない、「種」で区切る、全く新しい同一性の形なのである。

個人はそこでは、それまでのように「特定の他者との関係」——水平の関係——によって自己の同一性を得るのでなく、国民、民族、人種といった「抽象的な集合への帰属」——垂直の関係——「によって種的同一性を得る」ようになる。つまり、このことのうちに答えがある。「日本人」(という概念)が生まれるとは、これまで「身分の束」としてあったこの雑種的な集合性が、ここにいう、「種的同一性」としての集合性に代わること、そういう事態を、さしているのである。

酒井のこの説明は、この問題でだいぶ苦労したわたしには、考えられる最も妥当な答えのように思われる。

わたしは、この考えから出発することにする。

この先は、どう考えるべきか。

わたしは、こう考える。

すると、どういうことになるだろう。酒井の説から出発すれば、次のようなことになる。これまでは、たとえばわたしは、ある時は、藩の家来、ある時は、一族の長、ある時は、夫、ある時は、父、ある時は、子、ある時は、郎党に対する主人だった。またわたしは、同時にそのいずれかでもありえた。さらにわたしが甲という藩の一員であることと、乙という家の一員であることとは、時と場合によって、主客の逆転する関係だった（たとえば森鷗外の描く「阿部一族」の場合）[3]。けれども、近代に入ると、わたしにとってはまず何より「日本人」だということが、「自己の規定」の第一優先原理となる。優先原理というだけでなく、これが独占的で排他的な統合原理にまつりあげられる。それまでわたしの「自己の規定」は、身分の網の目の中の複数の関係から重層的に確定されていたのだが、この特権的な「種的同一性による自己の規定」では、たとえば「日本人」「国民」といった「抽象的な集合への帰属」という原理が、もっぱら第一義のものと、考えられるようになるのである。

ここに起こっていることを、もっともわかりやすい形で教えるのは、あのラカンの鏡像段階という話である。ラカンの鏡像段階説とは、次のようなものだ。

ラカンはいう。

人間の赤ん坊は、どのように「自分」という意識、「自己」というものを手にするのだろうか。赤ん坊は、生後六カ月から一八カ月までの間に、自分についての意識をもつようになる。そこに、起こっているのは、次のようなことである。まず、生まれた当初、赤ん坊は、自分を自分と意識していない。彼は、自分の存在を、漠然と「ばらばらな身体」のように感じている。この場合、彼が「自己」をもつとは、自分をいわば「単一な身体」と思うようになるということである。では、彼はどのようにはじめの「ばらばらな身体」から「単一な身体」へと移行しているのか。その移行に一つのヒントとなるのは、次のような鳩の実験結果である。鳩を単独で飼育していると、その鳩は時期がきても所定の性行動を行わない。鳩が性徴を発現させるには、他の鳩とともに生きることが必要なのだ。けれども、他の鳩を入れる代わりに、その鳩の飼育室に鏡を入れ、鳩が鏡の自分を見るようにしておくと、それだけで、鳩は性徴を発現させるようになる。自分の鏡像を見ることが、他の鳩と生きることから得られる何らかの効果を、代行して鳩に与えるのである。鳩が正常な性徴を発現させることをもって、鳩が鳩としての「自己」をもつことと考えると、鳩は自分の鏡像を見ることで、「自己」を獲得していることになる。

　さて、人間の赤ん坊の「自己」の獲得も、原理的には、これと同じ機制で生じていると考えられる。それは、こういうことを語っている。彼は、「ばらばらな身体」、たとえば三〇個に分かれていた身体を、徐々に一五個、七個、三個という具合に統合し、この統合化の過程の果てに一個の身体を得るというようにして、この「単一な身体」、つまり「自己」を手にするのではない。そうではなく、彼は、一挙に「自己」を得る。彼は、彼もまた、鏡の前に立つことで、鏡に映る自分を媒介に、一足跳びに、「ばらばらな身体」から、「単一な身体」へと、跳び移っているのである。

まず、彼は、鏡の中に「何か奇妙なもの」が映っているのを見る。そして、鏡に「何か奇妙なもの」がいると思う。彼ははじめ自分を「ばらばらな身体」と感じている。だから、それは彼に「自分ではないもの」と受けとられる。でも、自分が動くと、それも動く。自分とその「自分ではないもの」には、どうも関係がある。そして、ある日、彼と、その「奇妙なもの」の間に、一つの転位が起こる。「ギョエテとは、俺のことかとゲーテいい」という面白い川柳があるけれども、それと似た具合に、彼は、そうかオレというのは、この「何か奇妙なもの」だったのか、そう合点するのである。

列島の人々が、雑多なまとまりの意識としての「われわれ」から、種的同一性の「日本人」に変わる時、起こっていることを、ちょうどこれと同じ事態と考えてみることができる。彼らは、ついいまのいままで彼がそうであった「ばらばらな身体」ではなくて、鏡に映る「単一な身体」をもった「何か奇妙なもの」のほうこそが自分だったのだと、空中ブランコでいうと、自分に感じられている自分(「ばらばらな身体」)から自分に見える自分(「単一な身体」)へと、一挙に身を翻し、〝跳び移って〟いる。外から見れば、何も変わっていない。けれども、そこで彼らは、いわば〝命がけの飛躍〟を行っているのである。

2　否定と抵抗 —— 酒井直樹

自画像の制作で画家たちが行っていることは、だから、ここで起こっている過程を逆転させるようなことである。そこでは、ちょうどフィルムを逆に回すように、鏡に映っている自分から、あの「ばらばらな身体」としての自分が、もう一度、取りだされようとしている。フランシス・ベーコンの自画像(図1)のように、それ自体が大きく歪み、「ばらばらな身体」に近づけられた自分がそのままキャンバスに描かれるものもあるが、それでも、そこに描かれたものが人の顔であることは、「自画像」という断りなしにも、見る人にわかる。画家は、鏡に映る自分をそこでなぞる。そうすることで、それとは違うもの、それに抗うものをそこに描く。

つまり、自画像の制作とは、鏡に映る自分を描くことで、鏡に映る自分に抵抗すること、「日本人」(という概念)を種的同一性として描くことで、その種的同一性に抵抗すること、なのである。

しかし、自画像の制作がそのようなものだとすれば、わたし達には、こんな疑問が生じうる。

こう思う人がでてくるかも知れない。

絵のことは知らない。しかしもし「日本人」という種的同一性の概念に抵抗する、つまり反対するとしたら、わざわざ、それを描く(肯定する)ことでそれに抗う(反対する)、などという迂遠な手続きが、必要だろうか。わたし達はわたし達が批判をもつものを、的確に否定すれば、それですむのではないだろうか。

またこの疑問には、もう一つの理由がともなうことも考えられる。絵のことは知らない。しかし、言葉で描かれる自画像という場合、それについて考えることでそれに抵抗する、そんなことは、可能だろうか。それについて考えることは、そのこと自体で、そのことを強化することにつながるのでは、ないだろうか。

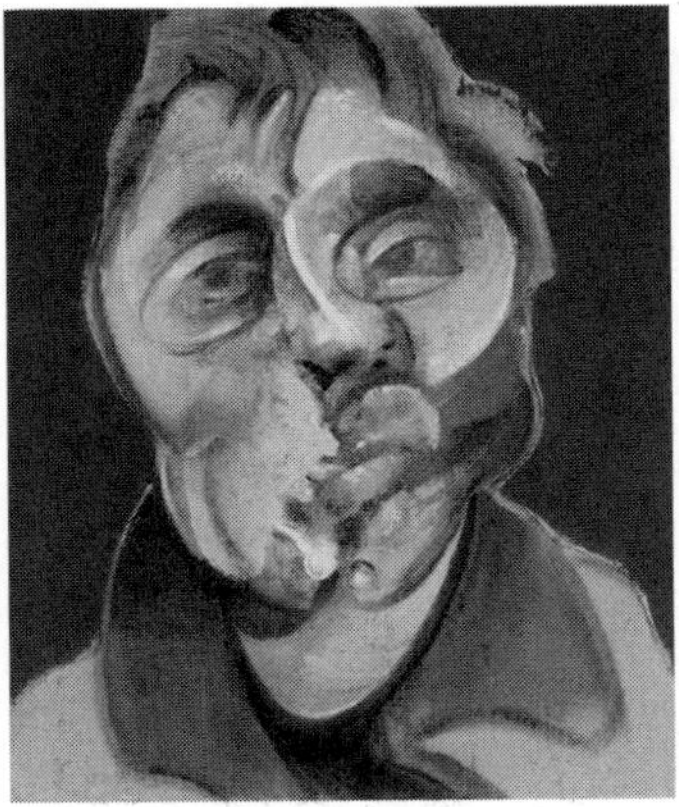

図1　フランシス・ベーコンの自画像

先に引いた酒井直樹は、「日本人」という種的同一性の概念について、こう述べている。[4]

近代の国民国家の均質性と排他性は、この種的同一性の「自己の規定」のあり方に大きく統御されている。これを否定しようとすれば、この種的同一性としてのあり方を、否定しなければならない。

しかし、それは思われている程たやすいことではない。

なぜなら、それは、種的同一性の一員として構成されてしまった人間が、その自己を構成しているものを自ら否定するという、内在批判の側面をもつからである。

たとえば、「国民全体主義」には「個人主義」を武器に戦おう、という人が出てくるかも知れない。でもこれは、不可能である。なぜなら、個人主義とは個人を分割不可能な実体 individuum とみなす考え方だが、これは、社会を分割不可能な実体 individuum とみなす国民全体主義と同根の考え方、同じ種的同一性に基づく近代の所産だからである。国民全体主義を否定し、社会は分割可能だという考え方に抜けでようとすれば、個人主義という考え方をも否定しなければならなくなる。個人主義は、その意味では、主体を全体と見る、もう一つの全体主義なのである。

また、一方、近代が種的同一性に大きく規定されていることを理由に、その外部から近代を否定しようとしても、そこにももう一つの陥穽が待っている。近代の外部には前近代と後近代という二つの(非)「近代」がありうるが、そういう実体的な「外部」に立脚した近代批判は、近代においては「必ず、反近代あるいは土着主義という名のノスタルジア」に至りつく。そしてそのようなノスタルジアは、「簡単に、まさに近代的なものである国民主義」に、取り込まれてしまうからである。

さらに、もしこのディレンマを克服して、これを内部からいわば「これを描くことでこれに抵抗する」というあり方が、今後構想されるかも知れない。しかし、それが不可能であるばかりか、種的同一性に加担する結果になり、有害ですらあることは、後にいう言説の「実定性」産出の働きから、明らかである。

では、どうすればよいか。

たとえば、「平等」という概念は、そのアナーキーな性格で、一つのヒントとなる。これは、軍隊内の「平等」というように、一方で階層秩序、差別を確定する働きをもっているが、他方で、外部者、少数者からの「平等」要求に見るように、「社会体制そのものが産み出す差別」を撤廃へと促す働きをも、もっている。近代は自分の中にそのような過剰をもつ。種的同一性の批判は、こうした「近代が自ら抱え込んだ過剰」のアナーキー性からしか、「為しえない」のである。

以上が、わたしのまとめた酒井の近代批判論の骨格である。酒井は、種的同性への批判はその内部の「過剰」をテコとするアナーキーなあり方でしか、可能でない、という。

しかし、わたしの考えは、違う。

酒井のこの近代批判論の弱点は、この最後の個所が、明確でないことである。

酒井は、近代批判は、近代の産物である近代的原理そのままの適用では難しいという。それは、「国民全体主義」と「個人主義」のように「共犯関係」にあるからである。しかし、同時にその外部からの批判も無効だという。それは必ずや、「反近代あるいは土着主義という名のノスタルジア」に帰着し、「国民主義」に取り込まれてしまうからである。ではどうすればよいか。彼は近代が自ら抱え込む「過剰」に注目し、近代の過剰な性格を利用し、それによって近代を批判すべきだと考える。けれども、その批判は、外部からの否定でも、内部からの抵抗でもない。彼はそういう。とするならそれは、どういうものか。

外部からの近代批判でも、内部からの近代批判でもない「過剰」のアナーキー性に立脚する近代の批判とは、どういうものなのか。

　この主張の立場を説明すると思われるものに、ポストモダン思想に立脚し、柄谷行人がかつて提唱した、「外部と内部」の二項性そのものの〝外部〟に立つ、という〝外部〟論がある。けれどもそれがレトリカルで、実をもたない主張だったことは、――九〇年代初頭のソ連邦崩壊をへて――いまや柄谷自身がその立場を捨てていることからも、明らかだと思える[5]。また、酒井がそもそもこのようなレトリカルな主張に同調するとも思われない。問題は、こういう点にある。

　酒井自身は、「平等」を例とする近代批判の説明の個所で、先にわたしが要約したのとは違い、「近代の批判的解明は、近代が自ら抱え込んだ過剰、その雑種性からしか、為しえないのである」と、書いている(傍点加藤)[6]。これを、「近代の批判的解明は、近代が自ら抱え込んだ過剰……からしか、為しえない」と取れば、これは、近代は内在的にしか批判できないという、内部からの抵抗の論である。しかしこれを、「近代の批判的解明は、……雑種性からしか、為しえない」と取れば、その意味は、種的同一性に立つ近代の批判は、雑種的同一性に立つ近代以前のあり方からしかなしえない、となり、外部からの否定の論となる。酒井の主張は、近代は「雑種的な同一性」から「種的な同一性」への移行によって成立したという定義の上に立っているから、ここで彼の考察は、混乱していることがわかるのである。

なぜこのようなことになるのか。

わたしの考えをいうなら、その理由は次のことにある。

酒井の考察は、明らかに、近代に対する批判が、内在的な批判として行われるしかないことを語っている。外部からの批判とこの内在的な批判との違いは、この面では、前者(外部からの批判)が近代の「種的同一性」に対立する観点による、その否定という形をとるのに対し、後者(内在的な批判)が、「近代が自ら抱え込んだ」ものによるこの「種的同一性」の――それへの抵抗を通じての――克服という形をとることである。この内在的な批判では、「種的同一性」が「克服」の対象とみなされることになるが、先に見たように、酒井の議論では、「種的同一性」は近代の「国民全体主義」の元凶とされ、「否定」されるべきものととらえられている。酒井は、克服の対象とみなすべきものを、否定の対象とみなしているため、論全体としては外部からの批判は無効だといいながら、具体的なレベルで、「近代が自ら抱え込んだ過剰」からの近代批判を、内在的な抵抗としては語ることのできない場所に、追いこまれているのである。

もう一つある。

彼は、先に引いた論文の関連論文の一つで[7]、ここにいう内在的な抵抗を通じての「種的同一性」の克服が、不可能であるばかりか、有害ですらあるという言説論を展開している。ここで念頭におかれている内在的な批判の方法が、言葉を使った「種的同一性」を論じることによるそれへの抵抗を意味していることを考えれば、酒井は、あらかじめ内在的批判の可能性を、自分の手で封じてしまっているのである。

ところで、この酒井の第二の論点は、別にいうなら、言葉による自画像の制作は、不可能だ、ということである。そこで彼は、先に述べた、「絵のことは知らない、しかし言葉で自画像を描くこと、つまり〝それについて考えることでそれに抵抗すること〟は、可能だろうか」という疑問の立場を代表し、自画像制作の(言葉による)試みは、そもそも、権利として、ありえない、と主張していることになる。

しかし、これについては、先にいっておく必要があるのでいうが、それは、この酒井の主張が間違っている。その理由は、以下の通りである。

酒井の言説論とは、次のようなものだ。彼はいう。(わたしなりの言い方でいいかえている(8))言説とは、何だろうか。それには、命題に対し、これを「肯定もしくは否定する」という働きの他に、そもそもそういうことが可能になる、そのための〝土俵〟(客体の諸領域)——ミシェル・フーコーが「実定的領域」と呼んだもの——を「成立せしめる力」がある。それは、言行為(スピーチ・アクト)論にいう、言行為におけるパフォーマティブ(言遂行的)な働きに、ほぼ該当するものである。

言行為論はいう。たとえば、天皇制について語る歴史的な記述には、「天皇制が過去にどのような形態をとっていたか」というコンスタティブ(陳述的)な問いの次元の他に、そう語ることで「天皇制」を歴史的事実として「あらしめ」ることになるもう一つの次元、「陳述することで歴史の言説は何を産出しているのか」というパフォーマティブ(言遂行的)な、問いの次元がある。道を訊かれ、それに答えることは、命題(問い)を充塡することであり、言行為のコンスタティブな働きだが、結婚式で誓いを述べることは、命題(契約)を産出することであり、言行為のパフォーマティブな働きである。

言説には、こうして、語ることで「中身」のみならず、「容器」までをも作りだす力、――それについて語る、その命題の「実定的領域」を作りだす――「実定性」産出の力がある。「実定性」とは、したがって、「学界といった小さなものから全ヨーロッパといった広範囲にわたる集団のなかで、いわば『常識』として共有され、あまりにも当然視されているために誰もあえて問おうとしないにもかかわらず、それなしにはたんに合意だけでなく論争や対立さえ不可能になってしまう」、言説における構成体のことである。わたし達が知らずに依存している「社会的合意や論争の『現実性』」は、この「実定性」から、もたらされている。

さて、このことを基礎に、歴史的言説一般について、次のようなことが、いえる。

たとえば、これまで、多くの人が歴史学の一主題として天皇制について論じてきた。しかし、その天皇制論は、いずれも、どこかに「天皇制」というものがあり、「そうした天皇制の通時的変化を追」えば、それがそのまま「天皇制の分析」になる、という無意識の前提に立つものだった。しかし、このような考え方は、明らかに天皇制の考察として、「不十分」である。なぜなら、そこには、あの、言行為にはコンスタティブな働きのみならず、パフォーマティブな働きまでが含まれているという、言説の「実定性」産出の力についての考慮が、繰り込まれていないからである。

酒井はいう。

歴史がどのように成立するかを問わずに、もっぱら天皇制の系譜の陳述が、記述される対象を正確にあるいは「真に」模倣しているかどうかの検討に向かうような語りは、ともすれば、天皇制と呼ばれるある種の実体を想定し、実体を想定するかぎりで、天皇制を産出することになるだろう。過去に向かって、こうした語りは、天皇制の存在を制作＝産出するのである。(9)

さて、この主張が正しければ、そもそものところ、言葉による自画像制作の試み、「日本人」(という種的同一性からなる存在)を描くことで「日本人」(という種的同一性の概念)に抵抗する試みは、ありえない。それは、種的同一性としての「日本人」について論じる。この主張では、その論旨がたとえ批判だとしても、この「日本人」を強化してしまうと、いわれているが、わたしのいう自画像制作の試みは、それを批判するのではなく、まず受けとる(描く)こと、受けとることで抵抗する、そういう試みだからである。

けれども、ひるがえって、酒井のいう通りなら、わたし達には、内容として論じられるどのような歴史的な「天皇制」論も、歴史的な「日本人」論も、書けないことになるだろう。そして、唯一ありうべき「天皇制」論、「日本人」論は、それぞれの対象について論じることのパフォーマティブ(言遂行的)な意味――言説の「実定性」産出の働き――を繰り込んだ、言説批判論だということになる。それ以外の、いわば「実定性」の土俵に乗った論は、〟乗せられた〟論、酒井の言葉を使えば、「語った」つもりで「騙《かた》られた」、錯誤の論となるほかにない。

しかし、そうだとすれば、単にわたしがここにめざす自画像制作の試みだけでなく、いわば内容にわたるすべての論は、その存在の権利を失う。酒井の論は、言説批判論を除く他の内容にわたる論すべてに、権利の失格を告げるのである。しかし、このことは、むしろ酒井の論の転倒を語っていないだろうか。他のすべての論の「中身」に対し、これを批判するオールマイティの力をもつが、それ自身としては「中身」に相渉れない、そのような種類の言説論は、論として権利はもつけれども存在がない、インポテンスの論というほかにないだろうからである。

なぜ、このようなことになるのだろうか。

わたしの考えをいえば、酒井の言説論は、次の点で間違っている。彼の論では、言説論が言説にはじまり言説に終わる、一つの島宇宙になっている。それは、外部をもたない言説論なのだ。でも、言説には当然、外部がある。その外部が論に繰り込まれないため、酒井のいうことは、ふつうものごとが生起する順序と、逆倒した軌跡を描くのである。

こう考えてみよう。酒井のいう「実定性」はわたしがこの章の第一節に紹介した「容器性」の考え方と、ある程度まで類似している。それらはともに、あることがらが語られる場合には、それに先立つメタレベルの概念の〝土俵〟(容器)が想定されなければならないことに、わたし達の注意を喚起している。でも、二つはただ一点で違う。その概念の取りだされる過程が、わたしと酒井とではちょうど逆になっているのである。

わたしは、「日本人」とは何か、という個別の問題を考えつめていった果てに、その「中身」の問題が成り立つにはその前にそれを可能にする「容れ物」があるのでなければならない、という一般の問題に気づいている。しかし、酒井は、まず言説にはそこに語られることをいつのまにか「中身」として自明化させてしまう「実定性」産出の力があるという、言説一般の問題からはじめ、そこから、「中身」の批判へと進む。

でも、そのため、大きな違いが生まれる。わたしは「中身」の問題を考えつめ、そこから「容器」の問題へといくため、「中身」の問題に相渉ることができる。でも、酒井はその「容器」(土俵)の問題からはじめるため、その酒井に「中身」の論は、すべて錯誤としてしか現れてこないのである。

これは次のことを語っている。ほんらい、酒井のいっていることは、わたしの場合がそうであるように、個別の問題を考えていった、その果てにつかまれる一般の真理として語られるべきことなのだ。個別から入り、ゆきづまり、その結果、別のレベルの問題に抜けでていく。その順序が逆転してしまえば、人は個別の問題に入れなくなる。酒井の困難が教えているのは、そういうことなのである。

ここにあるのはどのような問題だろうか。

天皇制とは何か、という問いは、それが個別的なものである限り、言説をその言説が指示するまま素朴に受けとった結果として生じている。酒井の考えに立てば、それは、言説の実定性産出の力に〝乗せられた〟錯誤の表現である。天皇制についてその是非を論じる人々は、歴史記述のもつ「核心的問題」をおさえておらず、知らないままむしろ天皇制に加担していることになる。しかし、そもそも人は、なぜ天皇制という歴史的事実に関心をもつのだろう。簡単にいえば、その「問題」が、人々を動かし、自分にも関係をもち、自分の中にさまざまの思いを引き起こすからではないだろうか。人がある問題に関心をよせることの根源は、このような場所、言説の外部にある。そのことを認めないかぎり、「容器」の次元については考えられても、その「容器」になぜそれぞれに個別的な内容(＝中身)が入っているのかということは、考えられないのである。

酒井の言説論では、言説の外部は、無だといわれる。誰かが言説の外部に何らかの実体を想定するたび、それは言説によって指示されたものを実体と思い誤った(「騙られた」)錯誤だといわれるのは、そのためである。けれども、本当をいえば、言説の外部は、無ではない。言説の外部と内部の関係は、無と有、ではなく、生と死、だからである。

急にそんなことをいうと、読者は戸惑うかもしれない。しかし、これはそれほど変なことではない。こう考えてみよう。言葉とは、一つの秩序であり、システムだ。言説はその言葉から構成されたもの。そしてその言説の外部とは、その言説に先立つもののことなのだ。

言説に先立つものとは、たとえていえば、その言説を発する身体である。そして身体はものを言うまえに生きている。言説に先立ってあるのは、ちょうど「日本人」という種的同一性に先立ってあったのが、「雑種的な自己の規定」という雑種的同一性だったように、言説が命題として指示するものの、言葉にならない「不均質な生」なのである。言説はこれを、あの「日本人」という概念と同じく、均質的な死物、「練り物」のような存在に変える。言説とは、ちょうど鏡に映るわたし達の姿が、あの「ばらばらな身体」の命がけの飛躍によって得られた像であるように、ある言葉にならないものの、いわば練り物になった姿、「単一な身体」となった姿なのである。

だから、こういわなければならない。

言葉による自画像の制作とは、この言葉に語られる前の「不均質な生」を、「均質な言葉」で語ることにより、蘇らせることなのだ。

しかし、そんなことが可能なのだろうか。不均質な生を、均質化の過程にほかならないものを経させることで、蘇らせる——光の下にもたらす——などということが。

というわけで、ここで私は一つの回り道をしよう。

取りあげるのは、文学作品。エドガー・アラン・ポーの『アッシャー家の崩壊』である。この作品が、そういうことが可能であること、また、それがどのように可能で、その結果、どのようなことが起こるか、ということまでを、私たちに教えてくれるからである。

3　自画像制作の物語——ポー

ポーの『アッシャー家の崩壊』とは、そのおよその筋を示せば、次のような話である。語り手の私は、ある日、もうずいぶんと会っていない旧友のロデリック・アッシャーから手紙を受け取り、その要望に応じ、遠路はるばるとその館に赴く。ロデリックは最近の自分の精神状況の不安を訴え、少年時代以来ほぼ唯一の友である私に、ここに来てしばらく一緒にいてほしいと懇願していた。数年ぶりで会う旧友は、目が落ちくぼみ、やつれはて、昔の面影を失っている。ロデリックはいまでは残された唯一の係累である妹マデリン嬢と住んでいる。彼女は奇怪な病気を患っており、私の到着後、ほどなく死ぬ。本埋葬までの間、仮安置するため、彼らは彼女の遺骸を地下の霊安室に運ぶ。彼女の死に顔はロデリックと瓜二つで、聞くと、二人は双生児だった。その後、ロデリックの精神錯乱的状況はいっそう強まる。マデリン嬢が亡くなって一週間ほどしたある夜、嵐の荒れ狂う窓の外の様子に、私がなかなか眠れずにいると、やはり眠れないでいたらしいロデリックが、私の部屋のドアを敲く。

私は、神経を病んだ、哀れなロデリックに古い怪奇妖異譚を読んできかせる。それはランスロット・キャニング卿の『狂える会合』という書で、私が開いたのは、主人公エセルレッドが隠者の住居に扉を破り、力ずくで入ろうとする名高いくだりだった。しばらくロデリックは、強風の中、木々の激しくぶつかる音、ものの壊れる音などに何度か驚かされながら、私がそれを読み続けるのを放心したように聞いているが、ふと、気づくと、ひとり言をいっている。私が顔を寄せると、彼は、いう。実は、妹のマデリン嬢は、あの時死んだのではなかった。彼女にとりついた奇怪な病気の症状で、一時的に仮死状態に陥ったが、その後、蘇生した、それが自分には、もう彼女を地下に納めたそのすぐあとからわかっていた。マデリンは、蘇生してみたら、棺の中に閉じ込められているので、必死でそこから出ようとした。銅でできた蓋をかきむしり、声をあげた。その声は自分にははっきりと聞こえた。でも恐ろしくて、この一週間、マデリンを救いにいくことも、それを君に話すことも、できなかったのだ。

　君がちょうどエセルレッドが隠者の扉をぶち破るくだりを読んでいた時、君も聞いたろう、下で大きな音がした。何が起こったか、僕にはすぐにわかった。僕はこのところ、異様に感覚が鋭くなっているのだ。その音は、少しずつ上にあがってきた。それはもう、扉のむこうにいる。彼は跳びあがる。「気違いめ！　彼女はいまその扉の外に立っているのだぞ」。

　そうロデリックが言い終わるか終わらないうち、強風が吹いて扉がバタンとひらく。すると、そこに血だらけの経帷子に身を包んだマデリン嬢が、立っている――。

　さて、この小説を読むと、わたし達はこんな感想に襲われる。この小説からくる怖さは、明らかに他の恐怖小説とは違っている。何がその違いだろう。怖さは、他の恐怖小説の時のように、語られている内容、あのコンスタティブな陳述からくるのではない。そうではなく、語りのパフォーマティブな働きからくる。ロデリックは説明する。わたし達は納得する。でも、その話の中にいたはずのマデリン嬢が、その外にいる。語られているものが語りの「容器」を破って出てきていること、それが、この小説の恐怖の源泉なのである。

このことを受けてわたし達は、こういってみることができるかも知れない。

この小説は、言葉で書かれた場合、自画像制作というものが何を行うものかをよく示していると。

つまり、言葉で書かれた自画像は、まず、自分が語ることで「単一な身体」にしてしまうものを、さらに語りの力を強めることで、「ばらばらな身体」に〝戻す〟のである。語ることが語られるものを「単一な身体」にする。それは、こういうことである。

私がやってくる前、アッシャー家の二人の住人のうち、兄のロデリックは「極度の神経興奮」の病いに苦しんでいた。一方、妹のマデリン嬢は「慢性の無感覚、体の漸進的衰弱、短期ではあるが頻繁なやや類癇《るいかん》性の疾患」を症状とする、「世にも稀な」病いと闘っていた。一方は生と動、他方は死と静。二人の病いがそれぞれに不均質な対照的な、一対であることに注意しよう。でも、私が館に到来すると、その均衡は崩れる。マデリン嬢はそれまで「けなげに自分の病気の苦痛をしのんで、決して床につかなかった」。しかし「私がこの家に着いた日の夕暮れ、(その夜、彼女の兄が言いようもなく興奮して私に語ったところによれば)病魔の力に屈し」、二度と立ち上がらなくなる。両者の病気の不均質な一対というあり方に〃引導〃を渡し、これを生者と死者という整序された一対に変えるのは、考えてみると、小説世界への「語り手」私の到来なのである。

もし、この小説がそのままに推移すれば、わたし達は、その理由こそ違え、酒井に倣い、近代小説の語りは、語られるものを「雑種的な自己の規定」から「種的な同一性」に変えてしまう、したがってやはり語りを媒介にした言葉による自画像の制作は、不可能だ、といわなければならないだろう。これ以後、小説世界を領する関係は、それがはじまる前のロデリック、マデリン嬢の「不均質な生」の一対から、「語る人」私と「語られる人」ロデリック、医者である私と患者であるロデリックともいうべき、親友同士の骨格のはっきりした、これも整序された主客の一対に代わるようになるからだ。

しかし、小説は、ここを起点として、むしろこれ以降、意想外な展開を示す。

この小説は、語りはたしかに「雑種的な自己の規定」を「種的な同一性」に変え、「不均質な生」を「単一な身体」にするが、しかし、もし語りによって生みだされたこの「種的な同一性」「単一な身体」を、批判し、克服しようとすれば、ここから引き返すのではなく、この道をもっと先にいくしかない、そうわたし達に示唆するのである。

この道をもっと先にいくことで、「単一な身体」を批判し、克服する。それは、次のようなことである。

扉が開くと、マデリン嬢がいる。それに続くくだりは、こう書かれている。

彼女の白い着物には血がついていて、その痩せおとろえた体じゅうには、はげしくもがいたあとがあった。しばらくのあいだは、彼女は閾《しきい》のところでぶるぶる震えながら、あちこちとよろめいていた。――それから、低い呻き声をあげて、部屋のなかの方へと彼女の兄の体にばったりと倒れかかり、はげしい断末魔の苦悶のなかに彼をも床の上へ押し倒し、彼は死体となって横たわり、前もって彼の予想していた恐怖の犠牲となったのであった。(10)

「語られるもの」であるマデリン嬢は、「語るもの」の場に戻り、もう一人の「語られるもの」であるロデリックを、私との「話し手と聞き手」という一対関係から奪いさる。私は館のてっぺんの部屋を与えられており、二人の「話」もそこで行われるが、彼女はその「真下」、館中央部の地下にある穴倉から、まっすぐ階段をのぼってやってくる。そして、双生児の兄を、いわば「語るもの」の側から「語られるもの」の側へと取り返すのである。「慢性の無感覚、体の漸進的衰弱、短期ではあるが頻繁なやや類癇性の疾患」と語られる、マデリン嬢の病いの「世にも稀な」症状。彼女は、この小説で、言葉が書きだされる前の「不均質な生」をこそ、体現しているかのようでもある。だから彼女は、語り手の私が館に着くと、「その日の夕暮れ」、「病魔の力に屈」する。でもこの小説は、書くことで、いったん「単一な身体」へと追いやった「不均質な生」を、また書くことでよみがえらせる。語りをやめることによってではなく、さらにそれを強めることで、自分の作りだした

「単一な身体」を批判するのである。マデリン嬢とは、そのようにして、書かれることでよみがえらされた、いわば言葉を書くことがもつ「ばらばらな身体」の異名なのである。

何によってこのようなことが可能になっているのだろうか。

つまり、何が成就されているため、「語られるもの」が「語り」の外に出て「語り」に逆襲している、そういう感想がわたし達に生まれるのか。

そう問いを立てれば、次のような答えが可能である。

あの小説の恐怖は、一つの約束ごと、わたし達が知らずにそれに染まっているいわば近代小説の約束ごとが、ポーによって逆手に取られたことによって生じている。「語られるもの」が「語り」の外に出て、わたし達を震撼させつつ、「語り」の「単一」性ともいうべきものをありありと感じさせる、いいかえれば、「語り」の外部の「不均質な生」のリアルさをありありと感じさせる、ということが起こるのは、「語り」――この場合は近代小説の「語り」が――、一つの約束ごととして、成立しているからである。

それはこの場合、どんな約束ごとだろう。

あの小説の恐怖の場面を思い出してみよう。わたし達はポーの小説を読んで、最後近く、語られているマデリン嬢が語られている部屋の扉のすぐ外に血だらけで立っていることを知ってゾッとした。そして、その理由を、語られているものが、その語りの容器から這い出てその外に出てきたからだ、といってみた。では、なぜ語られているものが語りの容れ物の外にはみ出すと、わたし達は怖いのだろうか。

わたし達は、ある人のうわさ話に興じる。するとそこにその人がやってくる。するとわたし達は、一様にはっとし、顔を見合わせ、口を噤む。でもそれは理性的に(?)考えれば、少しおかしなことだ。なぜなら、その人はわたし達の仲間の一人だった。その日も別に出張していて不在だというのではなかった。だからいつそこに現れても不思議ではない。いつ現れても不思議でない人がそこにきた。それなのにわたし達は、はっとしたのだからである。

なぜこのようなことが起こるのだろうか。その理由はあの語ることのもつパフォーマティブな働きのうちにある。語ることのうちには、語られるものを遠隔化し、ほんの少しうっすらと不在化する働き、ちょうど生きた蝶々を、動かなくさせ、ピンでとめ、標本箱に入れるような働き、いわば「練り物」にする作用がある。そのためわたし達は、ある人についてうわさ話をしている時、ほんの少しその人をいわば標本化し、その人の「話のガラス箱への隔離」に、〝加担〟している。あの、奇妙な「うしろめたさ」は、その語ることのパフォーマティブな働きから、くるのである。

ポーは、この〝話〟における「話し手と聞き手」の「共犯関係」を、語りのもつ約束ごとをテコに〝小説〟における「語り手と読み手」の「共犯関係」に移し替えている。

その〝約束ごと〟とは、どういうものか。

あの小説の最後のロドリックの「語り」が、一つの手がかりになる。

恐怖小説、推理小説の好きな人ならすぐにわかるように、その「語り」に見られるのは、これらの小説ジャンルで定番の一つとされる、小説の最後に現れる、「いまだから話そう」という「謎解き譚」と呼ばれる語り形式の、萌芽形態である。恐怖小説、推理小説は近代の産物だが、サスペンスを身上としている。読んでいてわたし達ははらはらとする。最後に物語にとどめをさすようなできごと、あるいは犯人の逮捕がきて、その後一夜あけると、これまでの謎が、たとえば主人公(＝探偵)の口から「いまだから話そう」式に他の登場人物たちに、説明される。これがここにいう「謎解き譚」である。

ところで、あの小説の場合、わたし達はなぜゾッとしたのか。ポーの小説を、いわゆるふつうの恐怖小説、推理小説として読んでいたからだ。そのためあの「謎解き譚」は、「いまだから話そう」というようにわたし達の前に現れた。それで、最後近く、ロデリックの話がはじまると、わたし達は、これに、そら、はじまった、とばかり例の「謎解き譚」に聞きいることになった。わたし達はなるほど、そうだったのか、そう思い、合点した。この小説は、そのわたし達の読み手としての慢心、というか、「練り物」さながらの身体——「単一な身体」——に、一撃を加え、虚をつくことで、わたし達をふるえあがらせているのである。

このことは、そこでわたし達の読み手としての身体が、語りの約束ごとに染まることで、エンターテインメント小説の書き手の身体同様、いわば〝お楽しみ向き〟に作り替えられてしまうことを語っている。その「練り物」となっていた身体が、揺さぶられ、一瞬、生ある不均質な身体に戻る。それが、あのわたし達が読者として味わっている戦慄、マデリン嬢に「ばらばらな身体」のよみがえりを見出させている戦慄の、中身なのである。

では、なぜこの小説は、こうした約束ごとの侵犯をやりおおせているのだろうか。

一つ、ここに生じていることは、読み手の方からいえば、読み手と登場人物の審級性の逆転である。

もう一つある。

一つ、ここからわかることは、そのことを可能にする、時間的同時性を保証する「均質な時間と空間」という構成体が、近代小説の手に入っているということである。

なぜ恐怖はわたし達にやってきたのか。語りの行われている、ちょうどその時、語られているもの(マデリン嬢)が語りの外部で、あの練り物の身体から不均質な生によみがえっている。また、そのことが、登場人物であるロデリックにはわかっていたにもかかわらず、読者であるわたし達には、知らされていなかったからである。

最初の点からいおう。近代小説、とりわけ近代小説の「単一な身体」としての性格を純粋培養したものである、恐怖小説、推理小説では、読み手は、登場人物の上位の審級におかれ、登場人物の知らないことも、読み手にはわかるしくみになっている。例を示そう。もし、『アッシャー家の崩壊』が、そこで読み手と登場人物の審級性が逆転されていない、ルーティン通りの恐怖小説だったら、わたし達に、先の場面は、こう語られていたはずである。すなわち、そこでは、ロデリックがマデリン嬢について語りはじめる、ちょうどその時、マデリン嬢が、地下から上ってくるさまが描かれる。そのことを、ロデリックは知らない。でも、わたし達読者は知っている。これが、いわゆる約束通りの、たとえばホラー映画『一三日の金曜日』などでおなじみの、読者と登場人物の関係である。ところが、そういう描かれた〝恐怖〟で読者をエンターテインさせる読み手と登場人物の関係が、ポーの小説では、引っくり返されている、否定ではなく、克服されているのである。

しかしその逆転が起こるには、そこに逆転を起こす〝土俵〟が用意されているのでなければならない。時間的同時性を保証する「均質な時間と空間」という単一な構成体が、それにあたっている。

ベネディクト・アンダーソンは、『想像の共同体』の中で、近代小説の成立の最大のポイントとして、これまで誰も注目してこなかったある一点をあげている。[11] 彼によれば、小説がいまのような近代小説になったのは、そこに一つの構成上の「革新」が加わっているためである。いまならわたし達は、たとえば、坂本龍馬が九州で密議を重ねている、「ちょうどその頃、京都では」、桂小五郎が岩倉具視と会おうとしている、というスタイルの語法を、何の違和感もなく、また何の気なしに読んでいる。でも、この「ちょうどその頃(meanwhile)」という時間的同時性の表現は、近代以前の小説になかった。たとえば、『千一夜物語』には、こういう「フロランテがなおアテネで学んでいたその同じ春、アラディンは王の宮廷から追放された」式の語法はない。そう、ベネディクト・アンダーソンはいっている。したがって、わが『源氏物語』にも、アンダーソンの指摘が正しいなら、そうした語法の構造はないことになる。それは、新聞を代表とする近代のメディアによって小説にもちこまれた、「均質で空虚な時間」という構成体があってはじめて可能な、異空間相互間の時間的同時性の表現なのである。

アンダーソンによれば、このような「種的同一」的な均質の構成要素が入ってきてはじめて、小説は近代小説になっている。ところで、小説に読み手と登場人物、書き手と登場人物、書き手と語り手の審級関係が発生するのも、小説というものがこの「均質で空虚な時間」を手にして、可塑的な構成体になることによってなのにほかならない。登場人物Aが京都で誰かと会っている、「ちょうどその頃」、登場人物Bが福岡で誰かと会っている。こういう「語り」が小説に導入されてはじめて、〝そのことは、読者にはわかっているが、登場人物Aも、登場人物Bも、知らない〟というあの読み手の登場人物に対する優位、上位審級性が、作りだされる。その審級の〝階段〟を作っているのは、近代小説の均質で可塑的な身体なのである。

ところで、このことは、近代小説の身体に同調する限り、黙っていれば、いわば自然に、登場人物に対する読者の上位審級性が発生してしまうということである。つまり、もしこの審級性を逆転して、登場人物は知っているのに、読者は知らない、という関係をこの近代小説の身体にもちこもうとすれば、急流を遡るような、この流れに抗う、ある企てが必要になる。

このような観点から見る時、『アッシャー家の崩壊』において、語り手の私が館のてっぺん近くの部屋で、嵐の吹きすさぶ中、彼に怪奇妖異譚の主人公が隠者の家の「扉をぶち破る」シーンを読んで聞かせる、ちょうどその時、その真下の地下の穴倉から、窓の外の木々のぶつかる音にまじり、「柩が内から破られる」音が聞こえてくるのを、登場人物のロドリックが耳にする、というこの小説のカギとなるシーンが、ポーによって、どのような細心さで造型されているかは、驚嘆に値いする。私が、エルスレッドが、扉をドーンと破る、そういうシーンをロデリックに読んで聞かせる、ちょうどその時、下から、たしかにドーンという扉が破られるような、それと似た音がする。私はぎくりとして、読みやむ。そして耳をすませる。窓の外では嵐が荒れ狂い、窓がガタガタとなっている。館の軋むみしみしという音もする。いや、空耳ではない、確かに聞こえた、とポーは私に「語らせ」ている。また聞こえた。私はそれを繰り返しさえする。しかし、そう「語られ」ても、その言葉は、あのアリババの同じ×印を全部の家の扉につける目印行為の話のように、わたし達読者にもはや指示効果をもたない。登場人物のロデリックはいうに及ばず、語り手の私すら、そのことを知るか、疑っている、それなのに、メタレベルにいるわたし達読者だけが、そのことを知らない、という審級性の逆転は、このような周到な準備と言語的な超絶技巧ともいうべきものの駆使によって、もたらされるのである。

これら一連のことは、何を意味するのだろうか。

つまり、「語られるもの」が語られることを通じて「語り」を抜け出ていくのに、いい換えれば、あることを描くことで、あることに抵抗するという、自画像制作の試みが可能になるのに、この審級性の逆転がカギになるということ。――それは、何を語っているのだろうか。

また、何をわたし達に、示唆しているのだろうか。

4　二重性と基層――「日本人」

答えはこうである。このことは、一つに、ここに二つの視線の対位があることを意味している。登場人物は、小説の言説空間におけるいわば内からの視線の座であり、読者は、同じ空間における外からの視線の座である。あの審級性の逆転は、内からの視線による外からの視線への抵抗、さらに、内からの視線への外からの視線からの圧力、そういう要因が、言葉による自画像制作の試みにおける基本的な機制になることを、わたし達に〝予言〟している。

さらに、もう一つ、このことは、右の教示にささえられて、先に酒井がその近代批判の論で述べた、内在的近代批判のカギが、近代を――したがってまた近代の所産としての「日本人」という種的同一性を――二重性としてとらえることにこそひそむことを、わたし達に〝示唆〟している。

たとえば、酒井は、そこで、近代における平等の原則が、一方で近代の階層秩序、差別を強化する働きをもちながら、他方で、外部者、少数者からの「平等」要求に見るように社会の生み出す差別を撤廃に向かわせる働きをもつことをさして、「近代が自ら抱え込んだ過剰」、あるいは「優れて近代的な平等という原則のもつアナキーな性格」と呼び、近代的観念としての「平等」を、近代内部の過剰と、語っていた。そして、近代批判のカギは、そのことに示される「近代内部の過剰」さにこそある以上、近代の批判は実定的な前近代、後近代といった近代の外部を足場にすることによっては成就されない、と述べていた。種的な同一性と平等原則の結びつきは、近代に固有のものであり、そこから離れては、ひとは必ずや「反近代もしくは土着主義というノスタルジア」に捉えられるほかなく、その「ノスタルジア」も、「国民主義」に取りこまれるほかないからだと記していたのである。けれども、平等という原則が近代的な行為準則としてこういう二つの働きをもつのは、近代の「過剰」の現れというより、むしろ近代の「二重性」の現れなのである。

わたしのこの感想は、次の考えに基づいている。

酒井の近代論では、「日本人」という種的同一性の概念の出現は、「雑種的な自己の規定」の「身分の束」としてある複数的同一性のあり方と対比される。人はかつては、「親―子、兄―弟、夫―妻、主―従」という関係の網の目、「身分の束」のなかで複数の同一性を併せもつ存在だったのだが、近代の「種的同一性」の排他的原理はそれを許さない。人は「日本人(日本国民)」でなければ「外国人」である。そこでの「種的同一性」の対位概念の核は「雑種性」ともいうべきあり方なので、この対位概念を、ここで、前近代には存在しただろう「雑種的な同一性」と呼んでおこう。

そして、このとき、なぜ「平等」という観念が、前近代から近代に向かう過程で、人々に働きかけるのか、と考えてみよう。そうすれば、前近代のあり方を、酒井のいうように、この「雑種的な同一性」によって代表させるだけでは足りない理由が、見えてくる。前近代にあっても、近代における「種的な同一性」に相当する支配的な同一性のあり方と、この「雑種的な同一性」の対位が存在している。いま仮に、その支配的な同一性を江戸期における士農工商を念頭に「身分的な同一性」と呼んでみよう。すると、わかるが、新しくやってきた近代的な観念としての平等原則は、この前近代的な同一性の二重構造性に対して、この「身分的な同一性」の支配はおかしいではないかと主張し、人々を動かすことで、あの近代的な「種的同一性」をもってこれに代え、前近代の身分社会を壊すことで、近代社会を実現しているのである。

ところで、この前近代の社会に「平等」という考え方が入ってきた時、そういう考え方をまったくもたないたとえば江戸期の一般庶民にこの考え方が一定の賛同を呼んだのは、なぜなのだろう。「身分的な同一性」がいう(身分内での)平等よりも、「種的な同一性」がいう(身分を越えた)平等のほうが、よい、という判断が、これらの人々に生じているのは、なぜなのだろうか。その場合、これらの人々が、自分の判断基準としたものを「同一性」の名で呼ぶなら、それは、残るもう一つの同一性、「雑種的な同一性」だったはずである。彼らは、時に親、時に子、時に主、時に従、時に同輩、といった複数的な同一性からなる「生」の経験――「不均質な生」の経験――に立って、この内なる「雑種的な同一性」に照らし、いまある「身分的な同一性」よりは、近代的な「種的な同一性」のほうがよいと判断し、これに賛同しているのである。

そうだとすれば、酒井のいう近代の「種的同一性」が前近代の「雑種性」(「雑種的な同一性」)を駆逐する形で出現したという捉え方は、一面的にすぎる。十分ではない。「種的な同一性」は「雑種的な同一性」に取って代わったのではなく、前近代に支配的であった「身分的な同一性」に、新たな支配的同一性として、取って代わったのである。「種的な同一性」に比較されるべきカウンター・パート(対比項)は、(ア)「種的同一性」か否か、という観点から見れば、酒井がいうように「雑種的な同一性」となるが、(イ)なぜ身分社会が打破されたのか、という観点をそこに投げ込めば、「身分的な同一性」となる。そして、そこでの違いは、「身分的な同一性」がまだ「雑種的な同一性」と共存可能な同一性であったのに対し、「種的な同一性」は「雑種的な同一性」を排除する排他的な同一性である点にこそ、あるのである。

つまり、ここには三つの判断基準があり、三つの「同一性」がある。その三つとは、酒井のいう、支配的な同一性としての近代の「種的な同一性」と、前近代のカウンター・パートたる「身分的な同一性」、そして、これにその両者の共通分母ともいうべき、前近代にすでに底流してあり、また、近代にも底流を続ける、基層をなす未成の共同性の原理としての「雑種的な同一性」を加えた三種の同一性である。

それぞれの関係を図で示せば、こうなる。

	近代	前近代
(ア) 酒井の図式	種的同一性(排他的)	雑種的同一性(共存的)
(イ) 加藤の図式	種的同一性―雑種的同一性 (支配的・排他的)	身分的同一性―雑種的同一性 (支配的・共存的)

酒井の一次方程式的な近代と前近代の対位では、近代の種的同一性の特異さは取りだせるが、なぜその一大原理たる「平等」原則が前近代の人々を動かしたかは、説明できない。また、近代批判が内在的なものでなければならないといいながら、その内在的な批判の根拠を平等原理の相反する二様の働きをもとに、「近代のアナーキーな過剰」と曖昧なかたちにしかいえなくなる。こうして、酒井は、近代原理から排除された雑種的同一性に立つ近代批判は、外部を実定化することで土着主義のノスタルジアを経由して国民主義に帰着するほかになく、ありうべき近代批判は、種的同一性に立つ近代のアナーキーな過剰性を足場にする以外にないというのだが、近代が、種的同一性と雑種的同一性の二重構造性として存在しており、それは、前近代が身分的同一性と雑種的同一性の二重構造性として存在していたことと同じ構造をなしていると、二次方程式的に考えるなら、この晦渋さは克服される。近代内部の雑種的同一性に立脚して、近代に支配的な種的同一性に抗うこと、それが、酒井のいう、近代の内的批判のありうべきあり方となるからである。なぜ近代批

判が内在的になされなければならないか、という酒井の主張も、アナーキーな近代の過剰さを足場にするより、この二重構造性のもとに考えた方が、数等、より堅固なものとして受けとめられるのである。

わたしは、この本では、このような理解に立つ。

二重構造としてあるものへの、その基層からの抵抗。それがこの本のいう自画像の制作ということである。

第二章　地図という自画像

1　初原としての行基図

この観点は、次のようなことを考えさせる。

この見方に立つと、近代、近世、中世、古代、それぞれの時代が、この雑種的な同一性を基層とする、これと各時代に支配的な同一性のあり方とからなる、二重の地層として見えてくる。

そうだとすれば、もしこれをどこまでも始原の場所まで辿れば、わたし達は、どこかで、この雑種的な同一性、つまり未成の共同性の露頭する地形に、出会うのではないだろうか。その露頭は、言葉に残された文献によっても確認できる。本居宣長の古事記研究はそうした試みの一つである。

でも、別の媒体、言語以外、あるいは言語以前の媒体に、それに先立ち、探索の手をのばすこともできる。

図像、なかでも地図は、その有力な手がかりである。この未成の共同性の露頭ともいうべき形象が、そこにも、見出されるからである。

図2　「行基図」(「慶安四年以前刊行行基菩薩説大日本地図」)

わたしの考えでは、行基図と呼ばれるものが、それにあたっている。

行基図というのは、繭、あるいは俵を積み重ねた形のかなり変わった地図像をもつ日本図である。確証はないが、だいたい、『日本書紀』に最初の地図作製の詔の記事が出てくる七世紀末から、書写図によって最古図の存在が推定される、九世紀初頭にかけての時期に描かれるようになったとされている。土木事業の創始者として知られる行基が最初に描いたという伝承は、事実ではないが、行基信仰と結びついて世に広まり、地図に「行基菩薩御作」と注記があることなどから、このように呼ばれ、現在にいたっている。例を示せば、図2のような日本図である。

わたしがこの列島最古の地図像に列島の人々の〝まとまり〟の意識の古形、その未成の共同性の姿を見ることができると考えるのは、次の理由からである。

地図上の最も簡単な像は、単純な図形、たとえば円で示される。そのような例を、たとえばわたし達は、一五三六年に明で作成された「皇明輿地之図」(明図)における「日本」と名づけられた島の描かれ方に見ることができる(図３)。この地図では、「日本」は、一個のじゃがいものような姿をしている。この単純な「日本」の形は、この地図全体が主人公である明をかなり丁寧に描いていることを考えると、作成者の「日本」に関する情報量の少なさと同時に、「日本」への関心の低さを、語っている。

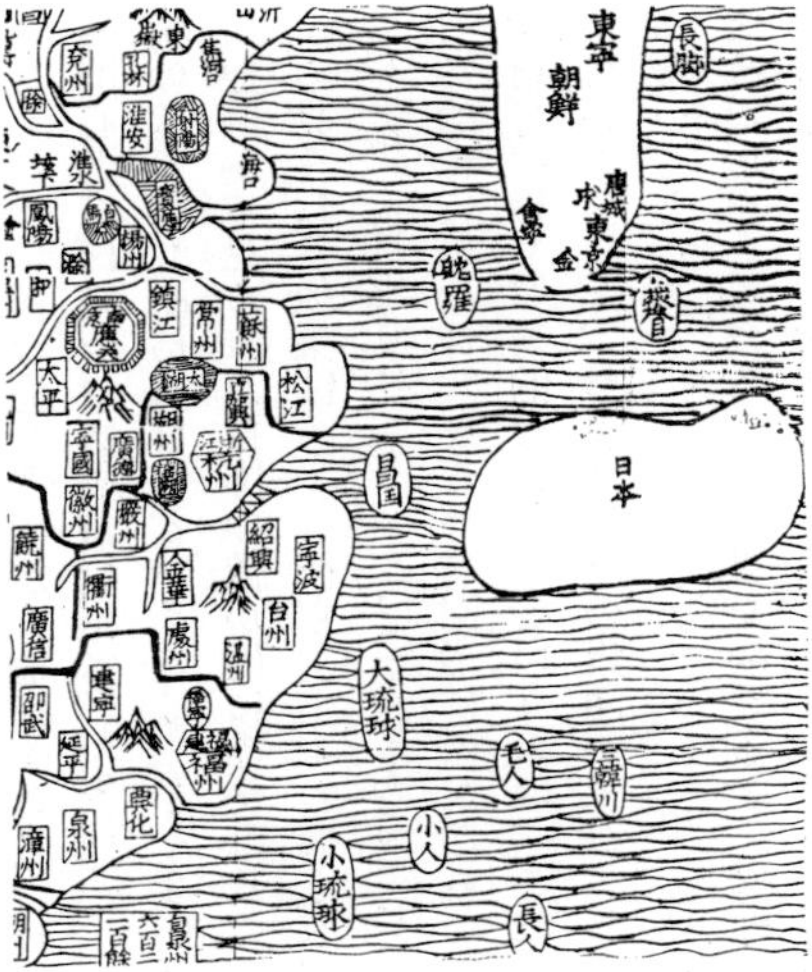

図３　「皇明輿地之図」の一部

それは、この先、地図の描法上、ほぼ完全な無関心、ないしほぼ完全な情報量の欠如が、ほぼ完全な円となって現れるだろうことを、わたし達に示唆する。そして、そのことを通じ、たとえば、このようなことを考えさせる。

もし、このほぼ完全な円が、他国から見られた自国の像の最も原初的な姿(ほぼ完全な無関心とほぼ完全な情報の欠如)だとすれば、これに対し、その逆、自国から見られた自国の像の最も原初的な姿というのは、どんな形だろうか。

他国から見られた自国の像が円に描かれることのうちに示されているのは、一つの集団から見られる他集団——「彼ら」——の最も原初的な意味が、理解を拒む、関心を呼ばない、〃単一性の存在〃だということである。じじつ、円とは、すべての図形のうちで、最も端的に〃単一性〃を表わす図形にほかならない。これに対し、自分達から見られた自分達自身の最も原初的なあり方というのは、これを言葉でいうなら、まだ「われわれ」になっていないこと、つまり、その集団がまだ「われわれ」という〃単一性の存在〃になっていないことだろう。では、このこと、〃単一性の存在でないこと〃は、図像として、どのような形をとるだろう。言葉を換えると、図像として、もっとも〃単一性〃から遠いもの、この意味で円の対極にくる像とは、どういう〃図形〃だろうか。

このようなところまで、問いを追いつめてみると、手がかりは、次のようなことである。先の図2の行基図の地図像には、どこか薄気味悪いところがある。なぜだろうか。たとえば、この地図がわたしに連想させるのは、イタリアの一六世紀の画家ジュゼッペ・アルチンボルドの描く人物像だ。よく知られているように、アルチンボルドは、野菜とか動物とかの組み合わせで作られた人の顔を描いた。ここにあげてみたのは、そのうち、野菜づくしの顔である(図4)。

先に掲げたフランシス・ベーコンの自画像(図1、一一頁)と似ていないこともないが、だいぶ違う。わたしの考えでは、アルチンボルドの肖像画に形成途上のものとして現れている「まとまり」の、崩壊・解体の姿が、ベーコンの自画像なのだ。だいぶ様相は違うが、この図像にもどこか薄気味悪いものが感じられる。その理由は、はっきりしている。この絵が、小さな統一体(unity＝野菜)を単位に使い、それを寄せ集める形で大きな統一体(unity＝人体)を造型しているからだ。大きな統一体が小さな統一体を「消化」していないこと、そのことが、この気味の悪さの理由なのである。

図4　ジュゼッペ・アルチンボルドの描く野菜づくしの人物像

なぜ小さな有機体が集まって大きな有機体を作るという形象が、わたし達にかすかに気持悪い感じを与えてよこすのか、その理由ははっきりとはわからない。けれども、行基図からくる感じと、アルチンボルドの人物画からくる感じは、共通している。そしてその不気味さの感じは、明らかにベーコンの自画像の各「部分」からはやってこない。また、ここに共通する感じが、あの、人の解剖図に見られる内臓の露呈につながる気持の悪さであることは、この気持悪さのもとについて、なにほどかのことを、わたし達に教えている。内臓とは、たとえば人体という有機的統一体の中にあるもう一つの独立した有機的統一体のことである。「消化」されないと、内部のものは、そこに「異物」として残る。異物が内部にあるということ、それが、あの気持の悪さの淵源なのである。

〝単一性〟の表象としての円と、ちょうど対極をなす図像がここにある。そうわたし達はいってよいだろう。言葉としていうなら、〝単一性〟の逆の〝重合性〟。行基図は、その〝重合性〟のこのうえない図像の例を、わたし達にさし出している。

さて、このような観点から行基図を見れば、それが、二つの原理からなっていることがわかる。

一つは完全な円、真円であり、もう一つは不完全な円、欠円である。前者の真円の原理は、なだらかに引かれた一本の線で描かれた閉じた図形だということ、また、後者の欠円の原理は、他の図形に侵食され、ぽつぽつと流れを途切れさせて続く、線分単位のつらなりからなる閉じた図形だということである。図2の行基図を見てみよう(四二頁)。ここでは列島の周囲線が一本のなだらかな線では描かれていない。かなりなだらかだが、ところどころで線分になっている。そしてそのことは、列島全体の〝まとまり〟よりも、一つ一つの俵型の〝まとまり〟のほうが強いこと、列島がいわば人体として、各郡国という内臓をまだ十分に「消化」していないことを示している。また、地図の列島の中央部にちょうど心臓のように、それだけ真円で描かれた郡国がある。これは、畿内(大化の改新の詔で定められた首都特別区)のさらに中心をなす「山城国」(現在の京都)である。そしてこの真円は、その内部ではすべてが完全に消化されていること、その真円部分の〝まとまり〟の強さ、有機体としての強さが、隣接する同類よりも強いことを、語っているのである。

でも、なぜわたし達は、こんなふうに感じるのだろうか。

これも、こう考えてみることができる。たとえば、ここに二人の幼児がいて、彼らに、「人の顔を描いてごらん」といったら、

図5-1

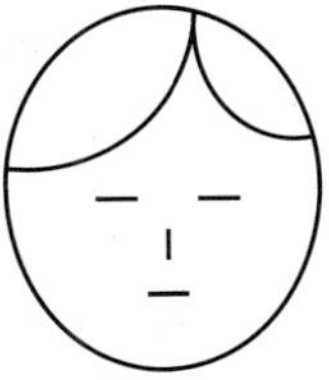

図5-2

最初の幼児は、真円を描き、目鼻を書いた後、その外側に、七三に分けた髪を示す二つの円弧をつけた。そして、第二の幼児は、真円を描き、目鼻を書いた後、その内側に、七三に分けた髪を示す円弧をつけた(それぞれ図5-1、図5-2)。その場合、このことは、次のことを語っている。最初の幼児は、顔といわれて、それは「顔面」のことだと思った。だから彼はその「顔面」を、真円で表わした。そして、その後、付属物である髪を、その外側に書いたのである。また、第二の幼児は、顔というのは、「頭部」のことだと思った。だから彼は、まず「頭部」を、真円で描いた。そしてその後、髪を内側に書き入れ、顔面の部分を確定したのである。

さて、行基図は、それが、このうち、最初の幼児と同じ描

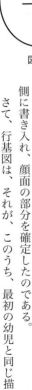

法で描かれた地図像であることを語っている。行基図の作者は「列島を描いてごらん」といわれ、まず山城国を描いた。そして、その外側に、それに付属する各郡国をあの七三の髪の部分のように描き足したのである。このことは、彼が、列島を――もし当時それが「日本」と呼ばれていたなら「日本」を――、まず「山城国」(京都)つまり大和朝廷と考え、その他の郡国を、それに服属する下位の、しかし半ば独立した「統一体」とみなしたことを推測させる。では、もし、この行基図が、時代をふるに従い、第二の幼児の示した描法に変わっていったとしたら、――つまり、「列島」の周囲線のほうがなめらかな一つの線で描かれ、逆に山城国の部分が二番目の描法における「顔面」のように欠円で表わされるようになっていったとしたら――、このことは、何を語っているだろうか。それは、列島の〝まとまり〟の意識ないし形状が、「山城国」中心の、その下にそれ自身まだ〝統一性〟を失わない半独立した各郡国をしたがえたゆるやかなものから、「列島」中心の堅固な〝まとまり〟に変わっていったことを、示すはずである。

つまり、行基図は、地図像として、当時列島に住む人々が、まだ列島全体としての〝まとまり〟の意識を作り上げるにはいたっていないけれども、「山城国」を中心に、各郡国が身体を寄せ集める形でのゆるやかな〝まとまり〟を作りつつあるという、あの未成の共同性の「ばらばらな身体」としての中間的形状、そういうものを、表現している。そう想定することができるのである。

たしかに、地図というものがそもそも複写のしにくいもので、現存するものが極端に少ないこと、この後ふれる描法それ自体の更新をへて、古くなった描法が逆に図柄化を通じて退行してしまうことなど、いくつかの要因があるため、現在わたし達の手に残されている行基図を時代順に並べても、ゆるやかな〝まとまり〟の意識からより堅固な〝まとまり〟の意識へという、あの幼児の描く第一の描法から第二の描法へという移行過程は、そのままには見えてこない。けれども、江戸に入って木版で刊行されるようになった行基図、外国に渡った行基図、また、それをもとに外国で書写された行基図などを、あわせ考えると、そこに、わたしの指摘した要素がジグソーパズルの断片のように、〝散在〟していることがわかる。これらを寄せ集め、そこから一つの〝意味〟を復原することは、不可能ではないように思える。

たとえば、現存最古の仁和寺蔵日本図(一三〇五年作)では、周囲線が各郡国ごとの円弧で線分化している一方、中心部の山城国の部分もやはり、不完全な欠円のままである(図6)。これは、まだ漠然と畿内全体が中心と感じられている、そういう初期段階の〝まとまり〟の意識を示すものと受けとることが可能である。同じことは、次の節でふれる、現存するもので第二に古い金沢文庫蔵日本図(一四世紀初頭から前半にかけての作と推定)、最古の地図(八〇五年作、亡失)の模写といわれる江戸時代の書写図(一七九六年)などについても指摘が可能のはずである。

また、江戸に入ってからの木版版である寛永版『拾芥抄』所載大日本国図(図7)、寛永頃刊南瞻部州大日本国正統図(図8)だと、図2(「慶安四年以前刊行行基菩薩説大日本地図」、四

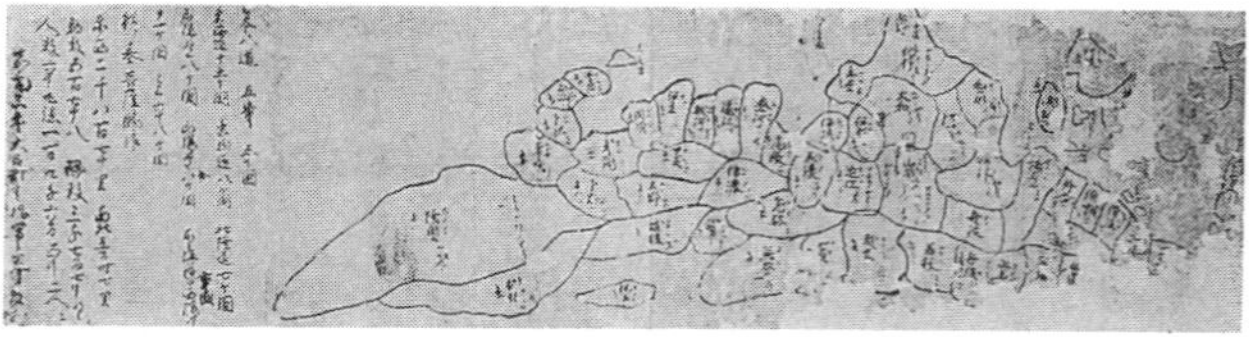

図6　「仁和寺蔵日本図」(1305年)

図7　「寛永版『拾芥抄』所載大日本国図」(1643年頃)

二頁)以上に、山城国の部分がはっきりした真円になっている。他方、周囲線はだいぶなめらかになりつつ、なお、とぎれた線分のままである。これは、先にわたしの行った理念的な想像にいう、第一の幼児の描法と同じ仕方で描かれている。

これに対し、一五八九年の書写になる尊経閣文庫蔵『拾芥抄』所載大日本地図(図9)では、一部を除き、周囲線がほぼなめらかな一本の線になり、逆に、山城国の部分が欠円になっている。これなどは、第二の幼児の描法に重なる、行基図では数少ない、希

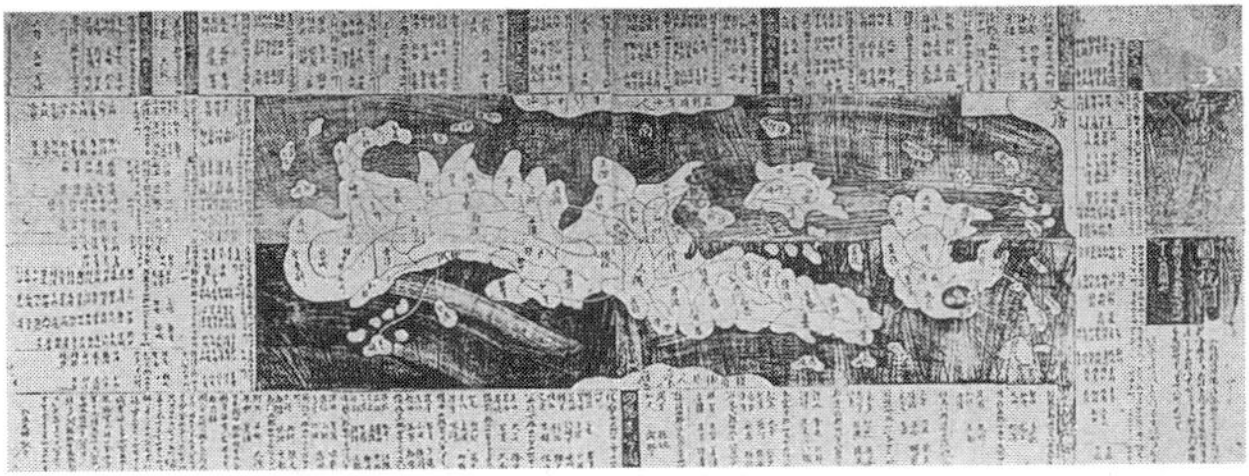

図8　「寛永頃刊南瞻部州大日本国正統図」(17世紀前半)

少な例である。

このほかに、海を渡った行基図をもとに李氏朝鮮で作られた「海東諸国総図」(図10)を見ると、山城国の部分も、周囲線の部分も、ともにほぼ真円的になっている。先の読み取りに従えば、ここにあるのは、二つの真円からなる同心円である。しかし、よく見ると、列島内の真円は、それだけでなく、図10からは見えにくいが、ほかに二つあり、それぞれ「鎌倉殿」、「富士山信濃州」と書かれている。また、フィレンツェで書写されたフィレンツェ所在日本図(図11)でも、列島内に、山城国のほかに、いくつか似たような真円が描かれている。これは、ちょうど、列島の外に流出した和語で書かれた文書が、図柄として用いられ、意味性を失ったというのに似ていないだろうか。図像としての意味性をそこから読みとろうとすると、これがいわばナンセンスな図像となっていることが、これら流出先における書写図に共通した、特徴なのである。

さて、行基図関係の地図を渉猟していくと、このほかに、完全に列島としての〝まとまり〟の意識が生まれた後、江戸期以降の地図描法上の新知識を受けて作成されたと思われる、

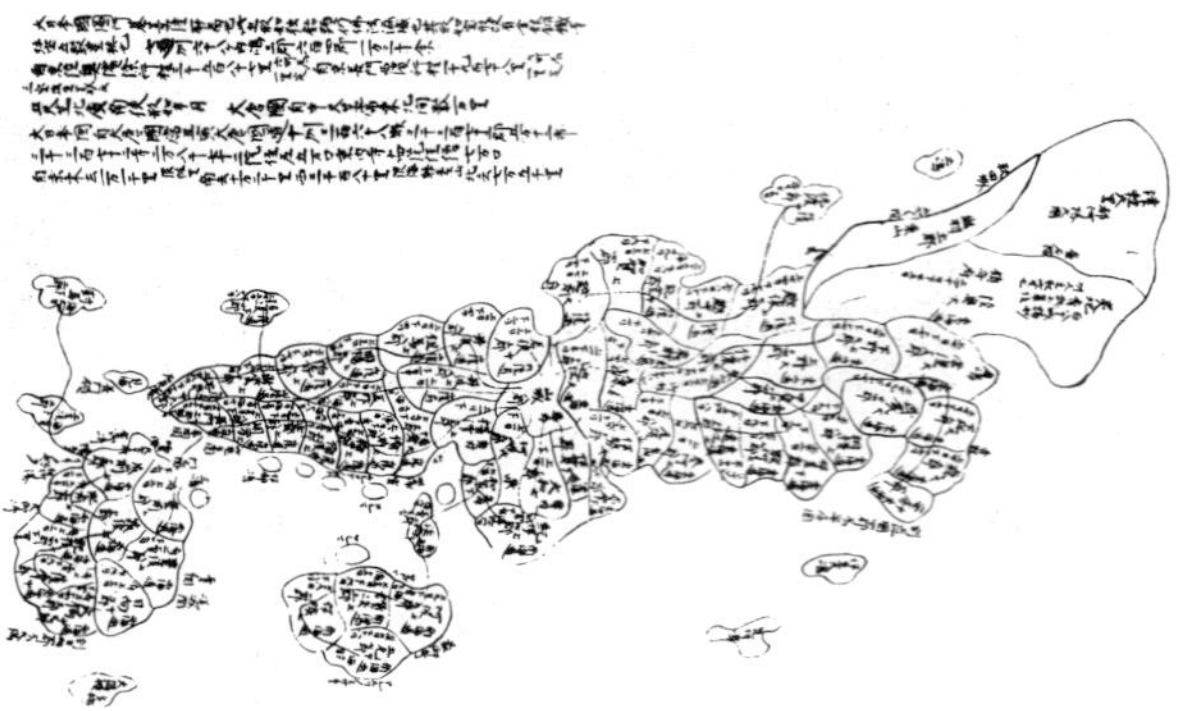

図 9　「尊経閣文庫蔵『拾芥抄』所載大日本地図」(1589 年)

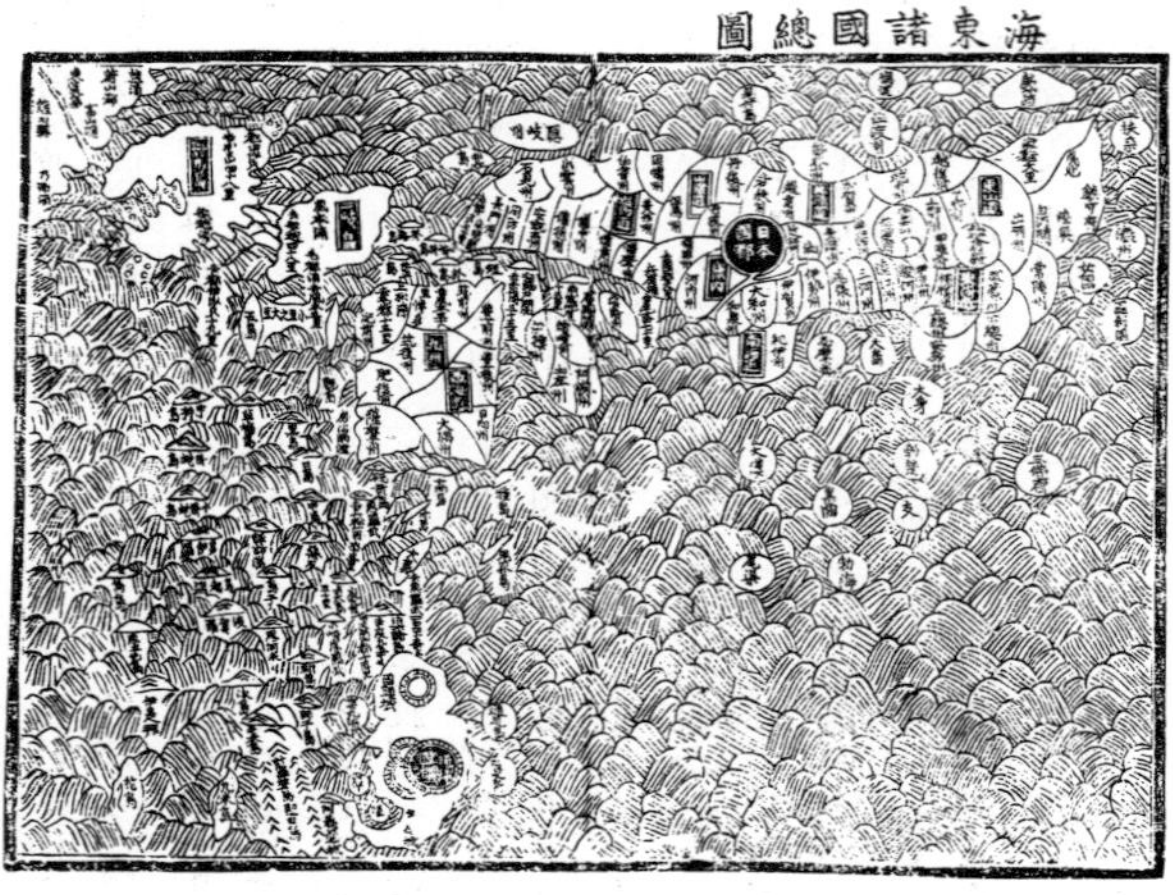

図 10　「海東諸国総図」(1471 年)

寛文六年刊扶桑国之図のような、いくつかの描法が〝習合〟された地図が見つかる(図12)。ここにあげた地図の場合、周囲線はもはや列島の地形を模した近代地図に近い一本の線だが、内部が、行基図式で描かれ、各郡国の色分けとなっている。〝他者から見られた自己像〟が周囲線として採用される一方、〝自己から見られた自己像〟が内部の描法として、用いられているのである。

ここから、わたし達は、こんな問題を受けとることができる。まだまだひ弱な、未成形態としての〝まとまり〟の意識が、そのままの状態で、対外戦争などで強烈な〝他者から見られた自己像〟を押しつけられるとする。そういう時、列島の人々の意識には、どういうことが起こるか。そしてそれは、地図像の上に、どういう変化をひき起こすだろうか。

内部にはまだあの雑種的な同一性(集合性)しかない。けれども、他からの圧力が、ひ弱な〝まとまり〟の意識しかもたないその列島の共同性に、急ごしらえの〝単一の身体〟を要請する。すると、どういうことになるのか。

前章で見た酒井の観点では、「日本人」という概念の成立を種的同一性の成立と同一視していた。だからそこではそれに先立つ雑種的同一性の世界は前近代の一語で片づけられることになった。しかし、「日本人」という概念の成立は、先に見たように支配的な「同一性」と基層の「雑種的同一性」の二重性のもとに生じている。そして、このような想定のもと、種的同一性としての「日本人」の到来に先立ち、列島の未成の〝まとまり〟の意

図 11 「フィレンツェ所在日本図」(1585 年頃)

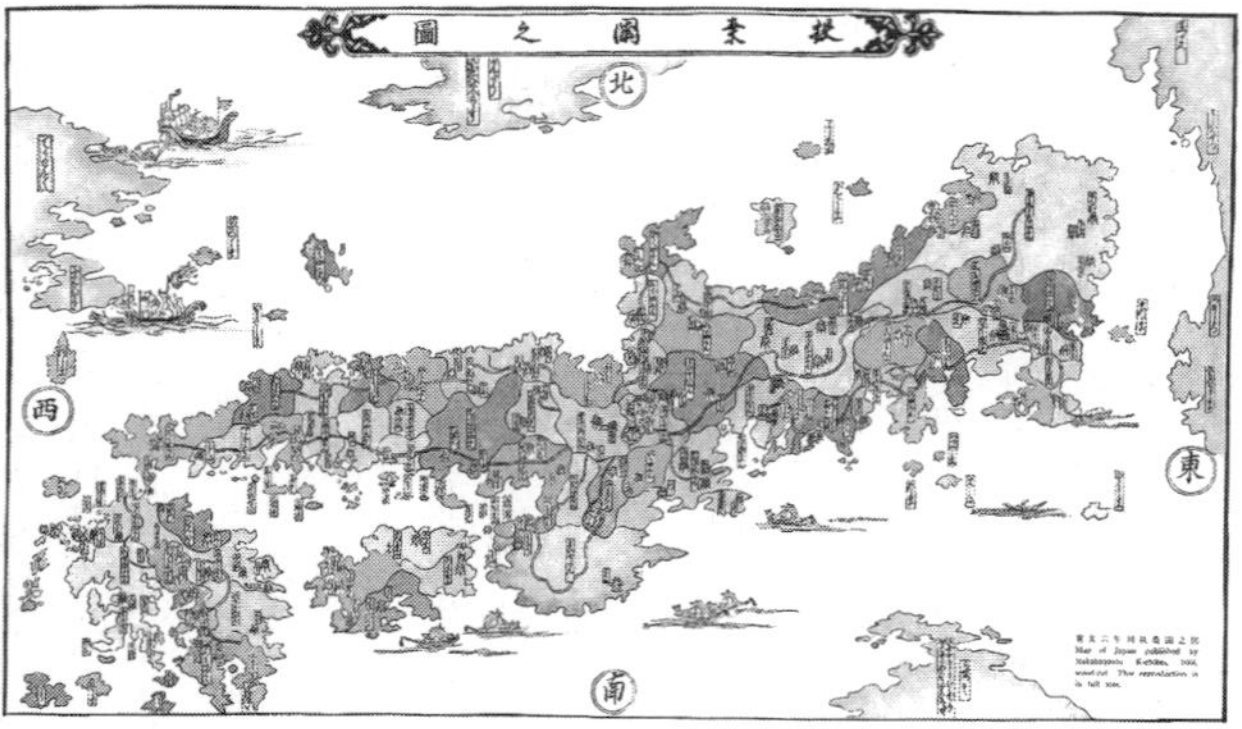

図 12 「寛文六年刊扶桑国之図」(1666 年)

識は、雑種的同一性として、まずどんな試練に出会うのか。そういう問いのありうることを、地図という媒体は、わたし達に教えてよこすのである。

2　サークルに囲まれた行基図

このような観点から行基図を見る時、興味深いことは、この地図像に二つの描法上の系統があり、その一方に、この外からの視線と内からの視線の交錯を思わせる形象が見られることである。

二つの系統のうち、一つは先に例示した仁和寺蔵日本図（図6、五〇頁）にはじまる系統だが、もう一つは、これも名前だけは前節に出しておいた、現存で第二に古い行基図、金沢文庫蔵日本図の系統である。

両者の違いは、前者が、海外部分を描かない日本だけの地図であるのに対し、後者が海外部分をも描く行基図となっていることにある。

ところで、この第二の系統である海外部分を描くタイプの行基図に、全てではないけれども、さらに下位区分される一つの流れとして、行基図の描法で描かれた列島部分を龍が取り囲むタイプの図像がある。その最古のものとされているのは、一六二四年の木版刊行になる「大日本国地震之図」（図13）だが、一四世紀初頭から中頃にかけての時期の作成と比定される金沢文庫蔵日本図（図14）を、たとえば『絵地図の世界像』の著者応地利明は、

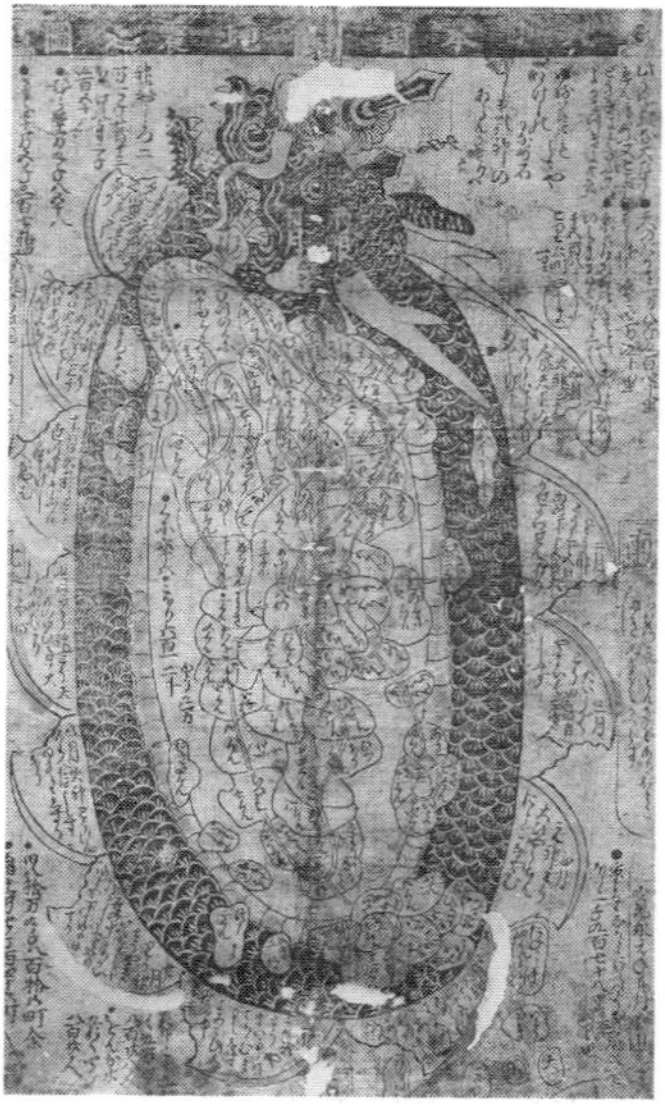

図 13　「大日本国地震之図」(1624 年)

そこには西半分の部分しか残っていないとはいえ——つまり頭部部分を欠いているとはいえ——、図柄からして、それに先立つ「国土をとりまく龍」をもつ行基図ではないかと推定している[1]。

その図柄のもつ意味について、応地は、こう述べている。

この龍体をもつ行基図に現れる異国名の一つに「雁道」という名をもつものがあり、その注記に、「城有りと雖も、人に非ず」という意味ありげな語があるが、この「雁道」は、中世日本語の中でもこの金沢文庫蔵日本図以外には見られない「孤語」である。これまでこの異国名について、その注記とあわせて人を納得させる説明がなされてこなかったが、諸条件を考慮して文献を渉猟すると、この語が一二世紀前半に成ったとされる『今昔物語集』巻三第一一話「釈種、龍王の聟となれる語《こと》」をもとに得られたと考えられる有力な根拠が見つかる。ところでこの『今昔物語集』の始祖本と呼ばれる鈴鹿本は、天保年間に「奈良の某寺」から鈴鹿家の当主によって購入されたと伝えられている。それが何寺なのかはわからないが、『今昔物

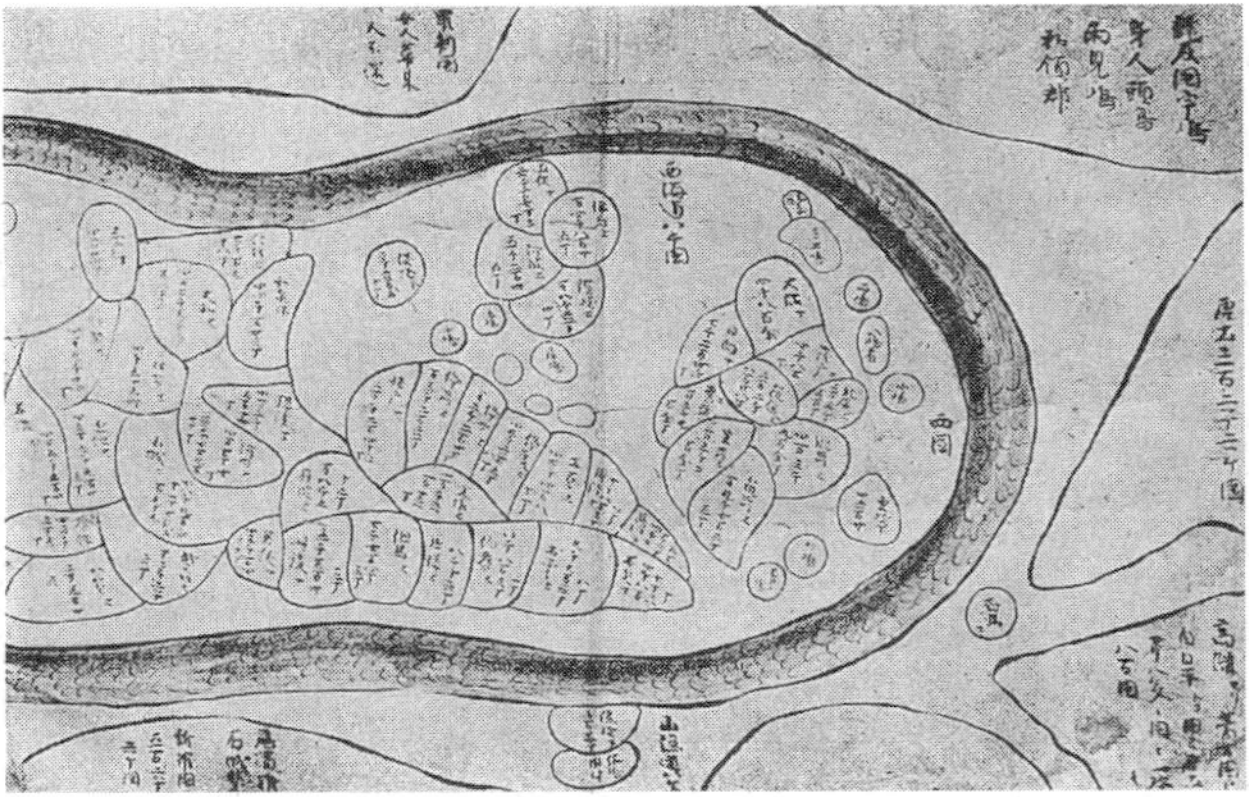

図 14　「金沢文庫蔵日本図」(14 世紀初頭から前半頃)

語集』が成立以降、一八世紀前半まで某所に「退蔵」されていた可能性の非常に大きな書物であること、また、この語を記載する金沢文庫蔵日本図が龍体をもつことを考え合わせると、次の理由から、この「某寺」が東大寺である可能性が、大である。

理由というのは、こうである。

華厳宗の発祥の地、朝鮮半島における朝鮮華厳宗の祖師義湘《ぎしょう》に、以下のような事績があり、それが京都栂尾の高山寺に伝わる『華厳宗祖師絵伝』という絵巻に、描かれている。『絵伝』によると、「義湘は七世紀の人で、六六一年に唐に渡り、一〇年の修行ののち新羅に帰って、華厳宗を起こした」。さて、修行を終えた義湘が新羅に帰国する時、彼を慕う美女の善妙は、彼を追い、ついには「海中に身を投じて、泳ぎ渡りつつ、龍と化して義湘の乗る船を守った」。金沢文庫蔵日本図には、元寇において一二七四年の文永の役、一二八一年の弘安の役における激戦地として知られる北九州の二島、博多湾の志賀島、伊万里湾の鷹島にあたる「シカノ嶋」、「竹嶋」の記載が見られるところから、元寇からほどない時期に作成されたという推定が行われているが、先の龍の話、この元寇との関係、二つの要素から、この「龍体が国土をとりまくという図柄は、蒙古来襲との関連で、善妙の龍が義湘の船を守ったように、龍が国土を守るということを意味していたのかもしれない(2)」。応地はこう述べ、東大寺尊勝院が日本におけるこの義湘を祖師とする華厳宗の本所であり、さらに一二世紀後半の大仏殿再建の重源による大勧進を通じて行基とも関係深いことから、実は『今昔物語集』も、この金沢文庫蔵日本図も、その出所は、東大寺の関係者なのではないか、と推測するのである。

さて、こういうことで、わたしがいいたいことは、次のことだ。

龍体が元寇の影響で「国土を守る」ものとして行基図に描かれているという、この応地の指摘が正しければ、この龍体をもつ行基図は、図像としては、あの前節に見た〝他者から見られた自己像の原初形〟としての「皇明輿地之図」における単純な円形をした「日本」図像(図3、四三頁)と、〝自己から見られた自己像の原初形〟としての行基図(図2、四二頁)とが、合体したものだと、考えてよい。つまり、この時、列島にはまだ単一の〝まとまりの意識〟はできていない。でも、そういうところに強大な他者が到来して、この「ばらばらな身体」に強烈な〝他者から見られた自己像〟の図形を焼きごてで刻印する。

そういう衝撃が、この図像を生んでいる。作成者の主観からいえば、この図形は、たぶん応地の推測するように元寇という対外戦争の衝撃の産物として、「国土を守る龍体」の意味で構想されているのだが、地図像として見れば、一つの主体が、〝自分に感じられている自分〟と〝人から見える自分〟とに分裂したまま、まだ統一した像を手にできないでいる。そういう段階が、サークルに囲まれた行基図という図像に、示されているのである。

こう考えると、ここからは、次のような問いが出てくる。

もし、どこまでもこの行基図に現れた雑種的同一性に立つ、内在的な自己の規定の道を進んだら、わたし達は、この先、どんな〝まとまり〟の意識を手にすることになるのだろうか。また、そもそも他からの力なしに、行基図が理念的な想定としても、あの第一の幼児の描く〝まとまり〟の意識の形から第二の幼児の描く〝まとまり〟の意識の形へと進んでいくということは、あるのだろうか。つまり、他からの力なしに、あの行基式の内在的な〝まとまり〟の意識を強化していくだけなら、どこまでいっても、わたし達は、種的同一性としての自己把握にいたること、「日本人」という概念を手にすることは、ないのではないだろうか。

そして、この問いの示唆するところにいくぶんかの根拠があるとしたら、つまり、この問いへの答えがイエスなら、この龍体をもつ行基図は、「自分で感じられている自分」という、いわば「内在」の場所から世界との「関係」の模索をはじめた人間が、いつか必ずぶつからなければならない、――「関係の世界」との衝突による――〝脱臼〟経験ともいうべきものを、図像として語っている。それは、この時点での、列島の〝まとまり〟の意識の未来への、一つの〝予言〟だともいえるのである。

事実、この行基図のあり方は、この金沢文庫蔵日本図が作成されてから約三〇〇年後、一六世紀末になると、消滅する。

まったく新しい世界図が、「南蛮」と呼ばれる未知の世界からやってきて、行基図のこの一元的な〝まとまり〟の意識の内的な把握を、吹き飛ばすのである。

3　世界図の到来

わたしの考えをいえば、列島の人々にとり、元寇以来の対外戦争となる朝鮮出兵、つまり文禄の役(一五九二年)、慶長の役(一五九七年)は、それより一二年前、一五八〇年に起こった世界図の到来というできごとを、一つの遠因にしている。

日本ではいまなお曖昧な評価の対象であり続けているけれども、朝鮮出兵とは、客観的には、当時の東アジア世界を揺るがせた、「世界史的」なレベルの「大事件」(3)である。

日本への留学生としてこの戦争の日本における受容の問題について考察した『文禄・慶長の役――文学に刻まれた戦争』の著者崔官によれば、この列島発の征服戦争は、これに関与した中国、朝鮮、日本すべてに、その後、甚大な影響を及ぼしている。まず、この戦争に際し、明は、宗主国として朝鮮王朝を援助すべく延べ二〇万人の軍勢を差しむけるが、その負担で国力を劇的に疲弊させ、ほぼ半世紀後、一六四四年には、女真族の手により、滅亡へと追いこまれている。また朝鮮王朝は、全土を戦火にまきこまれ、戦後三年たっても全土の米の生産量は戦乱前の五分の一を越えていない。その後、国勢の回復、国家の再建につとめるが、やはり北方の満州族に押され、清建国の後は、その属国の位置を余儀なくされることになる。日本の政権も、例外ではない。この戦争の主体である豊臣政権も、以後、急速に力を失う。この戦争への積極的な参加を見合わせた徳川家康が勃興し、関ヶ原の戦いという「内戦」の戦端が開かれ、これに破れた豊臣政権は、滅亡し、戦後六年目には、早くも新しい政権が、全国平定者の位置を簒奪するのである。

これだけの「大戦争」が、日本でいまなおはっきりした評価を下されていないのは、たとえば、次のような理由からである。すなわち、この戦争が秀吉の死により尻すぼみに終わる実質的に実りのない戦争、つまり敗戦に似た戦争だったこと、また、その後すぐに「関ヶ原の戦い」という大事件が起こりこの戦争の効果を見えにくくしたこと、さらに、戦場が海の向こうにあったこと、最後に、戦後すぐに戦争の当事者が滅亡して姿を消していること。でも、最大の理由は、何より戦争の意図がはっきりしないことだったと、思われる。

なぜ一五九〇年代、突如として太閤秀吉が、明を征服するなどということを発想するのか。また、それにとどまらず、それほどの誇大妄想的な意図に、膨大な家臣団が同意し、従っているのか。

客観的に見れば、列島では一四六七年の応仁の乱から数えるなら実におよそ一二〇年間、戦乱が続いていている。戦争を行うことだけで生きてきた膨大な人員のエネルギーが、最終的な全国平定でその行き場を失ったとこれを見れば、事情は、数十年の戦争の後、突然の平和を得てほどなくカンボジアに侵攻した一九七〇年代後半の統一ヴェトナムといくぶん、似ている。

また、当時、日本の鉄砲使用による戦闘能力が向上しており、秀吉をはじめとする日本の武将たちに他国の侵略を容易と考えさせていたという事情も無視できない。一五七五年の信長・家康連合軍による武田勝頼に対する勝利を決定づけた長篠の戦いは当時、世界初の火砲を主力とした集団戦争だったという。田中優子は、当時の「鉄砲の生産スピードは、そのころの世界の中で」日本が「圧倒的」だったことを指摘している(4)。

これにあわせ、秀吉が病理学的に誇大妄想的な症状を病んでいた、というような要素も、否定する材料がないという理由から、一応考慮の対象にはなる。

さらに、秀吉は日本の支配者としては最も極端な「下克上」の風潮の体現者でもあった。彼は身分制の下層から一気に最上層に駆け抜けた。そういう存在に、いわば身分制にささえられた「日本」という枠が越えやすかったと説明されれば、そこにはいくぶんかの説得力があることは、認めなければならない。

しかし、そのような理由だけでは、なぜ秀吉ばかりでなく、秀吉の下に結集した彼ら自身「下克上」の体現者だった武士団までが、これだけの愚行に同意したのかを、説明できない。当時の豊臣政権に、一九七〇年代後半の統一ヴェトナムを隣国への侵攻に促した大義名分はなかった。またそれは大義名分を必要とする戦争行動でもなかった。ついで、鉄砲による戦闘上の優位も、相手が文明の大国、明である以上、あくまで相対的なものにとどまる。誇大妄想症にかかっていたとしても、それは秀吉個人の病気にすぎない。また、たとえ身分社会の枠は越えられたといっても、秀吉に自ら天皇になるほどの野放図さはなかった。というわけで、これらは、秀吉の明征服という発想、戦国武将たちの圧倒的な数のそれへの同意という二点をともに説明するには、要素として足りないと、わたし達に教えるのである。

では彼らの行動を説明するのはどのような理由か。

わたしは、ここに加味されるべきもう一つの要素が、世界図の到来とその受容に現れている西洋世界との出会いの意味だったと、考える。

地図学者の海野一隆によれば、「少なくとも天正八年(一五八〇)には地球儀が、翌九年には世界図がそれぞれ織田信長の手許にあ(5)」ったという。この時やってきたのは、現在、南蛮系世界図の名で知られる、ポルトガル製のポルトラーノ系世界図などを原図とする、横長卵型をした世界地図である。この地図の特徴は、これが西欧人の目から見られた世界姿であることにある。つまりそれは、大西洋とユーラシア大陸の西部を中央部に位置させた世界図であって、中国は中心部をはずれた右側にあり、日本はさらにその右、世界図の端に位置していた(図15)。

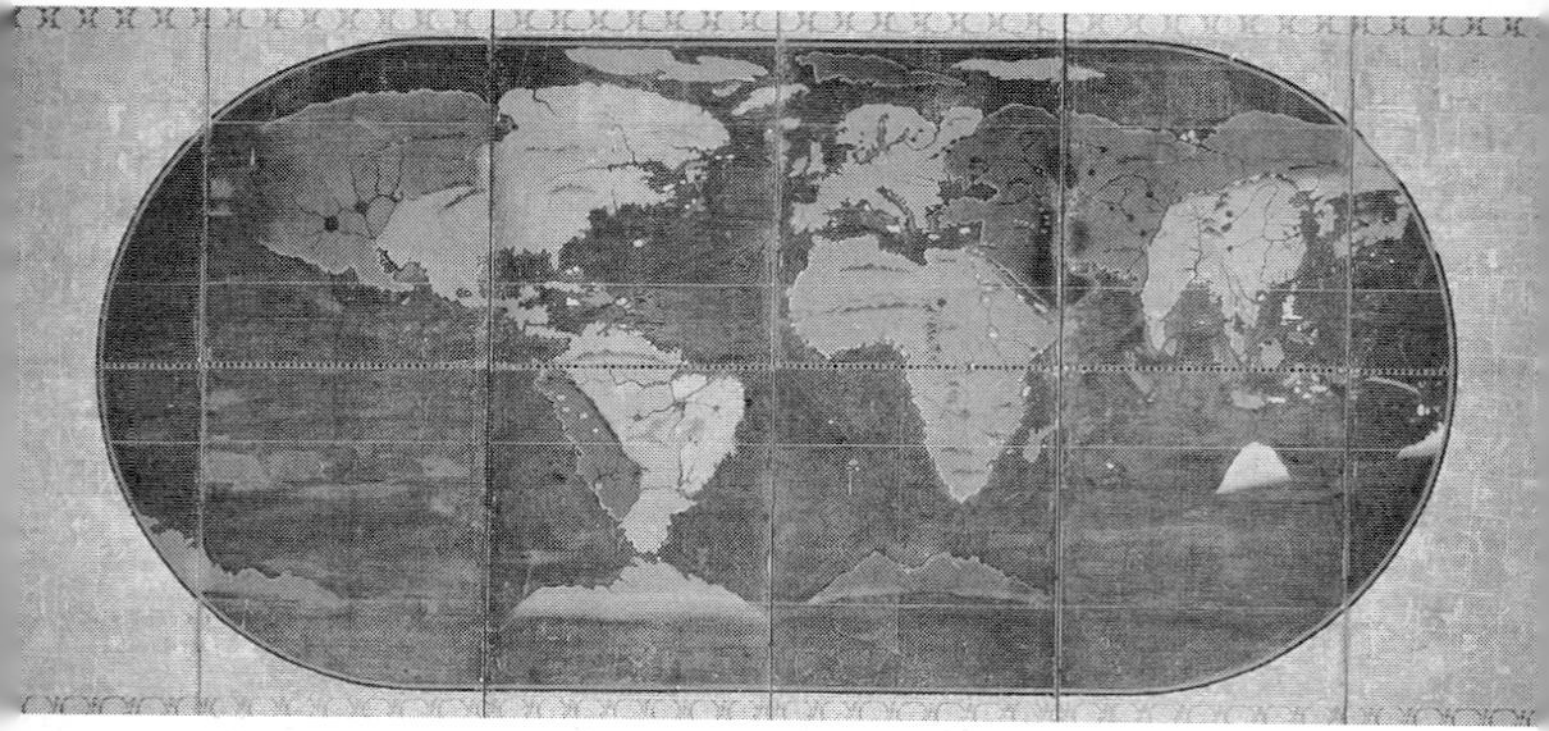

図 15　「浄徳寺蔵南蛮系世界図」(16 世紀末)

ところで、これまで地図について見てきたわたし達の地図像的″知見″に照らして、次にあげる事実から、この時、この世界図に象徴される西洋世界との出会いが、当時の列島に住む人々に、甚大な衝撃を与えていることが、明らかである。

この南蛮系世界図は、やってくると、屏風に仕立てられた。そして、用いられる時には必ず、南蛮系の描法で描かれた日本図と一緒に、一双の屏風として用立てられたという。

すなわち、列島の人々は、察するところ、この世界地図をそれまでの自分達の世界像と、関係づけることができなかったのである。それまで列島の人々がもっていた世界像は、古代以来の中国を中心とした東アジア世界像、また、仏教の伝来を通じて獲得された天竺(インド)を中心にした世界像、その二つだった。だから、この従来の世界像に類したものなら、人々もたや

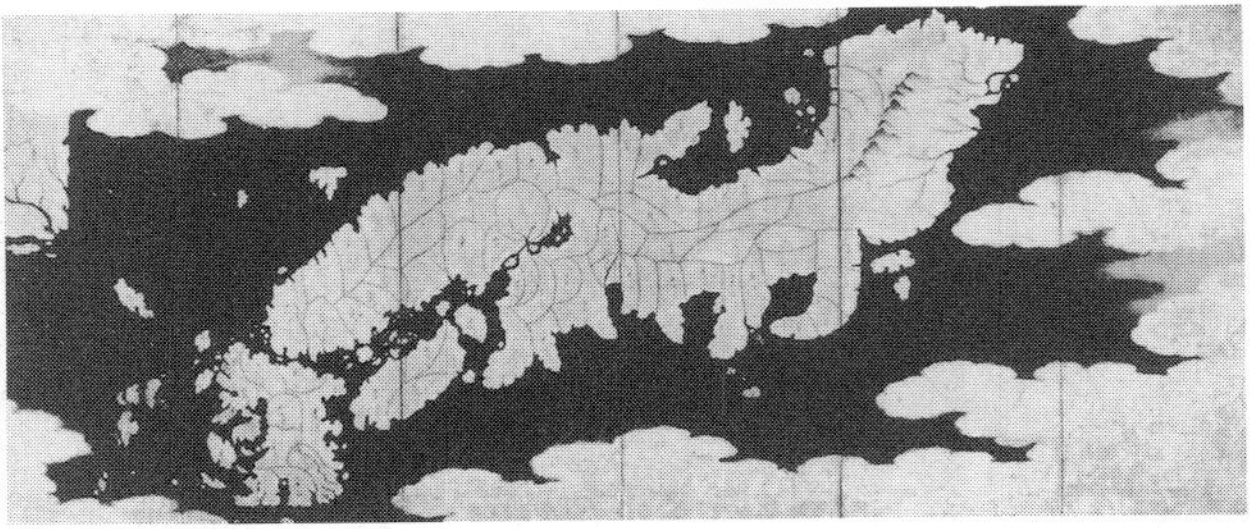

図16　「南蛮系浄徳寺型日本図」(16世紀末)

すくこれを消化し、その中に日本を位置づけることができた。つまり、彼らは、一枚の地図をもてばそれでよかった。しかし、西洋生まれのこの南蛮系世界図が到来するに及んで、「日本」と「世界」は、分裂する。この二つをどうすれば「つなげられる」のか、彼らにはわからない。この世界図を、人々が日本図と〝一対〟で受けとったという事実が示すのは、人々が、もはや「世界」と「日本」をどのようにも関係づけられなくなった、ということ、両者が一枚の地図の上に描けない、という事態だったのである。

このことに関連して、わたしに興味深く思われるのは次の二つのことである。

第一に、一双の世界図・日本図のうち、世界図と一対をなすべく作られた日本図、いま仮にその所蔵先をとって南蛮系浄徳寺型と呼んでおく日本図(図16)には、現在、三点の主要現存図があるが、そのすべてに、先の金沢文庫蔵日本図と元寇の場合にも似て、朝鮮出兵の文禄の役(一五九二年)、慶長の役(一五九七年)の際、兵站基地として九州肥前に築かれた名越(名護屋)の名が、記されている。名越が、朝鮮出兵の後に消滅していることを考えれば、これは、先の場合と同じく、この地図が、朝鮮出兵の衝撃の中で描かれていることを示している。事実、専門家の中には、桃山時代から江戸初期にかけて描かれたとされるこの南蛮系の一双屏風が、「文禄の役のころ、おそらくは名護屋の陣中に随行していた画家たちによって」作成されたと、推測する向きもある。[6] 世界図を世界図・日本図の一双屏風の形で受容した意識と、朝鮮出兵を行った意識は、その時代の中で深く結びついていたのである。

また、もう一つの事実として、この戦争行動は、当時、列島の人々に、「朝鮮征伐」と呼ばれた。わたし達はこの呼称をいまの感覚で受けとり、「侵略」的だと考えてこれを朝鮮出兵といい換えたりするのだが、むしろ、秀吉が明らかに全国平定をめざすようになってから現れる、たとえば一五八七年の「九州征伐」、一五九〇年の「小田原征伐」、同年の「奥州征討」に続く、一連の呼称の中の一つであることに注意を向けたほうがよい。つまり、それは、「国内的」な呼称なのである。

そして、この二つの事実は、わたし達に、むしろ、朝鮮出兵に関しては、こう問うべきであることを、示唆しているように思われる。つまり、なぜ秀吉は、九州、関東、奥州ときて、「全国平定」というゴールに達した時、そこでストップしていないのだろうか。ストップせずに、そのまま、〝ゴールをすぎても、走り続けている〟のだろうか、と。

先の「朝鮮征伐」の呼称は、この問いに、その答えは、秀吉が朝鮮半島、また明を、「地続き」の存在と認識していたからだと教えるもののように思われる。そして、あの一双屏風の存在は、さらに、その「地続き」の意味が、けっして列島と朝鮮半島、明、またその向こうに広がる世界が〝つながっている〟ことの表示ではなく、逆に、〝つながっていない〟ことの表示にあることを、わたし達に教えてよこすのである。

　このことに符合する事実として次のことがある。先の一対のかたわれ、浄徳寺型の日本図(図16、六五頁)には、これまでの日本図に見られず、また、その後消える、一つの特徴がある。そこでは、北海道のない形の列島が、首なし死体のように、深々と、その四囲を雲に囲まれている。それは一見すると、その時はじめて(北海道なしの形で)全国統一をなしとげた秀吉の偉業をたたえる雲のようにも見えるのだが、見方を変えれば、一つの〝煙幕〟である。つまり、先の金沢文庫蔵日本図に現れたサークルが、「関係を強制された」龍だとすれば、ここに現れているのは、「関係を謝絶する」雲なのである。

　この「関係を謝絶する」雲のむこうには、向かい側の世界図の右端に描かれた、色のくすんだちっぽけな日本の外部がある。どういうことか。あの一双屏風は、その一対という「構造」の形で、この二つの日本の〝つながらなさ〟という、もう「図像」では表現できない〝関係〟を、ようやく〝表現〟しているのである。

　さて、この二つの日本の〝関係〟は、わたし達にこう考えさせる。もし、この周囲に雲をはりめぐらした「日本」が、つまりあの行基図の〝まとまり〟の意識の列島規模の完成形態としてある日本が、このまま一元的、一方向的にその〝まとまり〟の意識を拡大していったら、どうなるだろうか。雲に隠れていて、外国は李氏朝鮮の南端が一部覗かれるだけだが、その向こうには明があり、さらにそのむこうには天竺がある。しかし、いまではそれら列島の周囲の国々は、一双屏風の世界図側から隔てられたまま、そのこちら側、日本図の雲の向こうに、のっぺりとした、「地続き」の形でしか、現れてこないはずである。

そして、朝鮮出兵は、このような想定がはずれていなかったこと、つまり、事実、現実の諸外国が列島の人々にそのようなものとして現れていたことを示しているのである。

このことをわたし達はどのように受けとめればよいのか。

わたしの考えをいえば、こうなる。

一つだけ、たしかなことがある。

それは、その時、列島の人々の頭の中で、これまでの東アジア世界像が消えている、ということである。中国を中心とした古代的世界秩序は、明の建文帝により日本国王に冊封された足利義満の時代(一五世紀初頭)には生きていた。しかし、それからおよそ二世紀弱後、人々の中で、いわば、それまでの世界像を刷り込んだフロッピーディスクが、初期化されている。でなければ、李氏朝鮮、明が、あのように整地された空白地帯、〝征服〟すべき対象として見えてくることはありえない。何が起こっているのか。わたしは、その列島の人々からの従前の世界像の〝消去〟の原因を、一つの〝磁気嵐〟に求めたい気持にかられる。すなわち、わたしの想像が正しければ、あの世界図の到来、その衝撃こそが、信長から秀吉に続く時代の人々に、こういう世界像の〝空白〟をもたらしているのである。

4 「坤輿万国全図」の制覇

さて、朝鮮出兵の終了からほどなく、この一双屏風の世界・日本図は、姿を消す。関ヶ原の戦いの二年後、江戸幕府開闢前年にあたる一六〇二年に、中国人となったイタリア人宣教師である利瑪竇《マテオ・リッチ》の作になる「坤輿万国全図」(図17)が列島にもたらされるが、この新しい地図像が、あっという間にこれを駆逐するからである。

その理由は次のようなものである。

まず、その前提として、この地図の到来の翌年にひらかれる徳川幕府が、その後、公認の学として朱子学を採用することが指摘されなければならない。それは、列島にもたらされた、一元的な原理で「宇宙」から「人間」までを「貫通する」、はじめての世界論の構えに立つ「形而上学」(7)だった。列島の人々は、これを得て、先の信長、秀吉の時代の〝磁気嵐〟の衝撃から、改めて、倫理再構築の道へと進む方途を見出すことになるのである。

ところで、利瑪竇の「坤輿万国全図」は、その後、新しく列島にもたらされたこの朱子学的世界像のこのうえない図像モデルとなる。それは、次に述べるように、中国を世界の中心に位置させた一元的な世界図だったからである。それは、東アジア以外の世界の国々が、いわば中国から発する光を浴び、そこでの関係に休らうさまを図像化した、文字通りの〝朱子学〟的な世界図なのである。

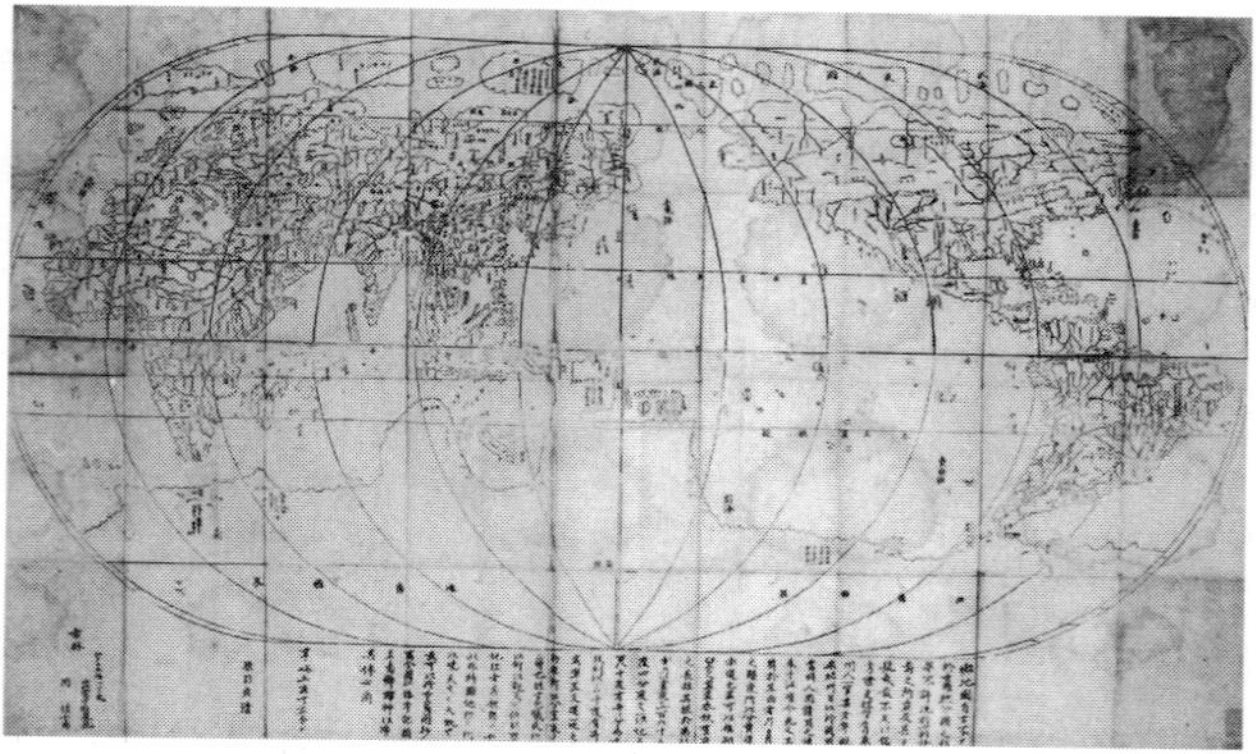

図 17　「坤輿万国全図」の一例．ここにあげているのはその模写図に基づいて作られた原目貞清作「輿地図」(1720 年)

この新しい世界図は、それまでの南蛮系世界図と、次の二点で違っていた。一つは、それが中国語で書かれていたこと、つまり国名はおろか、海の名前から大陸の名前まで、すべて中国語表記となっていたことである。また、もう一つは、それが、従来と同じ西欧出自の作成法によりながら、中国が世界の中心になるよう大陸の配置を経度にして約一八〇度分、横にずらすことによって、太平洋を中央部にもつ図柄となっていたことである。これは、いまの目から見ればほんのちょっとした異同と見える。でも、このちょっとした違いが、人々に、いわば朱子学的世界像を媒介にした世界認識が可能なような錯覚を与え、それを通じ、以後、一五〇年間余りのこの地図の制覇を可能にすることになる。

この地図は、一つの詐術からなっていた。そこで利瑪竇は、明の知識人李之藻と協力して、たとえば現在の太平洋にあたる西洋人の発見した海を、大東洋、小東洋というように、いわば勝手に中国語に替え、世界図の構図を、これも勝手に中国が中心にくるように変更したが、それは、地図の政治学ともいうべきものを知ったうえで、それを別のものに歪曲する、きわめて狡猾な企てにほかならなかった。

というのも、地図とは単なる図ではなく、一つの視点の提示でもある。そこで西欧が中央部に描かれているのは偶然ではない。それは、その地図が彼らの目から見られた世界の姿の表現であることを示しているからだ。大陸、島の形状、地名から地図の作成技術にいたるまで、一枚の世界図にはそれを作り上げた文明の叡知が一つの権力となって示されているが、利瑪竇の行ったことは、その成果のひそかな簒奪、ちょうど、西洋の世界像の真ん中に、中国中心の「はめこみ」画像を乗せ、その画像を乗っ取るようなことだったのである。

この簒奪の結果、この地図は、実はそこで〝見られる客体〟であるにすぎない存在(＝中国)が、これを〝見る主体〟であるかに錯覚して眺めることが可能な、架空の媒体となった。こうしてそれは、中国文明がその朱子学的叡知で世界を統御している、というひそかなメッセージをもつヴァーチャルな世界像を、その一枚の図を通じて、新たに作りだす。その結果、その仮構像のうちに、列島の人々は、ともかく自分と世界の関係を、再び一枚の地図のうちに回復することを可能にする、一つの魔法の「絵」を、手にするのである。

その「坤輿万国全図」の制覇は、朱子学と手を携え、江戸前期の列島を席捲した後、一八世紀半ばから一九世紀にかけ、列島にくるオランダ製の新しい地図によって終止符を打たれるまで、百五十年もの間、続く。

一八世紀半ば、新しくやってくるのは、経緯度と天文測量を基礎にする、いまに続く近代地図である。

けれども、地図で、わたし達の〝まとまり〟の意識を追うことができるのは、正確にここまでである。なぜなら、言葉で書かれる〝まとまり〟の意識の記述である思想の世界で、この後起こることは、地図像の世界で起こっていることと、違うからである。

地図像の世界の場合、利瑪竇の世界図の制覇を終えさせるのは、外からやって来る東西両半球図と呼ばれる近代的世界図である。けれども、思想の世界の場合、朱子学的な世界像を崩壊させているのは、西洋からやってくる近代的な世界像ではない。それこそここに起こるのは、内在的な支配的同一性に対する革命的抵抗なのである。

こう考えてみよう。

江戸に西洋近代に起源をもつ実証的な学がはっきりとした影響をもつようになるのは、一七二〇年、八代将軍吉宗が実学振興のため漢訳洋書輸入規制緩和を行うあたりからである。もし、思想の世界が地図の世界と同じだったなら、朱子学の制覇に終止符をうつのは、この近代的実証主義の精神であり、その時期は、一八世紀の早くても末葉あたりだったはずである。けれども、それは、一八世紀の前葉にはいわば学問思想としてのとどめを刺される。それは、新しい世界認識が列島に移入されることによってではなく、朱子学の内部から、それを食い破る動きが起こることによって、瓦解させられるのである。

朱子学の終わりと近代学のはじまりのこの時間のずれは、このこと、つまり、思想の世界、言葉の世界が、図像の世界とは違っていたことを、語っている。日本では、近世のイデオロギーである朱子学は、近代の到来によって崩壊したのではなかった。それに先立ち、いわば内側から、それを崩壊に追い込む別の動きが生まれている。

そして、この違いから、また一つ、地図の世界には起こらなかったことが、思想の世界に、起こっている。

地図の世界では、利瑪竇の朱子学的な世界図が消えると、その後、現れるのは、伊能忠敬の測量に代表されるような近代地図学である。しかし、思想の世界で、この朱子学の崩壊の後にきているのは、近代的な実学思想でもなければ、近代的な人権思想でもない。これに続き、起こったのは、これを地図的にいうなら、いわば〝行基図の抵抗〟だった。朱子学の崩壊がその内在的な批判によってもたらされる、そのことの結果として、その後に、新しい思想の動き、あの自画像制作の試みともいうべきものが、現れてくるのである。

この二つの動きの担い手は、それぞれ、江戸中期の儒学者、荻生徂徠(一六六六—一七二八)、また、江戸後期の国学者、本居宣長(一七三〇—一八〇一)である。

一六九〇年、一一年ぶりに(一三年という説もある)許され、二五歳という年齢にさしかかった一人の青年が父の配流先である上総国から家族とともに、江戸に帰ってくる。青年の名前は、徂徠。思想としての自画像制作の試みについて見ていくこの本の本論の記述は、この江戸期最大の革命的な思想家の仕事を見ることからはじめるのが、適当である。

第二部　近代以前

第一章　徂徠の革命

1　外国語の発見

徂徠の朱子学批判の核心は、次の五点からなる。第一に、外国語の発見、第二に、「古文辞」(テクストとしての文献)の発見、第三に、文献学の確立、第四に、文献学を駆使しての朱子学の批判、そして最後が、「外部」、そして「内部」の析出を内容とする徂徠学の創出、である。

以下、順序を追って、そのことを見ていく。

まず、外国語の発見。

外国語が発見されるとはどういうことか、ということが、はじめに確認されなければならないが、その確認行為を行おうとすれば、ここでも、あの酒井直樹の手を借りなければならない。

日本語＝日本人が生まれるとは、どういうことか。そう問いを立てて、酒井はおおよそ、次のように述べている。（以下、わたしの言葉にいい直す）

酒井はいう。

「日本語」（Japanese）が〝生まれる〟とは、どういうことだろうか。ここでも先に、「日本人」（Japanese）について見たのと同じことが、いえる。一つの社会でさまざまな言語が話されている状況をさして「雑種的な多言語状況」と呼べば、一つの言語（という概念）の成立は、この「雑種的な多言語状況」を〝許容する〟タイプの多言語性が、同じものを〝異常事態と見る〟タイプのそれに変わることを、さしている。ここに起こっているのは、「それまで当り前と思われていた雑種的な多言語状況」が、新たに「均質な言語媒体を欠いたものとして否定的に評価され、超克されなければならない状況として、認識されるようになる」という事態である。[1] つまり、新しい言語として「日本語」なるものが生まれているのではなく、いわば「日本語」という種的同一的な言語概念——言語というものは「種的で均質な言語媒体」であり、したがって「日本語」、自分達の使っている言葉も、そうであるはず（べき）だという、これまでにない種的な言語観——が、現れる。これが「日本語」が〝生まれる〟ということの意味である。

こう考えてみよう。たとえばここに、「日本」という漢字二字の名辞がある。これは、何語だろうか。この名辞がぽつんとここに置かれているだけなら、わたし達はこれを日本語だとも中国語だともいうことができない。このことが言語について、何を語っているかといえば、ある名辞が「何語」であるかを特定するのは、それが「どういう言語」の中にあるか、ということだ。つまり、言語とは、「名辞」ではなく、ここにいう「こういう言語」にあたるものをさすが、ここにいう、「名辞」と「こういう言語」の違いは、「こういう言語」が、「名辞」と違い、一つのシステムをなしている、ということなのである。

ところでこの「言語」というのは「一つのシステム」であるという考え方は、人にやってくると、いま自分達の使用している言語の状況に一つの「欠落」を見出させる働きとして作用する。「言語」というのは「一つのシステム」であってそれ自身のルールと体系をもつ——媒体としての均質性と統一性をもつ——はずなのに、自分達の実際の「雑種的な多言語状況」には、そういう「システム」性が「欠けている」のではないか。まずはじめにそのような「欠落」の意識として現れるものが、「日本語」(という種的同一性の概念)なのである。

酒井はいう。

まさに、こうした多言語性の変換の過程で、先ほど述べた「日本」という名辞に例示された雑種性が、否定的な意味で問題化してくるのである。つまり、「日本」は、日本語にとって本来的なことばかそれとも外来のことばかという問いは、雑種性をあらかじめ否定的なものとみるだけではなく、均質な言語媒体が存在すべきだという暗黙の要請を担いつつ、検討されるようになるのである。(2)

さて、このような起点をおさえたうえで、徂徠の生きた江戸中期までの列島の言語状況を説明すれば、それは、典型的にここにいう「雑種的な多言語状況」を表わしている。たとえば、徂徠は、晩年にあたる一七二六年、その後、本居宣長の儒学の先生になる京都の儒家堀景山(一六八八―一七五七)と、次のような往復書簡を交わしている(3)。まず、堀景山からの往信、冒頭。

与物徂徠論文書　屈君燕
平安屈正超謹奉書徂徠物先生足下僕生長西畿材資譾劣不復中用雖厠蹟君子之林卒無一長之可采而幸頼先人余蔭故登事芸藩得以奉薄技従文学之列

これに対する徂徠の答書、同じく冒頭部分。

復屈君燕書　物茂卿
東都物茂卿謹復書西京屈君足下七月中元日李陰菅君致足下所賜書拆封読之且言欲一造草廬相見而藩法厳不能者状

大意は、若年無名の堀が、「平安の屈正超、謹しんで書を徂徠物先生の足下に奉ぐ。僕は西饑に生長し、材資譾劣にして、復た用いらるるに中《あた》らず。蹟を君子の林に厠《まじ》うと雖も、卒《つい》に一長の采る可き無し。而かも幸いに先人の余蔭に頼り、故に登りて芸藩に事《つか》え、以って薄技を奉じて文学の列に従うを得たり」とはじまる手紙を呈し、これに、当代の巨匠である徂徠が、「東都の物茂卿、謹んで西京の屈君の足下に復書す」云々と、これに答えている。当時の儒家は、このように漢文で手紙をやりとりし、また人によっては、正格の漢文で自分の論文を書いた。徂徠の主著、「弁道」「弁名」などは、すべて原文漢文である。ここに出てくる「徂徠」「物茂卿」「屈正超」といった名前も、当時の儒家の慣例を示す。一例をあげれば、「徂徠」は荻生徂徠の幼名双松《なべまつ》にちなんで詩経所載の詩の一節からとられ、「物」は、荻生家の系図上の祖先物部氏の名字を中国風に変えたものである。

しかし、徂徠も景山も、むろん日常の生活では普通の町の言葉、「俚言」を使う。徂徠の通称は惣右衛門である。また儒家だとはいえ、彼らも当然、『源氏物語』など日本の古典も読んでいる。この時期、つまり一八世紀前葉、もう井原西鶴(一六四二―九三)、松尾芭蕉(一六四四―九四)、近松門左衛門(一六五三―一七二四)といった元禄文化の文芸上の担い手たちは没しているが、彼らの確立した浮世草子、俳諧、浄瑠璃は庶民の世界を中心に盛んに行われている。そういうことを考え合わせれば、少しは想像できるように、当時、人々は、書き言葉の世界で、漢文、和漢混淆文、擬古文、候文、歌文、俗語文といった「多数の異なった文体と書記体系」を使いこなす一方、話し言葉の世界でも、身分社会を縦横に動き回る中、いくつかの言語を、時と場合に応じて使い分けているのである。

酒井がいうのは、当初、そうでありながら、列島の人々は、何ら、それが「変なこと」だと思わず〝許容〟していたのだが、ある時、これを〝異常事態だと見る〟「欠如の意識」がその言語観のうちに発生した、それが列島において「日本語」が「生まれた」、ということの意味だ、ということである。

では江戸期の列島において、この「日本語」の誕生はどのように起こっているのか。それは、徂徠によって引き起こされる。

彼は、これを、中国語が「外国語」であることを人々に示すこと、そのような主張を行うことで、行うのである。

断っておけば、ここでも「日本語」と「外国語」の関係は、先に見た「日本人」と「外国人」の関係と同じである。「外国語」の発見は、当然、それに〝対応する〟ものが此方にない、という「欠落の意識」をもたらすが、それがここにいう「日本語」の成立にあたるのである。

徂徠は、次のようにして「外国語」を発見する。

その「発見」に大きな意味をもったと思われるものに、彼の独学の経験がある。彼は一六六六年、当時の館林藩主徳川綱吉(後の五代将軍)の侍医だった荻生方庵の次男として生まれる。しかし、年代に異説があるが、一説には、一四歳の時に父が藩主の怒りにふれ、上総国に配流となる。それ以来、再び江戸に帰参する二五歳まで、辺境の地のあまり漢籍もない環境で漢学を独学する。その経験は、彼に、独自の漢文読解法と漢文に対する考え方を培う。語学の私塾をはじめると、その教え方が世に行われている儒家のそれと全く違うというので、彼は、たちまち、江戸の評判をとることになる。

その教授法の、従来のそれとの違いについて、吉川幸次郎は、こう述べている。[4]

当時の儒書の講義は「講釈」と呼ばれる方法で行われていた。それは次のようなものである。教師は、まず、「過則勿憚改」という『論語』「学而」中の一文を、「過てば則ち改むるに憚る勿れ」と漢文訓読法で荘重に読む。そして、その後、中国の言葉を和語に訓じたその各々の語について、「講釈」を行う。すなわち、「過つ」「改む」「憚る」の三つの和語が取りあげられ、そのそれぞれについて、どのように解釈されるべきかが説かれる。

これに対し、徂徠は、次のような言語観を対置する。書物を読むとは、書物そのものをその「本来の面目」において読むことである。中国の古典の「本来の面目」とは何か。それが「中国語」であることである。ゆえにそれは、まず、あくまでも、「中国語」として読まれなくてはならならない。

では、漢籍のテクスト、ここにいう「過則勿憚改」という一文を、「本来の面目」、つまり「中国語」で読むとはどういうことか。そしてそれは、これまでのように「過則勿㆑憚㆑改」と返り点を付して読む漢文訓読法と、どう違うのか。

第一に、それは、この文を、この言葉がその言葉の使われている場所で発音されているのと同じ発音で読むことである。したがって、「過則勿憚改」は、従来のように「アヤマテバスナワチ」云々とではなく、「コウ・ツエ・ホ・ダン・カイ」と発音されなければならない。つまり、まず当初はチンプンカンプンのまま、読みあげられなければならない。

第二に、それは、この文を、この言葉がその言葉の使われている場所で理解されているのと同じように理解することである。むろん異なる言語であるから、まったく同じというわけにはいかない。それでも、この言葉と此方の言葉の間に一つの計量のシステムをおき、そこにおいて両者をはかると同じ重量になる、というような「関係づけ」が、考えられなければならない。したがって、「過則勿憚改」は、従来のように「過てば則ち改むるに憚る勿れ」とではなく、「しくじったらやり直しに遠慮するな」あるいは「しくじりは遠慮なくやり直せ」と俚言で訓じられなければならない。というより、「訓じる」のではなく、「訳す」のである。なぜなら、「過《コウ》則《ツエ》勿《ホ》憚《ダン》改《カイ》」は、中国では、「過てば則ち改むるに憚る勿れ」というようなもったいぶったいい方ではなく、此方でいう俚言とほぼ同様の「気安さの割合」をもつ普通の言葉だからだ。それと等量の「気安さ」をもつ言葉で「釣り合わせ」ようとすれば、同じ「気安さの割合」の言葉を当てなくてはならない。その要請に答える言葉として此方の言葉にあるのは、俚言である。

以上、二点、徂徠は、この第一の方法を、「崎陽《きよう》の学」、第二の方法を、「訳文の学」と呼ぶ。

さて、徂徠によれば、これまでの儒書の「講釈」の最大の問題点は、これが漢文訓読法を介した漢文読解、中国語との関係になっていることである。

漢文訓読法とは何か。

それは、先にちょっとふれたように、たとえば『論語』の「過則勿憚改」を、「過則勿㆑憚㆑改」というように返り点を打って表記し、これを「アヤマテバスナワチアラタムルニハバカルナカレ」と発音し、「過てば則ち改むるに憚る勿れ」と「訓じる」ことによって、その意味を汲み取る読解法である。しかしこの読解法は、外国語を読む読解法としてはどこかおかしい。外国語というのは、自分達の言葉ではない。はじめはチンプンカンプンなものが、やがてわかるようになる、というものなのに、この漢文訓読法では、その「チンプンカンプン」さが、外国語であるはずの中国語に、はじめからない、からである。

なぜだろうか。徂徠はいう。（以下大意を〔　〕内の文により記す）

黄備《きび》氏といふ者出づることあり、西のかた中国に学び、和訓を作為して、以て国人に教ふるも、またなほ乳に易《か》ふるに轂《こう》を以てし、虎はすなはち於菟《をと》にして、その読みを顛倒し、錯《まじ》へてこれを綜《す》べ、以て二邦の志を通ず。ここにおいてか吾これを侏㒧《しゅり》鴃《げき》舌《ぜつ》と謂ひし者、吾視ることなほ吾のごとし。

〔かつて吉備真備という人物がいて、中国に学んで帰国後、漢文の訓読法を作りだし、列島の人々に教えた。その訓読の仕方は、まるで楚の国人が乳を穀となまり、虎を於菟と解したように語を読みかえ、語順を転倒させ、綜合するのである。彼は、こうして、彼我の間を通じさせるようにした。この訓読法が生まれることにより、中国語は、中国の言葉は自分にはチンプンカンプンだ、といっていた者にも、此方の言葉と同様

の理解可能な存在となった〕

しかし、そうだとすると、こういうことになる。

然りといへども、乳に易ふるに轂を以てし、虎はすなはち於菟にして、その読みを顚倒し、錯へてこれを綜べ、吾これを侏㒧鴃舌と謂ひし者、吾視ることなほ吾のごとし。吾視ることなほ吾のごとくなれども、しかも詩書礼楽は、また中国の言たらず。(略)詩書礼楽は、中国の言にして、吾見ることなほ吾のごとくんば、これその究みは必ず詩書を巴歈《はゆ》にし、その礼楽を兜昧《とうまい》にするに至らんかな。(略)これすなはち黄備氏の詩書礼楽なり。中国の詩書礼楽に非ざるなり。すなはちその禍は侏㒧鴃舌より甚だしき者あるに殆《ちか》きかな。(5)

〔たしかに、「詩書礼楽」はわかるようになったが、その此方での「詩書礼楽」が此方の人にわかるようになったということは、それが中国人にはわからないものになったということである。それはすでに中国の言葉ではないから、中国人にそれをいってもわからないのだ。「詩書礼楽」はもともと中国の言語になるものであるから、此方にはない文物をさしている。それを漢文訓読法によってあたかもこの国の言葉のようにみなすとなると、それは、あたかもこの国の未開卑俗な舞楽に〃該当するもの〃と解され、つまりは、この国にあるものと、だいたい似通ったものとして理解されることになる。チンプンカンプンさがなくなった分、今度は、それを中国語に戻す時の〝帰り道〟がなくなっているのだ。したがって、漢文訓読法によって読みとられた「詩書礼楽」は、「黄備氏の詩書礼楽」とはいえても、もはや「中国の詩書礼楽」とはいえないものとなっている。「中国の詩書礼楽」は、理解のカヤの外におかれたまま、この列島でも理解可能な「詩書礼楽」に変質しているのだが、困ったことに、この「中国語の詩書礼楽」と「漢文訓読法で読まれた詩書礼楽」とは別物だということが、わからなくなっている。ほんらいチンプンカンプンであるべきものから、そのチンプンカンプンさがなくなっている。とすれば、このことによって生じる害は、それを理解せず、これをチンプンカンプンだと見ていた時よりも、大きいのではないだろうか」

彼は、こういう。

　此の方の学者、方言を以て書を読み、号して和訓と曰ひ、諸《これ》を訓詁の義に取れり。其の実訳なり。しかも人は其の訳たるを知らず。（「訳文筌蹄」）[6]

〔此方の学者は此方の言葉で読み下して漢文を読み、これを「訓詁」と考えているのだが、実はこれは「訓詁」ではない。「訓詁」とは原語に即してなされるべきものだからだ。これは「訓詁」ではなく実は「訳」である(ちょっと変則的なものではあるが)。しかし、本人はそれが「訳」だとも思っていないのである〕

徂徠によれば、漢文訓読法による読解は、外国語としての中国語に出会っていない。それは、外国語を外国語ではなくさせてしまう読み方である。

では、外国語を外国語として読むとはどういうことか。

ある言語にその言語にとっての外国人として接近することが、その言語をチンプンカンプンなものとして受けとるということであるように、その言語を解するとは、その言語にとっての本国人と同様の存在になって、これを解することである。したがって、外国語を外国語として読むとは、外国人としてその言語を「訳する」のではなく、その言語の本国人がその言語を読むように、読むこと、その言語の本国人になって、読むことである。

ではそれはどういうことか。それと、漢文訓読法の読解はどのように違うのか。

このことについて、吉川幸次郎は、徂徠の立場をこう例解している。

この国の儒家の「講釈」では、「過則勿憚改」はいったん「過てば則ち改むるに憚る勿れ」と訓読された後、その訓読された和語「過つ」「改む」「憚る」について「講釈」がなされた。しかし、その時点でそれは中国語の『論語』本文、孔子の言葉と切り離されている。その「講釈」をどこまで進めてもこれが中国語の世界でどのように理解されてきたか、またその理解にどのような〝意味〟があるかは解せられない。

これに対し、「過則勿憚改」を中国語で読むとは次のようなことである。

いま過則勿憚改に関係する字を例とすれば、誤、謬、錯、差、訛、詿、釁、愆、過、失、眚と、いずれも旧「訓」アヤマルである十一字を一群とするうち、過の字についての説明は、「アヤマチト訓ズ、悪ノ心ナキヲ過ト云ヒ、過ノ心アルヲ悪ト云フ」。つまり故意でなく無責任な失敗、それが過である。また、忌、諱、憚、厭、斁、嫌、簡、斥、以上の八字を一群とするうち、憚の字について、「ハヾカルト訓ズ、和語ニイフ遠慮スルナリ、俗語ニブエンリヨナルヲ無忌憚《ウ、ギイダン》トイフ(7)」。

徂徠のいうことを、簡略化して、こういってみることができる。和語の「アヤマチ」が中国語の「過」ではないという意味は、次の通りである。中国語の「過」は、「誤、謬、錯、差、訛、詿、釁、愆、過、失、眚」という一一字を一群とする〝過ち〟をめぐる語のうちの一つである。〝過ち〟という語の意味は、それがそのグループの中の他の一〇の語のそれぞれとどのように違い、また、この文の文脈で、その違いがどのように生きているかの比較考量によって確定される。これに対し、和語の「過ち」は、和語のシステムの中でまた、たとえば仮りに八語ほどの〝過ち〟をめぐる範疇をもつはずである。その場合には、和語の「過ち」は、その範疇の他の七語との相互関係、和語の「過てば則ち改むるに憚る勿れ」を一部とする膨大な漢文訓読法によって和文化された『論語』評釈の中で、この和語「過てば則ち改むるに憚かる勿れ」がもつ意味などのうちにこの相互関係がどのように生きているかの比較考量によって確定されることになる。

このように、一対一対応で考えると、重なるように見える両者が、そう見えつつ、しかし同じではないのは、同じ青という色でも、赤青黄と三色しか色の違いをもたない文化における青と、赤紫青黄緑橙と六色の色の違いをもつ文化における青とでは、青ということでは同じでも、実は、その属するシステムが違うためにその意味が違うというのと、同様である。この色の例は、言語学者ソシュールが、言葉と物が一対一の対応をして存在するのではなく、言葉は、言葉のシステムの中で、そのシステムに属する他の言葉との関係で、自分の意味を分けもつと述べた言語観のもっとも簡単な説明のつもりで紹介している。徂徠がいっているのはそれと同じことである。ここに徂徠が述べているのは、ソシュールの言語観とこの点では同じこと、つまり、言語が一つのシステム、統一体としてある存在だということである。徂徠は、ここで、中国語というのは、日本の言葉と違う別個の言語の宇宙、システムなのだ、つまり、外国語なのだと、いっているのである。

彼はいっている。

此の方の読法、順逆廻環して、必ず中華の文字を移して、以て方言に就く者の若きは、一読便《すなわ》ち解す。解せざれば読むべからず。信《まこと》なるかな和訓の名、当と為す。而して学者宜しく或は力を為すに易かるべきなり。但し此の方自から此の方の言語あり、中華自から中華の言語あり、体質本殊なり、何に由て吻合せん。是《ここ》を以て和訓廻環の読み、通ずべきが若きと雖、実は牽強なり。（「訳文筌蹄」(8)）

〔当方の漢文訓読法を使い、順序を逆倒して和文化して読むやり方を行えば、中国語は、一読ですぐに理解できる。しかしそれは当然のことで、この一読がすでにこの文の理解を前提にしているのである。その理解が本当に正しいかどうかは、したがって保証の限りではない。しかし、とにかく、それを正しいということにしている。この方法だと学者も易々と力を示すことができる。しかし、此方には此方の言葉があり、中国には中国の言葉があり、そのシステムはそもそも違う。何を基準に対応させているのであろうか。このことを考えると、和訓を逆読みさせるやり方は、意味を通じさせているように思えるが、実は、こじつけである〕

2　古文辞の学へ

徂徠は、この外国語の発見に続き、さらに不透明な存在としての文献(テクスト＝「古文辞」)を発見し、その発見を手がかりに、「古文辞学」と彼の呼ぶ新しい学問(文献学)を列島の学問世界に確立する。

両者の関係は次のようなものである。

外国語とは、異質な言語を意味する。そこで彼が行ったことは、他の列島の知識人達がその異質性に千年以上の間気づかなかった漢籍の「漢文」に、再び――ではなく、はじめて[9]――外国語(中国語)としての異質性をよみがえらせたことである。彼は、他の儒家達が自家薬籠中のものと考えていた「漢文」が、実は異質な言語(＝外国語)であることを発見している。ところで、その延長で彼は、今度は、文献(古文辞)の不透明性(＝異質性)を発見する。そしてその「古文辞」の発見と「古文辞」をめぐる文学研究、文学実作をテコに、「古文辞」の学へと踏み入っていく。「古文辞」の学のきっかけは、古代中国語(古文辞)が、現代の中国人にとって実は外国語のような存在なのではないか、という発見である。その後、彼は、この古文辞の学を、儒学のテクストに適用し、朱子学批判へと進む。同じことが儒書についてもいえる。朱熹は古典読解において、古文辞の異質性に気づいていない。そのため、古典を読み間違っている。こうした後年の朱子学批判の起点をなすのが、ここにいう、「古文辞」との出会いである。

さて、彼の文献学確立への道は、大きく、学問の方法の発見、さらに学問の対象の発見と、二つの段階を踏んで進められる。

以下、前節同様、吉川幸次郎の論に助けられながら、この順序に述べていく。

徂徠が古文辞学という文学研究方法を作るにあたり、決定的な意味をもったのは、彼の壮年期における一六世紀後半明代の文学者李攀竜、王世貞二氏の著作との出会いである。李、王二氏は明代の文学にあって彼ら自身が「古文辞」と称する高度の擬古典文学を提唱し、実作した。それまで明代の文学の規範は、元に先立つ宋代の文飾豊かな文学だった。これに対し、両者は、簡素な漢唐の時代の文学を手本に、これを堕落として否定し、古代中国語を駆使した漢唐式の詩文を実作して対抗した。徂徠が両者の著作の全貌にふれるのは、一七〇五年、彼四〇歳の年あるいは前年のことといわれている。

李王の文学とは、要するに、その「典型」(手本)との合致を強く求める結果、「典型とする古典、最も多くは『史記』、ついでは『左伝』『戦国策』など、それらの成句を、自己の表現せんとする事態の表現として、一字一句ちがわぬ形で使い、その綴りあわせをもって、みずからの文章とする」もの、つまり手本となる古典から表現を大谷石のように切り出してきては、そのコラージュとして、古文辞による文章を作る、という極端なものだった。中国では、その余りに強烈な古典主義に対し、その後、明代の一六世紀から一七世紀にかけて、文学の自由を奪うものとする反対運動が袁中郎らによって企てられる。ついで、一七世紀前半、明末清初の文壇に勢力をもった銭謙益が、李王のコラージュの方法を暴露し、その「『古文辞』は、にせものの骨董にすぎぬと宣言」するに及んで、とどめを刺された形で、その後、忘れられた存在となる。

つまり、徂徠が李王と出会った時、それは、中国では一時代を画しながらもその後、ニセモノとしてすでに葬り去られた〝時代遅れ〟の遺物だった。しかし、徂徠は、そのことを知りつつ、この李王の古文辞の提唱の意味は、同時代の中国の儒者よりも、外国人である自分のほうが、深く取りだせるという自負のもと、本国で時代遅れとされた李王を称揚し、彼らの「古文辞」の世界に踏みいっていくのである。

その〝時代遅れ〟の文学技法から徂徠の得た「天啓」を、こう語ってみることができる。李王のコラージュの文学とは、次のようなものである。

李攀竜が友人徐中行の父の伝記として書いた「長興の徐公敬之の伝」は、こうはじまる。訓読すれば、「公は名は柬《かん》、始め約《まず》しきに居りし時、邑《まち》の諸生の間に遊ぶも、能く厚く遇せらるる莫《な》し。之れを久しくして弟子に室に里中に授く。其の好みに非ざる也」。意味は、伝記の主が、はじめは同郷の青年たちから相手にされず、寺小屋の教師をいやいやしていた、ということだが、この一文がすでに古典の語句からのコラージュとして成立している。つまり、はじめの「始居約時」という表現、これは、前漢司馬遷の撰になる『史記』張耳陳餘列伝に「張耳陳餘、始居約時」(張耳と陳餘とは、始め約しきに居りし時に)とある表現からのコラージュであり、次の「遊邑諸生間、莫能厚遇也」は同じく『史記』主父偃《しゅほえん》の伝に「遊斉諸生間、莫能厚遇也」(斉《せい》の諸生の間に遊ぶも、能く厚く遇せらるる莫《な》き也)とある表現からのコラージュである。「以下千字ばかりのこの伝記の文章、ほとんどそうである。あるいは李攀竜の文章のすべてが、そうした形にある(10)」。

つまり、それは、全てが古文籍からの引用であるような文学である。そのため、いったんその詩文のことごとくがこうしたパッチワークのコラージュとして書かれていることが明らかになると、「にせもの」の文学と評され、急速に名望を失っていく。しかしその同じことが、さらにその後、遠く離れた列島の地で、徂徠に衝撃を与えるのである。

自分の受けた驚きについて、徂徠は、先にふれた堀景山あて書簡に、こう述べている。こうして、李王が原典から語句を切り出して、それを自分の表現したいことに「転用」すると、——いいかえれば、自分の身辺の経験を原典の語句で表現すると——、不思議なことが起こる。一つは、「原典の句そのものが、急にはっきりと具体性をもって把握されて来ること」である。「まわりくどい注釈を通じて原典を読むよりも」、原典の意味が「ずっと直接に、いきいきと、把握される」ようになる。もう一つある。原典に注釈を言葉で与えなくともよくなることである。よくある「陳腐な訓詁」が、作文の行為の中で、不要化されるのである。以下、吉川からの引用。

> 「史記」にもいろいろ後人の注釈があるが、張耳陳餘伝の「始居約時」について、注釈は、「貧賤に在るの時也」と、いわでもの陳腐な訓詁を与える。そんな解説に頼らずとも、李の文を読めば、徐中行の父という近ごろの人間が若いころにいた状況に、張耳陳餘という古代の英傑も、その発足時にはいたということが、いきいきと身近につかめる。主父偃伝についても同じである。しからばここに原典把握の新しい方法がある。従来の方法は、原典をむこうに置いて読むという、いわば受動的な方法であった。そうではなく、能動的な方法として、李王のなしたごとく、みずからの体験を、原典の言葉で書く。「古文辞」で書く。つまり原典の「古文辞」の中に自己の体験を充填する。そうしてこそ原典の「古文辞」は、自己の体験と同様に、自己身辺のものとして完全に把握される。[11]

徂徠はいう。私は李王二氏のコラージュの実践に接して、不思議なことに気づいた。自分で古言を用いて文章を書いてみたら、いままで思いもしなかったことがわかったのである。自分の発見したことは二つである。一つは、古言を用いると、注釈が不要になること、そしてもう一つは、古言を用いると、その古言の使われた時代に生きた人々のことが、これまで単にその文章を読んでいた時よりずっと強く、ありありと感じられるということである。

このことは、古い時代の文章を理解するうえで、単にこれを読むだけでなく、その言葉を使い、自分でも実際に書いてみることが、実に重要だということを語っている。この、いわば書くことを通じての文献解読が、読むだけの文献解読と違い、新しくもつことになる効果は、私の見るところ、次の点である。

つまり、古言を書いていると、先の二点を通じ、文献をめぐる世界が、渾沌とした泥状の世界がしっかりと海と陸に分かれてくるように、二つの世界に分明になってくる。一方で、古言を書くことで古言の世界を味わうことは、これまで読んでいただけの時にはわからなかった古言の生きていた世界の臨場感ともいうべきものを強める。その結果、以前はわからなかったが、ここには全く自分が知らなかった「異質な世界」がある、ということがわかってくる。他方、自分も実際に古言を使うと、これまで読んできた古言の世界が違ったふうに見えてくる。これまでは、何だかとても偉い人の、違う世界のことだと思い、読んでいたものが、その同じ、いまはもう使われていない言葉で自分の日常のつまらない思いなどを逆に綴るというような経験を重ねていくと、何だ、遠い世界のことだと思っていたけれど、こんなことなのか、こんなに平凡なことだったのか、と逆に「平俗な世界」のことに感じられてくる。すなわち、これまで、注釈と訓詁だけで文献に対してきた時は、灰色の世界だったものが、古言を自分で使う経験を加味して古言と関係するようになると、いわば、白と黒の世界にはっきりと分かれてくるのである。

わたし達は、ここに彼のあの外国語の発見の方法がそのまま生きているのを知る。なぜなら、ここに語られるぼんやりした灰色の世界が、違いのはっきりした白黒の世界に変わるという発見は、彼の語学的な方法の発見と、同じ形をしているからである。

彼がいうのは、こうである。まず、文献学。彼はいう。これまで文献に読む一方の「訓詁」というやり方で接してきた時は、文献との関係は、なんだかぼんやりしていた。古言の文献を読んでも何だかいまの世界より少し高尚という感じで、中くらいの異質さの世界がそこにあるとしか感じられなかったし、その感じも、隔靴掻痒で、自分の普通の生活からは浮きあがっていていかにも文献を読んでいるというよそゆきの感じがあった。しかし、いったんこの李王の「古文辞」に示唆されたコラージュの方法を文献読解に応用してみると、この文献との関係が一変した。文献を読む自分と文献の関係が、「自」と「他」、「平俗」と「異質」という二項の関係に、構造化されたのである。

ところで、外国語の発見において、彼はこういっていた。彼はいう。これまで漢文訓読法で中国語を読んできた時は、中国語との関係は、なんだかぼんやりしていた。中国語の文献を読んでも何だか此方の世界よりも少し高尚という感じで、中くらいの異質さの世界がそこにあるとしか感じられなかったし、その中国語を読んで「わかった」という感じも、『論語』の「過てば則ち改むるに憚る勿れ」は、深遠だとは思うが、隔靴搔痒で、何だか自分の長屋での生活とそのまま地続きだという感じはしなかった。しかし、いったん中国語とその「本来の面目」でつきあう決心をし、これを「外国語」だと思い定めてみると、この中国語との関係が一変した。自分と中国語との関係が、「自」と「他」、「平俗」と「異質」という二項の関係に構造化されたのであると。

徂徠は、この経験に立って、語学習得法においては、従来の「漢文訓読法」に代わる二つの方法を編みだした。一つが、「異質な世界」としての中国語とその〝つながりのなさ〟でつきあう「崎陽の学」、もう一つが、そのいったん「異質性」として取りだされた外国語としての中国語と、〝つながり〟の関係を築き、〝つながり〟でつきあう「訳文の学」である。

中途半端な「漢文訓読法」で、「過てば則ち改むるに憚る勿れ」になる『論語』の「過《コウ》則《ツエ》勿《ホ》憚《ダン》改《カイ》」は、「崎陽の学」では異質で〝つながらない〟「コウ・ツエ・ホ・ダン・カイ」となり、「訳文の学」では平俗で〝つながる〟「しくじったらやり直しに遠慮するな」に、なったのである。

文献読解に「読む」契機だけでなく「書く」契機をも投入すると、注釈が消えるとは、次のことをさしている。徂徠自身は、こういう(堀景山宛書簡、原文漢文、吉川の訓読と説明による)。「其の初めは亦た入るに難きに苦しめり焉」(はじめ李王の文章はとっつきにくかった」。「蓋し二公の文は諸《これ》を古辞に資《と》る」〔その原因は、彼らの文章は古代のみが生産した文学性に富む言語、それを資料としているからである〕。ゆえに「古書に熟せざる者は、以って之れを読む能わず」〔そのため古代の書籍に通じていない者には読めなかったわけである〕。ところで、李王の文学にひかれるものを感じ、沈潜し、やがてさとったことは、次のこと、「古書の辞の、伝注の解する能わざる者を、二公は諸《これ》を行文の際に発して渙如たる也。復《ま》た訓詁を待たず」〔「伝注」すなわち注釈では要領を得ない個所を、李王が自己の文章の際《さわり》にとり入れることによって、ぱっとかがやき出し、注釈を不用にすること、つまり作文の行為が注釈に代わる〕ということだった(12)。

ある種の古文辞への注釈が、これを付そうとすると、陳腐なものにならざるをえず、そのことによってかえって、古文辞と現代社会の生活語との間に本来ありうべき関係が阻害されてしまう、というのは、次のようなケースをさしている。たとえば、『徒然草』のある段のくだり。

「希有の童かな」

これにたとえば受験参考書などは、

「とんでもない童であることよ」

と注釈をふす。そのため、注釈が陳腐たらざるをえなくなる。

では、そこに「自分が書く」という要素を加え、「異質」を見届けた上で、「平俗」と関係づけ、一種のコラージュ効果をここに投入すると、原文が「ぱっとかがやき出し、注釈を不用にする」とはどういう事態か。

正確にはそのまま同じではないが、わたし達のよく知る同時代の作家橋本治が古文辞『枕草子』に施した〝桃尻語訳〟を、その好例としてあげることができる。

そこで、『枕草子』冒頭の一句、

「春はあけぼの。やうやうしろくなり行く、山ぎはすこしあかりて、むらさきだちたる雲のほそくたなびきたる。」

は、

「春って曙よ!

だんだん白くなってく山の上の空が少し明るくなって、紫っぽい雲が細くたなびいてんの!」

である。(13)

これを、

「何といっても春で一番よいのは曙の頃合いであるよ」

と書くのは何とも「陳腐」だが、ここでは、どんな注釈を加えても「冗長」で「陳腐」たらざるをえない。ではどうすればよいか。

徂徠が、李王の文学にふれて「これだ!」と思ったについては、彼に、それまで、文献注釈、中国語翻訳をめぐる、長い苦闘と沈思があったことがわかるのである。

このコラージュの方法を加味した文献読解の試みは、彼に、学問の方法と、学問の対象を考案、発見させる。

一つは、書くことを加えた文献読解の方法で、これは古文辞の世界の「異質性」を深く味わい、かつその「平俗性」にめざめること、つまりそれまで灰色の世界だった文献読解を、白と黒の世界に分離する手立てである。彼はこれを「古文辞の学」と名づけた。彼はいう。「蓋し古文辞の学は、豈《あ》に徒《た》だ読む已《のみ》ならん邪」〔古文辞の学はけっしてただ読むだけの文献読解の学ではない〕。それではダメで、「亦た必ず諸《これ》を其の指手《ししゅ》より出だすを求む焉」〔さらに、読解を筆をもつ自分の手から吐き出さねばならぬ〕。書くことを加え、解釈するのだというのである。

しかし、この方法の実践は、遠心分離器のように作用して、彼の文献読解の世界を「異質」と「平俗」、彼方と此方という一対性の世界に〝分離〟し、また〝構成〟していく。そこから生まれる「異質な世界」、これがやがて文献の世界となり、これが再び、これを読解する方法を鍛え直す形で、彼の読解法(古文辞の学)を、名こそ同じ「古文辞の学」のまま、文献学に育てる。文献学とは、この異質な世界を帰納的実証という「平俗」の方法でどこまでも読解する、学的領域である。彼の文献読解法は、文献から「異質さ」を〝分離〟するが、その「異質さ」は、〝分離〟されると、今度はこれを文献学へと〝構成〟していくのである。

文献学とは、ここまでくれば、異質な世界を知るための学問となる。

徂徠は、古文辞の学の実践を通じ、「異質な世界」を〝分離〟し、析出する。その後、その他者としての文献世界を知るための方法を思いきり「平俗」な手続きに求め、帰納的実証を基本とする堅固な学問的基礎を得る。列島の学問世界の渾沌とした沼沢地を、彼は、しっかりとした陸と、何もない空とに、変えるのである。

3　徂徠学の創出

この先、徂徠が行うことは、一、この古文辞の学を古代中国語一般の読解の方法、文献学として確立し、二、その方法を「先王の学」である儒学の聖典六経(易・書・詩・礼・楽・春秋)に適用し、三、その読解を通じて従来の朱子学の誤りを明らかにし、四、これとは違う「先王の道」の理解へと踏みだすこと、である。

具体的にそれは、これまで文学読解、文学実践の方法を意味した古文辞学が文献学として確立され、文献学の対象が文学の書から儒学の書へと拡大され、朱子学への批判が行われ、これに対する徂徠学が創出される、という形をとる。

その過程は次のような展開を示す。

一、古文辞学の文献学としての確立。

二、文献学による儒学の書の読解。

三、それを通じて得られた儒学理解に立つ朱子学批判。

四、朱子学に対する徂徠学の提示。

以下、この順序にしたがって徂徠の行ったことを祖述していく。

古文辞学で、注釈は、不要であるばかりか、有害だとされる。それは原典の破壊につながる。

徂徠はいう。中国後世の注釈が中国古代の原典に対してもっている関係は、「冗にして俚なる」〔冗長で卑俗な〕中国後代語で、「簡にして文なる」〔簡潔で文学的な〕中国古代語を、〝訓読〟する、というものである。それが原形の破壊にあたることは、列島における漢文訓読法が中国語の言語としての「本来の面目」の破壊であることとほぼ同じ意味をもつ。漢文訓読法がそうだったように、そこでは、原文の「意」(意味)は伝えられても、その「文采の粲然たる者」(あや)は、写されないからである。

ところでこのことから次のことがわかる。従来の中国における注釈の学、訓詁の学において、注釈、訓詁が原文に対してもつ関係、つまり後代中国語が古代中国語に対してもつ関係は、列島の言葉(和語)が中国語に対してもつ関係と、原理として同じだということである。つまり、古代中国語である「古文辞」は、現代中国語である後代の中国語と、非連続である。なぜ注釈は原典を正しく解釈できないのか。その理由は、解釈の方法が不十分だということにあるのではない。どんなに意を尽くした解釈でも、不十分なのだ。なぜなら、ここにあるのは注釈と原典の関係ではなく、後代中国語と古代中国語の関係であり、両者の関係の原形は、列島の言葉(和語)と外国語(中国語)の関係に比べることができるからである。

「古文辞」を構成するものは「古言」である。これは現在の中国語「今言」と〝連続〟していない。「古言」は「簡にして文」、「今言」は「冗にして俚」、一方にはない助字が他方になると介在する。意味は伝えられるが、文采は写せない。古文辞の学とは、この「古言」と「今言」の不連続の関係に立脚する、文献読解の学なのである。

さて、ここから徂徠は、朱子学批判と、それに対する自分の学の提示へ、という道に踏みだす。彼はまず、古文辞学の方法で、「先王の道」の学である儒学の書、六経を読む。田中省吾にあてた書簡で、徂徠はいう。

ある時、六経を古文辞学の観点で読んで、自分の古文辞学が、「先王の道」の学である儒学に適用できることに気づいた。「稍稍に古言は今言と同じからざるを知る也」（わかったことは、これを綴る「古文辞」の用語となっている古代語は後代語と同じではないということである）。つまり、「六経」の「古言」の旁証（他の使用例の挙証）を、「偏《あまね》く秦漢以上の古言」（秦漢より古い史料、諸子その他）に求めてみたが、そして、そこでの使用例から逆に、「六経」に用いられている語の意味を帰納してみたが、「而うして後に宋儒の妄を悟る焉」（その結果わかったのは、宋儒の注釈のでたらめさである）。またそのでたらめさの原因もわかった。「宋儒は皆な今言をもって古言を視る。宜《うべ》なり其の旧《ひさ》しく理の窟《いわや》に没《おぼ》るることや」（宋儒の学者は皆、後代の中国語のシステムでもって、古代語の意味を推量している（つまりこれは、漢文訓読法を媒介に和文のシステムで中国語の文献の意味を推量して理解したと考える列島の儒者の犯している誤りと同じ誤りである）。なぜ宋儒が事実の簡明さを離れ、議論の魔窟に溺れているのかがこのことからわかる」。自分は、以後、このような宋儒を捨てる。そして、この「古文辞」の方法によって六経を研究し直す。(14)

このようにして得られた徂徠の儒学書の古典である六経読解から引きだされた朱子学批判の最終地点を、「天」の〝外部〟としての発見と、いってみることができる。

徂徠は、はじめに外国語としての中国語に見、次に異質な世界としての古文辞(李王の文学)に見、さらに新たな外国語としての古代中国語に見たもの、つまり〝つながらない〟異質性を、いま、朱子学的世界像の最終原理としての「天」に、見るのである。

ここで、徂徠の朱子学批判の意味を理解する一助として、簡単に朱子学の基本にふれておきたい。わたしがここで参考にするのは、丸山真男の『日本政治思想史研究』である。(15)

朱子学とは、中国南宋の朱子によって体系化された一大哲学体系をさす。朱子(朱熹、一一三〇―一二〇〇)は、周濂渓にはじまり、程明道、程伊川の程兄弟によって発展させられた北宋の儒学説を集大成し、孔子以来の儒教の教えを伝える中国の古典に対する見方を更新した。その要点は、新しく「道」という観点を打ち出すことで、これまで訓詁学としてあった漢唐以来の儒学を、孔子・孟子らの精神を把握する義理の学たらしめたことにある。彼は従来の漢唐の五経(易・書・詩・礼楽・春秋)中心主義に対し、それより後の時期に作られた四書(論語・孟子・大学・中庸)中心主義に代える。また、「宇宙と人間を貫通する」一大形而上学体系をはじめて儒学の世界に樹立する。

さて(以下も丸山による)古代以来の中国思想の特色の一つは、宇宙の理法と人間の道徳が連続して一つの原理に組み込まれていることである。これを天人合一の思想という。これは、特に宋学においてその傾向を強めるが、北宋の周濂渓はこれを太極図説により、もっとも「圧縮」した形でまとめあげた。易の繫辞上伝に「易に太極あり、是れ両儀を生じ、両儀四象を生じ、四象八卦を生ず」とあるのを、周濂渓は五行説と結びつけ、次のような宇宙万物の生成の論を作った。曰く、自然と人間の究極的根源である太極から陰陽二気が生まれ、その変合から水火木金土の五行が発生し、四季の循環となる。また陰陽二気は男女として交感して万物を化生するが、そのうち人間は最も優れた気を稟けたため、その霊は万物に優れ、中でも聖人は完全に天地自然と合一している。そこで、人間の道徳はこの聖人の境地を修得するところに存する。ところで、朱子は、この周濂渓の太極図説における宇宙万物の根源「太極」を、程子の見解を摂取して、「天地万物の理」と置き換える。そのことにより、この世界説明の哲学体系を、発生論的構成から論理的構成に変え、「理」と「気」という原理をもとに宇宙・社会・人性を首尾一貫した論理で説明する、はじめての道学的な「合理主義哲学」を、作りだすのである。

さて、この宋儒の学は、列島では、戦国時代の終わりに藤原惺窩(一五六一—一六一九)がこれに学んで近世儒学として世に広める。関ヶ原の戦いに勝ち、徳川幕府を開く家康が、この哲学思想に注目し、惺窩の推薦する林羅山(一五八三—一六五七)を取りたてて、そこから官学イデオロギーとして生まれるのが、江戸期日本における公認の学としての朱子学である。

丸山によれば、日本の近世儒教としての朱子学の特徴は、以下の三点に要約される。一つに、それがこれまで日本に現れた、宇宙万物から人間までを一貫して説明する、はじめての哲学体系であること、二つに、それが万人に備わる「理」を修養によって正しく発現させれば誰にも聖人の境地に接近が可能だとする、オプティミスティックな性善論の構えをもつ、実践論であること、三つに、第一の点と表裏のものとして、宇宙と人間、政治と道徳、共同的なことと個的なこと、私的なことと公的なことを、連続の相でとらえる〝一貫〟の哲学だということ。

ところで徂徠は、朱子がその哲学体系の太極におく「天地万物の理」の最終的原理である「天」を、いわば「今言」をもって儒学聖典の「古言」を読むことにより、間違って受けとり、古来の教えを歪曲したものと、非難するのである。

彼はいう。聖典にいう「天」の概念について、朱子は「天道」という言葉で説明するが、これは、「此方」(解釈者のいる場所)から解釈された「私智」(自分に立つ考え)による捏造概念である。「天」に道などない。「天道」とは、「人道」のアナロジーとしてこれを天に投影したものである。ここにあるのは、「此方」(解釈者のいる場所)の文法で本来「此方」に属していないものを解釈し、それで足れりとする、列島における中国語解釈の錯誤と同質の異質性棄却の錯誤にほかならない。それは、他者の他者性を剝奪することで得られる、見かけの他者像にすぎない。

では、天をなすのが天道でないとすれば、それは何か。そこにあるのは、他者＝外部としての「天」である。それは、われわれがふつう「外部」と「内部」という、そういう素朴な形の外部ではない。素朴な「外部」と「内部」の関係は〃つながり〃としてとらえられるが、ここにいう「外部」とは〃つながらない〃ものとしての「外部」、つまり〃つながり〃としての〔「外部」―「内部」〕関係のその外側に〃つながらない〃ものとしてある、「外部」だからである。

　したがって、その「天」との関係は、解釈者がこれを「知る」ことではない（それは「知られない」から）。そうではなく、いっさいの解釈をやめ、ただこれを「敬する」ことに存する。それがこの外部たる「天」との、ありうべき唯一の関係である。これを、朱子学は、逆倒した形におく。彼らは、「天を知る」という。そこから「学ぶ」という。しかし本当をいえば、「天」を知りえないと知ること、それが「天」を知ることである。

　それ天なる者は、知るべからざる者なり。かつ聖人天を畏《おそ》る。故にただ「命を知る」と曰ひ、「我を知る者はそれ天か」と曰ひて、いまだかつて天を知ることを言はざるは、敬の至りなり。子思・孟子に至りて、始めて「天を知る」の言あり。

（「弁名」下）[16]

〔天とは知られない者である。そして聖人はこれを畏怖する。そのため聖人は、ただ「自分は天命を知る」（『論語』）といい、「自分を知る者は天であろうか」（『論語』）とはいうが、いままで一度も「自分は天を知る」とはいわないのである。ここに天を敬することの極みがある。「自分は天を知る」という(朱子学に見られるような)他者性喪失の傲慢な言明は、後代の子思・孟子になり、はじめて現れてくる」

この天の「外部」としての発見を基礎に、後に徂徠学として知られる、彼の思想が順次築かれてゆく。そこに生じていることを、一言でいえば、次のようである。ここに彼の文献学的読解によってとらえられた「外部」としての「天」は、その後、いわば自分を〝つながらないもの〟と認識する、相手ともいうべきものを作りだす。「天」は、宇宙から人間までを一貫する朱子学の道学的合理主義の〝灰色〟の世界に一度、その一大体系自身の外部に立つ存在としてつかまれると、その後、この〝灰色〟の世界から、自分は〝白〟となって、自分を「異質な世界」として認識する主体、あの「平俗」な〝黒〟を、順次、〝析出〟していくのである。

それは次のようなものからなる。

一、それまでは道学的宇宙秩序の理解の一助とされた物理の学、陰陽の学の中から、技術の部門が析出され、科学(自然科学)が生まれる。二、これまで自らの「心」を修めてはじめて「天下」を治められるとされていた「道徳」の学から、「徳」が切り離され、もっぱら技術ととらえられた「道」としての「政治(近代的政治概念)」が生まれる。三、これまでは「天命」を知り、将来を占うものだった易占の学が、「天命」など人には知られえないという徂徠の喝破にさらされ、過去の事跡を脱倫理的に記録する歴史(近代史学)が生まれる。四、これまで人を教導するための存在だとされていた文学が、人の心の本質は「此方」性にあるという理解によってくつがえされ、「勧善懲悪」の道徳性を脱して、自分の私的な心をうたう「文学」(近代的な文学観)が生まれる。

それはむろん、徂徠の思想が思想として実現していることではない。その底流には下部構造として、その時進行していた新しくはじまった近世社会における江戸期の商業、産業の発展にともなう経済構造の変化がある。

しかし、そこに起こっていることにはじめて思想的な表現を与え、そこに起こっていることの意味を人々に教えているのは、この徂徠の思想的な革新である。

ここにいっておかなければならないことがある。

それは、たしかに江戸期における近代的な思考の先駆形態のように見える。そしてそれをそのように評価することは、必ずしも間違いではない。しかし、それはいわゆる近代的な思考、西欧近代に見られた思考ではない。第一部最終章の終わりにふれたように、それは、朱子学的な思考の内部から生まれた、朱子学的思考が生んだ、異質な思考なのである。

4　異質な思考

徂徠学を、近代の先駆と見る外在的視点を排して、評価すれば、これら、科学、歴史、政治、文学といった近代的概念は、その開始の時点に西洋でこれらのものが生まれたのとはだいぶ違うみちのりをたどって、徂徠につかまれている。それがどのようなみちすじを辿り、つかまれているかは、以上、ここまで述べてきた通りである。

これらの段階をつらぬく一本の糸は、対象の「異質性」としての把握である。それが彼に、外国語としての中国語、不透明な存在としての文献テクスト、もう一つの外国語——現代中国人にとっての外国語——としての古代外国語、異質な教えとしての儒学、そして最後に、「外部」としての「天」という観念を、つかませている。

けっして徂徠は、彼の没後の京都人、たとえば上田秋成(一七三四—一八〇九)のように、西欧的知見——蘭学——にふれ、江戸後期社会の成熟にささえられて、近代的な概念を手にしているのではない。

この違う発見のみちすじは、当然、そこにつかまれたものの理解を、いまわたし達が理解するようなものとは違うものとして、配置している。

つまり、たとえば、科学、政治、歴史、文学、これらのものを、わたし達は近代世界の場所から、ここに近代的概念の先駆があると評価することが可能だが、その意味は、わたし達が理解するものとは違うものとして、徂徠に理解されていることを、知る必要があるのである。

その徂徠自身の、これらのものの理解の仕方を、いま、吉川幸次郎「徂徠学案」の冒頭にある「学説の要約」の記述を参考に、わたしなりに祖述すれば、このようになる。

万物は運動である。人間も自然も「活物《かつぶつ》」である。人間はそれぞれに違った顔をもつように、それぞれの中で変転し、成長するが、その自分性をあくまでも保持する。「米はあくまで米であり、豆はあくまで豆である」。

人間はこの分裂と変転の様相のすべてを把握できない。

「なぜかく人間には知り得ない部分を含みつつ、存在は運動するのか」。

それが外部としての「天」の意思だからである。われわれは、その意思の中身を知ることはできない。その意思の中にいる。われわれにできることは、「人間が知りつくし得ない形で存在の運動を生む『天』の、霊妙不可思議さ」を、「尊敬する」ことだけである。その「天」の意思は、「天命」と呼ばれる。

「しからば人間の認識はいかにあるべきか」。

この「外部」の天にさらされる経験は、これを知りえないものとして知る人間に、その効果として、次のような世界理解の仕方を促す。われわれは人間を一つの集合体、共同的な存在とみなすべきである。人間を考える時に、個人を先に考えるのではなく、人々の集まりとして考える。つまり、個人から見た場合、知られないものとして——「外部」——として現れる複数性の人間的事実、それが「人間」なのである。

そこでは、個人は、この複数的な人間的事実を知ることができない。逆にこの複数的な人間的事実から、一人の人間を知ることができる。前者は「大」であり、後者は、「小」である。「大」は「小」を知る。しかし「小」に「大」は知られない。「小」に「大」は、外部として現れる。

徂徠はいう。

これまで、宋儒の学すなわち朱子の学は、その認識論において、すべての個物は「理」を賦与されているゆえに、一つ一つの「物」個々について「理」を「格《たず》」ね追求すれば、真理(「知」)に到達する(「致」)と考えてきた(宋儒の学にいう「格物致知」)。それは、小さなものを一つ一つ計り、それを総計すれば、「大」の測量をなすことができるという考え方、すなわち、「小」を尋ね、「大」にいたる考え方である。しかし、この世界にある「大」なるものと「小」なるものとの関係の真は、これが〃つながらない〃ことである。朱子の学ではすべてが〃つながり〃、宇宙から人の心までが「連続の相」でとらえられる。伊藤仁斎(一六二七―一七〇五)が、何と迂遠なことをいうものか、と『童子問』で笑っているが、朱子は、宋の孝宗皇帝から政治の要諦を聞かれ、こう答える。陛下よ、まずおんみずからの心を正し意を誠にしたまえ。「政治」は「心」からはじまる、つまり「大」は「小」からはじまる、というのである。しかし、「大」は「小」を含むが、「小」からはじめて「大」にいたることはできない。それはちょうど、たとえば米を「銖銖《しゅしゅ》」というごく微量の計量単位で計れば、「石に至りては必ず差《たが》い」(誤差を生じ)、布を「寸寸」というごく小さな計量単位で計れば、「丈に至りては必ず過つ」、つまり狂いが出てくるのと同じである(「弁道」)。

これをとらえ、吉川はこう付言する。

そのように集合体ははじめから集合体として対処されなければならぬ。そもそも人間は、集合体として存在する。泥棒でさえ集団を作る。「盗賊と雖も亦た必ず党類あり」。「弁道」。集合体である以上、大きくそれに対処する方法が必要である。それがすなわち政治であり、政治の方法として「先王」の「聖人」が案出したものが、「道」である。それは集合体としての人間を大きくそだてる方法である。「大」を「大」としてそだてる方法である[17]。

では、「政治」は、なぜ「道徳」に優るのだろうか。

「道徳」が人の一人ひとりの心、つまり「小」に働きかけるのに対し、「政治」は集合体としての人間の生活、つまり「大」に、働きかけるからである。宋儒の学にいう「道徳」は、「小」から「大」にいたろうとする道である。これに、徂徠の学は、これを逆転させた、「大」から「小」にいたる人為的な技術としての「政治」、「先王の道」を対置することになる。徂徠はいう。徳とは何か。それは人が「道」を歩む中で、見つけだし、拾いとるもののことだ。徳とは、「得」である。つまり、彼は、こういう考えから「道」(政治)を「徳」に先行するもの、優る価値だと結論する。

そこからたとえば、「たとひ何程心を治め身を修さめ、無瑕の玉のごとくに修業成就候共、下をわが苦世話に致し候心無《く》二御座候一、国家を治むる道を知り不レ申候はゞ、何の益も無レ之事に候」(「答問書」上)〔たとえどんなに心を治め身を修め、玉のような人格となっても、人民のことを考える心をもたず、統治の技術に通じる知見をもたなければ、(君主としては)何の価値もない〕という、丸山真男が『日本政治思想史研究』に引く言葉が出てくる。したがって、この発言が語るものは、丸山が考えるように、必ずしもマキャベリの近代政治意識に比定される近代的覚醒(18)ということではない。これをそのようにも評価することは、必ずしも間違いではないが、いくぶん近代的観点からの遠近法的倒錯を含む。徂徠がいう力点は、君主たるもの、「大」と「小」の隔絶を知っていなければならない、ということにあり、彼が見ているのは、この「大」の外部性に立脚した「政治」の此岸性ということだからである。

同じことが、今度は徂徠の学の中で、「小」としてその存在理由を確定される「文学」についてもいえる。

徂徠はいう。

五経の内に詩経と申物御座候。是はただ吾邦の和歌などの様なる物にて別に、心身を治め候道理を説きたる物にても、又国天下を治め候道を説きたる物にても無二御座一候。古の人のうきにつけうれしきにつけうめき出したる言の葉に候。(「答問書」中)(19)〔五経の中の一つに詩経がある。これは吾邦の和歌のようなもので、修身の道理を説くものでもなければ、治国平天下の道理を説くものでもない。人が悲しいにつけうれ

しいにつけうめくようにして外に出した言葉の表現である〕

しかし、これも、後の宣長を扱う章で見るように、必ずしも「文学」の「政治」からの独立をいうものではない。それは、「文学」の「勧善懲悪」からの独立を宣言している。しかしその意味は、あの灰色の世界からの「黒」という世俗性の分離にある。朱子学的世界からの「小」の析出、つまり「外部」に対する「内部」の析出ではあっても、「小」としての「大」からの独立ではなく、そこでは、なお「小」はどれだけ重ねられても「大」に届かず、一方、「大」、政治は、「小」、文学を、含むと考えられているのである。

徂徠は、この「大」たる政治の道、これが、「天」に対しては卑小な存在たる人間が人為的存在であることの自認に立ってこれを敬う、「聖人の道」だという。

そこにいわれる「大」とは何か。

彼はいう。

「『車を数へて車なし』と。しかも車の名あり。古の道なり。」(「学則」三)〔老子は、車を分析して数えると、車の各部分の名称に分解し、車の名はなくなるといっている。しかし車の名は存在する。なぜならば車は、車の各部分の「統名」だからである。このように「統名」の統名性を忘れないのが、いにしえの道である〕

また、いう。

「道なる者は統名なり」(「弁道」三)〔道というものは〝統名〟である〕

ここにいう「統名」は、「総合的な名称」と解されているが[20]、そう解してしまうと徂徠のいうことが見えなくなる。ここでの徂徠の『老子』の「車を数えて車なし」の解は、ふつうそう解されているように、老子が、たとえば牛車の車輪の〝各部分〟を「総合」したものが〝全体〟としての車輪だといっている、というものでは、ないからである。そうであれば、「車を数えて」も「車」は残る。消えるのは「車」の〝全体〟にすぎず、そこで〝全体〟は、それが全体(総合したもの)である以上、〝各部分〟に姿を変えて残っているからだ。では老子は何といっているのか。徂徠の理解は、「統名」とは「大」のことだ、ということである。「大」とは「統名」であり、それは〝各部分〟(「小」)の結合体、「小」からはじめて至りつけるもの、〝全体〟ではない。それは、至りつけないもの、〝メタレベル〟、そのようなものとしての「小」にとっての外部、なのである。

それはたとえば「個人」を無限大に〝総合〟しても、そのメタレベルの「類」たる人類という概念には達せないというのと同じことなのだ。

徂徠の学は、江戸という近代以前に現れた先駆的な近代性ではない。朱子学から生まれ、内側からこれを崩壊させた「外部」の思考である。それは、これまでの朱子学的世界を「外国語」と「日本語」、「大」と「小」、「政治」と「文学」、「外部」と「内部」に分ける。しかしその分離の力は、前者、「外国語」、「大」、「政治」、「外部」からくる。

そこにいわれていることがほとんど西欧近代の概念と同質な概念のように見えることには理由がある。ここに起こっているのは、丸山が『日本政治思想史研究』に述べるように、西欧の中世から近代にかけての時期に起こったことと、比較可能なこと、「形而上学的なものへの志向」の一時的切断とみなしうることだからである[21]。しかし、それは、この列島にその後、蘭学、洋学という形でやってくる近代的な思惟とは違っている。そうであればこそ、この徂徠の学をもっとも深く受けとめる思想は、その西欧近代がやってきた時、それに、抵抗するのである。

この本が自画像制作の試みと呼ぶものは、ここで、「日本語」による「外国語」への抵抗、「小」による「大」への抵抗、「文学」による「政治」への抵抗、「内部」による「外部」への抵抗として現れるはずのものを、あの徂徠の場合をちょうど逆転した形で、未成の「日本語」による〔「日本語」―「外国語」〕関係への抵抗、未成の「小」による〔「小」―「大」〕関係への抵抗、未成の「文学」による〔「文学」―「政治」〕関係への抵抗、未成の「内部」による〔「内部」―「外部」〕関係への抵抗、つまり、二重性としてあるものへの基層からの抵抗、という形で行う。

それが、このあと、ここに「日本語」とともに見出された、あの「日本人」についても行われる。徂徠に続く宣長の自画像制作の試みを、わたし達は、そう考えてみてよい。

第二章　宣長の抵抗

1　問題のありか

さて、ようやくこの本も、第一の山場である本居宣長について考えるところまできた。しかし、宣長の行ったことを、どのように語ればよいだろうか。というのも、わたしの観点からいうと、これまでの宣長への評価は、多くの場合、的を外している。いきおい、わたしのいおうとすることを語ろうとしても、適切な方法を考えなければ、その前段の断りに、大半の紙数を費やすことになりかねないからである。

まず、これまでの主な宣長評価の方向がどのようなもので、これに対し、わたしの評価の力点がどこにあるか、両者の違いは何かということを、あっさりと述べてみよう。その後、なぜわたしが宣長を基本的に評価するか、という点にすぐに入ることとしたい。

これまでの宣長評価が、多くの場合、的を外している、というのは、こういうことである。わたしの観点とは、ここまで述べてきた意味で、宣長の行ったことは、列島ではじめての自覚的な自画像制作の試みだった、というものである。徂徠は、列島にも「日本語」というものがあるべきであり、「日本人」という意識があるべきだという空白の領域を新たに列島の知識人に開示した。多くの人が、その真空の領域に吸引された。それは、酒井の述べたように、そのままいけば、いずれは「中国人」に対して「日本人」という同等の、統一体としての種的同一性を確立する動きに収斂するはずの動きを意味している。わたしが的を外しているというのは、ほとんどの宣長論が、宣長のめざしたことを、こうしたいわば統一体としての「日本人」の確立だと考えていることをさす。これを的外れの解釈だという、その理由は、宣長は、可能的に見れば、この動きの中に、そのような統一体としての概念への帰着の方向を読みとり、それを統一体としての概念(「中国人」)への統一体である概念(「日本人」)による対抗と見たうえで、それらの動きすべてに対して、反対を唱え、抵抗を試みているのだ、というのがわたしの考えだからである。宣長が「漢意《からごころ》」というのは、こうした統一体としての概念一般をさす。彼が口をきわめて排除しようしたのは、人がこの種の種的同一性の概念に、たとえ対抗のためだとしても、同じ穴のむじなとして、動かされることとなのである。

これまでの宣長論を、ニュートラルなもの、否定的なもの、肯定的なものと三つに分けていうと、その第一のものにあたる、たとえば国文学における学術的な考察の多くは、宣長を、勧善懲悪にとらわれない文学の価値を定立し、「芸術のための芸術」の主張をはじめて積極的な形で行ったと評価するもので、基本構図を、前の節で扱った丸山真男の作り上げた、一種の近代史観に借りている。それは、江戸思想を現在から価値づける広義の近代化過程の中にとらえ、そこに宣長の「もののあはれ」論をおく。そのほとんどが、宣長の行ったことを、いわば現在の観点から「受け取れるもの」と「受け取れないもの」に分け、その「受け取れる」部分について評価するというものであり、内在的に、つまり宣長の自身のモチーフに沿って、その意味を明らかにするものにはなっていない。そのため、そこからは、このような穏当な学者、文学者である宣長が、なぜ、荒唐無稽な皇国イデオロギー的主張を行うのか、という問いが生まれる。それは、自分の中から自分の解けない謎を生み、それと一緒にでなければ存在できない見方として、わたし達の前に置かれるのである。(1)

また、第二のものにあたる宣長否定の論は、そのほとんどすべてが、宣長を皇国イデオロギーにつながる保守的な皇国観、日本人観の基礎を作った張本人とみなし、日本中心主義の主唱者として否定する。そこでは、宣長の激烈な「漢意」批判は、いわゆるクセノフォビア(外国嫌い)の強度の表現と見なされ、右のたとえば太陽が日本に生まれたといった荒唐無稽な主張も、こうした宣長の狂信性の傍証としてあげられる。けれども、この見方からも逆に、一つの問いが生まれてくる。では、なぜこのように狂信的な自国中心主義の主唱者から、『古事記』研究というような厳密な実証的学問の成果が生まれえたのか。この立場もまた、自らが問題を解けないままに生みだし、抱え込まざるをえない身の上であることを、わたし達に示すのである。(2)

第三のものにあたる宣長肯定論は、戦前から戦後までを貫き、宣長を、皇国イデオロギーから国民国家イデオロギーまでの幅で、「日本人」の心に形を与えた立役者とみなして顕彰する。したがって、このカテゴリーにおいては、特に戦前期、先の荒唐無稽な日本主義的主張と篤実な学問は、ともに肯定すべきものとしてとらえられ、鋭角的な問いの表出を見ることはない。しかし、この見方からあの問いへの答えが出てくるわけでもなく、問いは放置されたまま、残されている。(3) つまりこれら三範疇からなる従来の宣長理解は、ここに、一つの解けない問いがあり、それが、それらによって生み出され、それらとともに存在してきたことを、わたし達に教えるのである。

問題はどこにあるというべきだろうか。

これら三つの種類の宣長理解は、宣長の基本問題、あの「漢意」と「大和心《やまとごころ》」の対比のうちに「漢意」への批判として語られたものを、「中国的なもの」と「日本的なもの」の対比として受けとる点で、共通している。第一のカテゴリーの宣長論に、こうした色合いは少ないが、それも、少なくとも、この見方に対し、それは違う、という別種の見方を提示するものにはなっていない。ところで、わたしの考えをいえば、出発点に、こういう理解を置く限り、あの解くことのできない形での問いの出現は、避けられない。このことは、この宣長における基本的問題が、中国的なものと日本的なものという形では、受けとられるべきではないこと、別の対位として受けとられるべきことを、示唆しているのである。

このことに関連して、思想史家の子安宣邦が、面白い指摘を行っている。彼によれば、国学の分野には、「国学的」な言説といいうるものがあり、その特徴は、そこでの基本的な問題の対位が、「自己言及的」であることだ、という。(4) たとえばここに、「みかんがきらい」か、「りんごが好き」かという問題があるとする。これは、「自己言及的」ではない。なぜなら、ここで「みかんがきらい」であることは、そのまま「りんごが好き」であることを意味しない。ここには、互いに独立した、いわばAという命題とBという命題とがあり、わたし達は、こういう問題を〝提起〟した人に対し、この人の、この提起の根本動機は、彼が、「みかんがきらいだ」と思っていることなのか、それとも「りんごが好きだ」と思っていることなのか――その〝いずれ〟なのだろうか――と、尋ねてみることができるからである。しかし、たとえば、ここに「のっぽがきらい」か、「ちびが好き」かという問題を提起する人がいれば、わたし達は、この問題提起者に対して、同じことを尋ねられない。なぜなら、この「のっぽ」と「ちび」では、人は、同時に「のっぽが好き」でかつ「ちびが好き」とはいえない。二つの命題はここで――犬が同時に猫でありえないように――、種的同一的な関係におかれており、独立していない。そこでは、「のっぽがきらい」であることは、そのまま「ちびが好き」であることを意味してしまうのであり、そういう命題――AとBならぬ、Aと非・非Aという命題――に関し、〝いずれ〟が根本動機かとたずねることは、ナンセンスなのである。

つまり、この子安の指摘は、種的同一的な関係にある二つの命題(Aと非A)に関して、一つが好きだ、という命題と、もう一つがきらいだ、という命題とからなる対位(Aと非・非A)は、実をいうと、成り立たない、といっている。そういう対位は、「自己言及的」だ、とは、同義反復だということ、ここに対位が成立していない、ということなのである。

ところで、ここから、次のことがわかる。

ここで、宣長の漢意と大和心の対位からなる基本問題を、中国的なものと日本的なものと受けとるなら、そこでの「漢意がきらいか」「大和心が好きか」という問題は、まさしく「自己言及的」である。それは何もいっていない。いずれをとっても、それは、同じこと、つまり「漢意がきらいである(ゆえに大和心が好きである)」ないしその逆をしか、いっていない。もし、宣長の漢意批判を「中国的なもの」への批判と受けとれば、わたし達は、それを、こうした自己言及性の構造のなかで受けとったことになる。そこで、中国的なものへの抵抗は、日本的なもの、本来的なものの回復を、意味するのである。

子安は、国学の主張が、えてして、最終的な基底を、こうした「大和心」への信従の上におく自己言及的な構造をもつことをさして、これを「国学的」言説と呼ぶ。国学の現状に照らして、この子安の指摘が、妥当なものであることは、たとえば、平田篤胤(一七七六―一八四三)の神学などを見れば、明瞭である。つまりこのことは、こうした、国学的な問題構造からは、ほんらいの学問的基礎が供給されえないことを、わたし達に教える。というのも、学問の基礎は、自由検討の精神であり、そこでの基本問題の条件は、自己言及的でないこと、あの「みかん」と「りんご」のように互いに独立した命題同士の対立に、基礎づけられていることだからである。

ところで、この観点に立って、先の三つの宣長理解を見れば、そのうち、少なくとも、宣長否定論と宣長称揚論は、宣長のこの基本問題を、「漢意がきらいだ」と「大和心が好きだ」という形で受けとっていることがわかる。宣長批判論の論者は、要するに、宣長の問題の根本動機は、その力点が、「中国が嫌いだ(漢意批判)」にあろうと、「日本が好きだ(大和心の神秘化)」にあろうと、いずれにせよ、「中国がきらいである(ゆえに日本が好きである)」、あるいはその逆の「日本が好きである(ゆえに中国はきらいである)」というものだと考えている。宣長の言葉を素材に、それが「自己言及的だ」と指摘する子安は、彼も、世の宣長批判者同様、宣長の漢意と大和心の対位を、このようなものと受けとっているのである。また、これと同じことが、宣長称揚論の論者についてもいえる。彼らは、宣長の基本問題を、これと同じものと見、逆に、そのことを理由に、これを日本肯定の論だとして、称賛しているのである。

しかし、わたし達は、ここで、こう問うことができる。

もし、宣長の基本問題が、このようなものであれば、つまり、「日本は好きだ」あるいは「中国はきらいだ」を根本動機にするものであれば、その動機に動かされて営まれた彼の学問が、あのような実証的な文献批判の学になるということが、あるだろうか。

そこに対立のない、同義反復の愛国心あるいは敵愾心を本体とする動機が、どうすれば、厳格な帰納的実証を旨とする文献学と、結びつくだろうか。

いうまでもなく、そういうことはありえない。

こうして、子安の指摘は、わたし達に、少なくとも、宣長の孕む問題が、まず、どのように問われるべきかを、教えるのである。

わたしに、このことは、宣長の漢意と大和心の対立が、むしろ次のようなものとしてあったことを語っていると、見える。

一つは、それが、「中国的なもの」と「日本的なもの」ではなく、「概念的な思考」と「概念的な思考への抵抗」という対立を意味していたこと、もう一つは、その対位が、先にいう、「自己言及的」な対位を抜け出るものとしてあったこと、つまり、そこで、「概念的な思考への抵抗」ということが、「概念的な思考」から独立した、別個の命題を、構成していた、ということである。

そう考えてはじめて、わたし達は、宣長の行ったことを、それは、「漢意」と「大和心」の対位を基底とする「漢意」への反抗であり、しかも、そこから、彼の文献学は、生まれた、と矛盾することなく、いうことができる。

つまり、あの先に見られた、宣長の問題は、少なくとも一つは、解決されるのである。

さて、このことは何を語っているのだろうか。

それは、これまで語られてきたあの「宣長問題」ともいうべき問いが、問われ直されなければならないことを、語っている。

ここにいう宣長問題とは、先に見た、あの難問をさす。これまで、さまざまな宣長論が、それぞれの立場から、これを表明してきたが、たとえば、加藤周一は、一九八八年、これを当時のヨーロッパにおけるハイデッガー問題に比べうるこの国の思想の問題として、次のように語っている。われわれのもとにも、ハイデッガー問題に比べうる大きな問題がある。それは、「宣長の古代日本語研究が、その緻密な実証性において画期的であるのに対し、その同じ学者が、上田秋成も指摘したように、粗雑で狂信的な排外的国家主義を唱えたのは、何故か」という、かねて専門家の間で、村岡典嗣以来謎とされてきた、一つの問題である。ハイデッガーの「ナチズム支持が、『存在と時間』のハイデッガーと、どう関係していたのか、という問いは、まさに『馭戎慨言』が『古事記伝』の宣長と、どう関係していたのか、という問いに似ている(5)」。

見られるように、ここまで見てきた問題と、これは、同じ形をしている。

しかし、ここまで見てきたことは、この問題の意味が、いまでは次のようなものであることを、わたし達に教えている。つまり、問題の核心は、次の点にある。まず、仮に、宣長の基本問題が、これまで思われてきたように、単なる愛国心、外国嫌いといったものではない、概念的な思考への抵抗という、はっきりした動機に立つものだとしよう。そうすれば、なぜそこから、先入主を排した、実証的な学問が生まれてくるのかは、わたし達に理解できたことになる。しかし、それで、この宣長の問題はすまない。なぜなら、もしそうだとすれば、このしっかりとした動機に基づいた帰納的実証の学が、なぜ、ではあの太陽が列島の生まれだ、というような奇矯な主張を生み出すのか、が問われなくてはならなくなるからである。それは、すでに従来の問いと違っている。これまでのいわゆる「宣長問題」は、なぜ、一方で篤実な学問で非凡な達成を見せるような人間が、狂信的な排外論者でありうるのか、という〝謎〟を語っていた。そこでは、宣長が文献学の達成者であることと、奇矯な古代主義の主張を行ったことは、互いに連関をもたない二つの対立物としてとらえられ、対照されている。しかし、いま、わたし達の手にあるのは、この二つが、連関するもの、つまり原因と結果の関係にあるものとして問われなければならないのではないか、という認知である。そのようなものとして、ここでは、この文献学の厳密な実行が、なぜ、あの奇矯な主張を生むのか、ということが、問われているのである。

これは、奇妙な問いだろうか。

わたしは、そうは思わない。

したがって、問題のありかは、次のことにある。

なぜ、宣長の試みは、概念的なものへの抵抗としてはじまりながら、最終的に、そこから、奇矯な、狂信的ともいえる、古代主義の主張を生むようになるのか。また、もし、それが、自画像制作の試みの核心にふれる挫折をも意味するとしたら、そのことは、この試みに関し、何をわたし達に語るのか。

以下、この問いに答えることを念頭に、なぜ、宣長が日本主義者と思われてきたか、ということからはじめ、宣長の思想、その自画像制作の試みについて見ていく。

2　論の周囲

宣長の行ったことに関する評価が、これからわたしが語ろうとするものとはこれまでだいぶ違う形をしていたことにも、それなりの理由がある。

本論に入る前に、なぜそうなっているのか、ということの理由と見られることを、一つ、二つ、あげておこう。

その一つは、宣長の言葉遣いが、激烈で執拗な外国批判、列島称揚に、みちていることである。わたし達は、「大御国《おおみくに》」といい「皇国の道《すめらくに》」といい、「清き大和魂」といい、また、「汚き漢意」といい、「劣った異国《あだしくに》」といった、宣長が記述に頻出させる名辞と激烈なクセノフォビア(外国嫌い)の言葉遣いに、つい戸惑いを抑えられず、そこから、宣長の原イメージを作ることになる。もしそうなら、なぜ「大御国」の原理の称揚が、同時に、理に立つ思想一般への対抗という形をとるのか、またここにいう「皇国」礼賛を行う一方、宣長がたとえば師である賀茂真淵の考えに抗して雄々しさではなく女々しさの中にこそ「大和魂」の本質があると主張していることを、どう説明するのか、など、よく考えれば、ここからはたくさんの疑問が出てくるのだが、それでも多くの人が後の皇国イデオロギーの創始者としての宣長という像を違和感なしに受けとるのは、この言葉遣いの激烈な印象によるところが、大きい。

たとえば、先に引いた子安は、宣長の文のあるくだりを引き、「『皇大御国』の自己神聖化のことばと語られる、『異国のさだ』を構成する宣長のことばがどれほど品のない、質の悪いものであるか、よくよくみていただきたい」と、書いている。(6)

しかし、よく考えてみれば、それは、いまとはまったく別の意味で語られ、また、聞かれている。その違いを顧慮せずに、その言葉をそれらがいまわたし達の耳に届くままに聞き取るなら、それは、あの徂徠が厳しく戒めた、「今言」で「古言」を見る歴史観察の遠近法的倒錯を犯すことにほかならない。たとえば宣長は、それまでの学者が中国の聖人を、孔子、孟子と尊称で呼んでいたのも、孔丘、孟軻と呼び捨てにし、外国の「聖人ども」などと書く。そのため、ある儒学者などは、「関東の御おきてにも(略)文宣王(孔子)をもていつきまつらせ給ふなるを、いやしき口より孔丘などよべるは何ごとぞ」(石川雅望『ねざめのすさび』)、幕府すら孔子を祀って尊敬しているのに、町人風情がその孔子を呼び捨てにするとは何事か、と激怒の言を吐いて攻撃している。しかし、その非難のあり方自身が教えるように、当時の学問の社会的、政治的、文化的な力関係からいえば、国学とは、一部の在野の町人階級を基盤に起こった新しい学問の動きにすぎず、世に学問といえば、それは官学イデオロギーとしての、漢学＝朱子学を意味していた。「大御国」、「孔丘」という言葉が吐かれても、それは、一九三〇年代の狂信的な国粋主義の時代にそういう言葉が吐かれた時と、意味が違う。ということは、コトバが、違うのである。宣長は、こういっている。

世ノ中に学問といふは、からぶみまなびの事にて、皇国の古へをまなぶをば、分て神学倭学国学などいふなるは、例のから国をむねとして、御国をかたはらになせるいひざまにて、いと〳〵あるまじきことなれ共、いにしへはたゞから書学びのみこそ有けれ、御国の学びとては、もはらとする者はなかりしかば、おのづから然いひならふべき勢ひ也、しかはあれども、近き世となりては、皇国のをもはらとするともがらもおほかれば、からぶみ学びをば、分て漢学儒学といひて、此皇国のをこそ、うけばりて〔はばかることなく――加藤〕たゞに学問とはいふべきなれ、仏学なども、（略）法師のともは、それをなむたゞに学問とはいひて、仏学とはいはざる、これ然るべきことわり也、

（『玉勝間』一）

〔世に学問といえば漢学のことである。かえって日本の学問のほうを断りを入れて神学、倭学、国学、つまり日本製学問と称している。こうしたことには古くは書物といえば漢籍がもっぱらで学問といえば漢学しかなかったから、それなりの理由があるのだが、いまでは日本の書物を学ぶ人々も多くなってきている。ここは日本なのだから、日本の学問を「学問」といい、中国学のほうを漢学と呼ぶのが正しいはずである。仏教関係者も、自分の学問を仏学とはいわずただ学問といっているが、これがふつうのあり方である〕

もう少し引いてみよう。続けて、

国学といへば、尊ぶかたにもとりなさるべけれど、国の字も事にこそよれ、なほう

けばらぬいひざまなり、世の人の物いひざま、すべてかゝる詞に、内外《ウチト》のわきまへをしらず、外ツ国を内になしたる言のみ常に多かるは、からぶみをのみよみなれたるからの、ひがことなりかし、（同前）(7)

〔「国学」呼称は尊んでいうのだという向きもあるが、それは違う。漢籍だけを学問の対象としてきた結果の内外の観点の転倒が、このように現れているのである〕

　天皇も、当時はほとんど誰にも省みられない京都の御所に住むたかだか三万石の公家代表だった。一方、漢学は、当時の知識人の誰もが信じて疑わない、政治、法、社会の制度の基礎を貫く唯一の権威、いまでいうなら、官許の近代合理主義のような存在だった。宣長の言葉は、――それが当時の少数者たる国学者の普通の言い方でもあったわけだが――はじめ、彼の口をついて語られた時には、当時の人々を驚嘆させるものを含む、奇矯の言葉、いい換えれば、それまで誰もそんなことはいわなかったところにはじめていわれる、一種の文体としての誇張法をもつ言明だったのである。

　そのことについては、後年の国学者による、こんな証言がある。「玉匣《たまくしげ》といふ書に、委しく記しおかれたる誠に彼《かの》一声に、驚かされたるにや、其後はつぎつぎ、皇朝を尊び、内外の差別を弁へ、著述の書にも、御国を皇国とかく儒者も、出来たるは、全く皇国学のひらけ行し処也」（中島広足『童子問答』）(8)（宣長の「玉匣」という書の語調に驚かされたのだろうか。それまで、世の学者（＝儒学者）は、ほとんど皇国だとか大御国だとか天皇だとかとはいわなかったのだが、こういう激しい言葉遣いをする学者が出てきた後、次々と、儒者までがその口まねをするようになって、いまでは「皇国の学」というものが広く行われるようになっている」。これを書いた中島は、一七九二年に生まれ、宣長没後、一九世紀半ばに活躍している。

言葉こそ、「皇国の道」「大御国」「大和魂」と、それを耳にするわたし達に容易に軍国主義下の日本の皇国イデオロギーを連想させるおどろおどろしさにみちているが、一九三〇年代がそのような時代だったため、これらの言葉は、そう聞こえるのである。そのことを頭に入れ、わたし達の時代の「今言」の語感ともいうべきものをいったんすべてカッコに入れてみると、宣長の「古言」は、どう聞こえてくるか。徂徠のいうことは、わたし達にも無縁でないことを知るべきである。

もう一つ、宣長の行ったことがそのまま、幕末の攘夷思想、一九三〇年代の国粋思想に直接つながるとわたし達に思えてしまう理由の一つは、疑いなく、宣長が主張した荒唐無稽な古代主義にある。先にふれたが、彼は、最も奇矯な例をとるなら、いま現に四海万国を照らす太陽は、この列島に生まれた、と主張した。これにはさすがに誰もが驚いたと見えて、この主張が現れてすぐにもある儒学者が反論ののろしをあげ、宣長との間に論争的やりとりを行っている。一連の論争中、最も名高いのが上田秋成との間でかわされた『呵《あし》刈葭《かりよし》』論争だが、その荒唐無稽な主張を、宣長にそって、どう理解すればよいか。この問題をクリアできないため、わたし達に宣長は、どこか理解不能な部分を含む、もう一歩踏み込んで考察することの困難な思想家と見え続けて、いまにいたっている。しかしわたしの考えでは、そこに理解不可能なものは何一つない。宣長はそこでも首尾一貫、彼の学問的厳格さを貫いている。

つまり、ここにわたしの語ろうというのとは、だいぶ違う見方が行われてきたことには、それなりの理由があるのだが、宣長が行ったことは、これまで信じられてきたのとは、逆のことである。

むしろ彼は、自画像制作の試み、とこの本にいうことを列島ではじめて行っているのである。

したがって、前節に続けていえば、問題のありかは、むしろ、先にあげた点に加え、次のことにある。そうであるにもかかわらず、その宣長の試みが、彼の没後、平田篤胤をへて、幕末期の攘夷思想へと受け継がれ、統一体としての「日本人」概念の確立の主張になり、国学イデオロギーを生み出してゆくのは、なぜか。なぜ彼の自画像制作の試みは、──もしそれが本当に自画像制作の試みであるならば──、その後、むしろ肖像画的ともいうべき、いわゆるカッコつきの自己肯定的、一元的な「自画像」の制作のドラマに接続されてしまうのか。その原因は、彼の所説にあるのか。それとも、彼は正しいのだが、篤胤以降の継承者がその思想を歪曲しているのか。

野口武彦は、宣長の思想が、篤胤にひきつがれ、その後、幕末の危機意識の中で、体制順応の思想から体制変革の思想へと脱皮するさまを、次のように説明している。

一八四九年、宣長の「没後の門人」を自称した特異な思想家平田篤胤の、さらに門下にあたる鈴木重胤(一八一二—六三)は、こう述べる。幕府を束ねる権力の保持者である将軍家は、朝廷の委嘱を受け、これを行っている。したがって、人民が代官に仕えることは、大名、さらに幕府に仕えることであり、ひいては朝廷に仕えることである。江戸幕府の統治の正統性は、この「朝廷—幕府—大名—代官」という権威の系統の正統性によってこそ裏打ちされている。ところが、最近、この朝廷の正統性を盾に、幕府の統治の正統性を否定しようという不届きな輩が見られる。こうした「狂人に翼する王室家など云ふ僻学の徒は、僭乱の罪遁るべからざる癡者《しれもの》也。欺かるる事勿れ」(これら狂人にも似た主張を行う勤王家の主張はひがごとであるから、欺かれないよう気をつけるべきである)(『世継草』)と。この鈴木の主張は、どのようなものであれ、早急な改革はよくないとしてこれを戒め、当時の政体をどこまでも認める立場を示した宣長から、ひとつながりの態度である(『玉くしげ』)。主張自体は、篤胤をへて、だいぶ変質するとはいえ、ここまで、宣長の主張の政治的意味は、現状追認という性格のまま、変わらないでいる。しかし、この同じ考え方が、一八五四年の開国をへると、百八十度反転した立場と結びつき、革命思想になる。一八六一年、やはり同門の竹尾正胤(一八三三—一八七四)はこう主張する。「幕府とは私の主従にて、天皇なん万世の　大君におはしましける。是に従ひて、国土もとより、天皇の国土なれば、寸地と云へども、私の物に非ざれば、是に孕まれし士農工商、悉ク　天皇の臣民なり」(『大帝国論』)(幕府の統治は私事に属し、正統性をもたない。天皇こそ本来の列島の統治権者である。したがって、国土はすべて天皇のものであり、そこに生きる士農工商、すべて、天皇の臣民として同一である」(9)。つまり、宣長の主張は、いったん政治化すると、当初こそ、幕府の統治を正当化、補強する装いを一時的にもつものの、やがて、文字通りに解されて、天皇を万世一系であるゆえに尊いとし、幕府を排除すべきだという、革命的な尊皇攘夷思想へと育つのである。そしてそれは、やがて、その延長上で、明治維新をもたらした後、六〇年すると、一九三〇年代のファナティックな皇国イデオロギーへと帰結する。

それは、宣長の思想に理由のあることなのか。彼の継承者の歪曲の結果なのか。

それが後世の歪曲の結果だというなら、問題はそう複雑ではない。わたし達は宣長の行おうとしたことを歴史の中から回復し、そこに列島の自画像制作の試みの基本形を見出せばよいからである。しかし、わたしの考えでは、その理由は宣長自身の行った仕事、つまり、宣長の考え方のうちにある。その具体的な中身を一言でいえば、宣長は、その統一的なものへの抵抗において、不徹底だった。彼は、先に見た荒唐無稽な主張を行うほどに、列島でいうなら例を見ないほど、徹底した思想家だったが、しかし、それでも、その試みのめざすところからいえば、不徹底だったのである。

では、宣長の行ったこととは、どういうことか。

なぜ、彼の行ったことは、自画像制作の試みなのか。

3　徂徠から宣長へ

自画像制作のモチーフは、種的同一性としての自己意識の発生を前提とする。それは、具体的にいうと、次のような意味である。

徂徠の革命は、その後に、いくつかクッションをへてやってくるビリヤードの球のように、「外国人である中国人にとっての外国人である」そのような「われわれ＝日本人」とは何か、という形で、列島の人間たちに、「日本人とは何か」という問いをもたらす。それは、徂徠の古文辞学と平行してその緒につきはじめていた国学を、特に方法的に強く刺激して、宣長のいわば日本学(国学)に結実させる。しかし、そのことをもって、ただちに、中国人という種的同一性に見合う、日本人という種的同一性の概念が仮構されはじめる、と見るわけにはいかない。契沖(一六四〇―一七〇一)、賀茂真淵(一六九七―一七六九)など国学の創始者の行ったことも、徂徠が行ったことも、宣長が行ったことも、そういうことではないからである。

契沖、真淵が考えたことは、列島の古い書物の古語、古義に通じることを手がかりに、その古い世界の考え方を推し量ろうということだった。彼らの中国中心主義への対抗は、その文献学の対象を列島の書物としたことのほかには、朱子学の道学的合理主義とは異なるあり方をそこに見出すことのうちにあり、たとえば真淵はそこから老荘風の「自然」原理を取りだしている。そして、いずれにしても、彼らの姿勢は、外国人に対し、日本人という対抗概念を仮構するという構えからは遠かった。

徂徠が行ったことも、中国の朱子学に対する批判ではあったが、彼は、宋以降に生まれたこの中世の学に、外国人である自分であるからこそ洞察できると自負した、それとは断絶したものとしての中国古代の学を対置して、その優位を説く。その中国批判は、古代中国という価値の基準から見た現代中国への批判であり、これまた、中国と日本を対置するというあり方からは断然、遠かった。

中国(中国人、中国語)に日本(日本人、日本語)を対置するというあり方は、こうして、自覚的な形としては、徂徠以後に現れる。具体的に、徂徠に先立つ山崎闇斎創始になる垂加神道など、さまざまな神道の創出の形をとる「日本」なるものを容れ物にした自己意識の発現の試みが、それにあたる。種的同一性としての中国という考え方に対する種的同一性としての日本という考え方が、こうして列島の思想を動かすようになるが、わたしの考えでは、宣長は、それに同調するのではなく、それに抵抗する。その抵抗を通じて、はじめて、中国とは異なる日本というあり方に「意味」を与えようと試みるのである。

宣長における中国と日本の対位が、世のそれと違った、むしろそれへの抵抗を意味したとは、一つに、それが種的同一性としての日本による、同じ中国への対抗という形をとらなかった、ということである。そこでの中国人と日本人の対位は、宣長において、むしろ種的同一性の概念であるものと、その反対物であるものの対立として、とらえられる。徂徠に古代の中国の聖典が、その後の時代の今という観点から古代を解釈する見方(私智)に汚染されたものと見え、その汚染の最たるものが朱子の学だと見えているように、契沖、真淵の仕事に示唆を受けた宣長の眼に、日本という国に昔からあった考え方は、最初、仏教、次に儒教という外国から移入された考え方に汚染されたものと見え、その汚染源の考え方の本質こそ、理を先に立てることだと、見えている。徂徠の「私智」に対応する形で、宣長が「漢意」と呼ぶのは、そういう現在自分たちを無意識のうちに覆ってしまっている、合理的かつ概念的な考え方のことである。そこでは、考えられる対象は、概念的に、種的同一性の相のもとに見られて、疑われることがないが、宣長が、中国人という「外国人」に対して、新しく対置しようという日本人であることの原理は、このような概念的なあり方こそを「漢意」として退ける、より深い、それへの抵抗を、本質とする。そこでは「中国人」と、そのカウンター・パートである「日本人」とは、ともに種的同一的な概念的存在である。ここにいわゆる「日本人」なるものへの、それへの異議申し立てとしての〝日本人〟による抵抗という形が生まれる。わたしのいう自画像制作の試みとは、宣長の行ったことの、このような本質をさしている。

ところで、わたし達は、宣長が、中国人という外国人の範疇に対し、日本人という自国人の範疇を設定しようとして、何より、その原理を、考え方においたという事実に注意しなければならない。なぜなら、そのことは、そこでの対置が、いわば考え抜かれた末での、最終的な位相でなされていることを、語っているからだ。たとえば、こう考えてみよう。

ある人が、圧倒的な外国文明の優位を前に、自分たちの独自性の根拠を見つけようとして、どこか、自分たちの優位を言い立てられるところはないかと探したとする。けれども、政治、法制度、社会、経済、文化、地勢、その他、考えられるすべてのことがらについて、どこにも、自分たちの文化の誇るべきものが見つからない場合、彼は、こう考えるだろう。なぜ、これほど何もかもが、この国はかの国に劣っているのかと。そして、考えぬいたあげく、彼は、その理由を見つけだす。つまり、それは、この国の価値観それ自体が、かの国から学ばれたものだからだ。かの国の価値観で、この国のかの国に対する優位さを探しているから、何から何までが、劣ったものとしてしか現れないのだと。むろん、宣長の思考は、このように対抗的にたどられたのではない。しかし、後に国学イデオロギーとして語られるように、天皇という万世一系の至高存在がいまにいたるまで首長の位置にあることをもって、他国にすぐれた理由とするといった、それ自体無意味なことをもって、宣長が、列島の優位性としたのではなく、この圧倒的な中国の価値観それ自身を相手取って、それとは違う、それに対する抵抗としての思考のあり方を、列島の独自さの理由としたこと、論理性ともいうべきものを確認しておくことは、この後、宣長の試みの意味を見てゆく上に、大切なことである。何より、宣長にあって、平田篤胤をはじめとするその後の国学者にないのは、この思考としての対位という、宣長の試みの、根本性格だからである。

では、そのような対置は、彼にあって、どのようなみちすじを通って、手にされるのか。わたしは、それを三つの観点から語ってみたい。宣長の残している言葉に即して、これに答えようとすれば、次のようになる。

第一の観点は、普遍性ということである。

第二の観点は、帰納の徹底ということである。

第三の観点は、真心、という考え方である。

中国的な思考に対する思考としての対峙という方法論は、どのように宣長において、摑まれているのか。

以下、三つの観点にそって考えていく。

4　三つの観点

なぜ、それは、文化でも法制度でも政治でもなく、思考なのだろうか。

第一の観点は、普遍性である。

二八歳の年、宣長は、彼の和歌好きを難じた景山門下の同門の一人の友人に答えて、こう書いている。


足下、僕の和歌を好むを非とす。僕もまた私《ひそか》に足下の儒を好むを非とす。これ何となればすなはち儒なる者は聖人の道なり。聖人の道は、国を為《をさ》め天下を治め、民を安んずるの道なり。私有自楽する所以の者にあらず。今、吾人、国の為むべきなく、民の安んずべきなし。すなはち聖人の道そもそも何にかせんや。(略)足下の聖人の道を学ぶは、屠龍の技〔無用の技――加藤〕にあらざるを得んや。(略)すなはち謂ふ。美なるかな道や。大にしては、以て天下を治むべく、小にしては、以て国を為むべしと。然れども吾儕《ともがら》は小人、達して明らかにするといへども、また何の施す所ぞ、

(清水吉太郎宛書簡、原文漢文)(10)

〔君は僕が和歌を好むのをよくないというが、僕は君が儒学を好むのをよくないと思っている。なぜなら、儒学のいう「聖人の道」とは(徂徠のいうように)「天下を治め民を安んずる」治政者の道である。私的な楽しみに自足するの道ではない。その教えを、われわれのように町人出身の政治に関与しない者が修めて何になるだろうか。そのようなことをわれわれのような「小人」が学ぶのは、そもそも無駄だと思うのである〕

この、小林秀雄の『本居宣長』をはじめ、多くの論に引かれる宣長の青年期の意気軒高たる書簡は、ふつう、宣長の「私的存在」としての自覚と、それに基づく「文学の自立」の観点を示すマニフェストと受けとられている。むろん、小林は、これほど理に掣肘された評価を下してはいないが、たとえば、国文学者の日野龍夫は、この文を引いて、「文学の自立」に先立つもの、「自分は本来的に私有自楽する存在であると定める認識」が、ここにあると述べ、当時の儒学畑の一群の知識人につらなる「私人の立場に身を置いて文

学・芸術に親近する」「文人意識」の現れを、ここに見ている。(11)

しかし、ここにあるのは、公的価値に比べれば私的価値は低いが、その私的価値にも存在理由はある、という、公的な価値に対する私的な価値のいわば〝棲み分け〟の論理ではない。日野は、先の指摘を説明して、

「宣長の論理を取出せば、治めるべき国と民を持たない者の行為は、治めるべき国と民を持たないというそのことにおいて、私有自楽の行為であらざるを得ないのであるから、志すところを選択する際の基準となるのは、それが私有自楽するに適しているかどうかということだけであると。その基準に照らして、宣長は儒学より和歌を選ぶ」

と、述べている。もし、自分が治政者の立場にあるなら、別だが、そうでない以上、そうでない者の選択は、「私有自楽」となる、というのである。

公的な領域と私的な領域とが、独立した二つのものとして析出されている、という意味では、ここにあるのは、「近代的な」自覚である。わたしが〝棲み分け〟と呼ぶのは、この公私の〝領域的〟な区別をさすが、それでいえば、徂徠が行うことも、日野がいうことも、ともに公的価値と〝棲み分け〟られた、それから独立するものとしての私的価値の発見ということである。

しかし、宣長が述べているのは、そういうことではない。ここにあるのは、「小人」たることは、「道」の「美なる」ことに比べて、大きく、深い、ともいうべき、宣長の直観である。これと、自分は本来、「私有自楽(私かに自ら楽しむ有る)」の存在だとする私的

存在としての自覚の、どこが異なるかといえば、宣長のこの直観は、私的であること、公的な役割を奪われて「小人」であることを、公的であること、政治の世界につらなる存在であることよりも、広く、深い経験だと、見る。徂徠は、「大」と「小」の間に〝つながらなさ〟を置き、個人の生活には公的なものの及ばない私的領域があると述べたが、それは、いわば「公的なもの」から析出された、「大」に主導された「小」の独立である。ここで宣長がいうのは、違うことだ。「大」はそもそも治政者にしかふれない、狭いものだ。「小」こそが、「小」であることでこの世の人々誰にも関わる。普遍的だ。それは、徂徠のいうことを継承しつつ、そこでいわれていることの主客を、〝逆転〟しているのである。

先にふれたように、徂徠は、「文学」つまり私的なものの朱子学的な道徳性(公的なもの)からの自立性を指摘して、「詩経」というものは、「和歌」と同様の存在で、「修身の道理」や「治国平天下の道理」を説くものではなく、「人が悲しいにつけうれしいにつけうめくようにして外に出したもの」だと、述べていた(「答問書」中)。

したがって、

> 詩経の取捌、宋儒の誤の大成処可㆓申進㆒候。詩(は)勧㆑善懲㆑悪の為と申事、是大き成誤に候。誠に勧善懲悪の為と思召候はば、今少よき仕形外にも可㆑有㆑之候。(略)詩経は淫奔の詩多く有㆑之候。朱註には悪を懲らしむる為と有㆑之候へ共、却て淫を導く為に成可㆑申候。(略)詩経の詩も、後世の詩も全く替目無㆑之候。詩経は只詩と御覧

被レ成候が能御座候。

〔宋儒は、詩の存在理由を勧善懲悪のためだとするが、それは誤りである。もしそうなら、詩でなくとも、別にもっと適切なものがあるだろう。詩経の淫奔な詩は、これも懲悪の為に書かれたものだと朱子はいうが、それも誤りであり、古典の淫奔な詩は、文字通り淫を導くものとして書かれているのである。詩とは勧善懲悪のためにあるのではない。要するに人情を歌ったものが、詩である〕

（「答問書」下[12]）

こういう主張がそこから出てくる。

しかし、宣長がいうのはむしろそれと対立する。徂徠は、詩は道徳的なもの、朱子学の道学的な灰色の世界から一個の私的な空間(黒)として独立するとはいうが、先に見たように、それを促す力はあの「天」の外部性に直接する「聖人の道」としての「政治」、つまりやはり灰色の世界から析出された「公的なもの」(白)である。その言明は、黒の灰色からの独立はいうが、白からの独立をいうものではない。それに対し、宣長のいうのは、この白(公的なもの)からの黒(文学＝私的なもの)の独立ということである。自分がいうのは、灰色からの独立(勧善懲悪からの自立)ではない、その先の、白からの独立、「聖人の道」からの価値としての独立だと、宣長はいうのである。

この逆転はなぜ起こるのか。

丸山真男は、先の徂徠の言葉を引いて、こう述べている。

ここには、「文芸の倫理よりの独立」が宣言されているが、その独立は、徂徠にとっての至高価値である「聖人の道」の統括下にある。徂徠においては、「詩は人情を述べたもの」だが、同時に「先王の道は人情に従って設けられたものであるから、詩によって人情を知ることは先王の道への必須の道程」である。そこで、文学は「先王の道」完遂のための一つの里程にすぎない。こうした「最後的な制約」は、「国学」にいたってはじめて消える。文学が文学として完全に「聖人の道」(＝政治の価値)から独立するのは、「国学」においてである。

ここにいわれる「国学」が、宣長をさしているのは、疑いない。しかし、問題は、何が、宣長において、その最後の「制約」を解除させているか、ということである。

丸山は、徂徠において、朱子学の「修身斉家治国平天下」のうち、「修身斉家」から、「治国平天下」が公的領域として独立し、ついで、「修身斉家」の身体的自然の部分が、これに呼応し、私的領域として独立していると見る。その彼が、徂徠にない一歩が宣長によって踏み出されている、というのは、宣長における「女々しさ」の肯定という部分である。丸山は、この「徹底」した「主情主義」の「立場」を宣長は、源氏物語への沈潜など彼の「中古学」の追尋を通じて、手に入れたという。

主情主義の立場の徹底とは、どのようなものか。丸山は、宣長の次のような言葉を引いている。

〔詩経の詩について――加藤〕三百篇の風雅の詩は人情をありのままにいひのべたるゆゑに、女童の言めきてみなはかなきもの也、これが誠の詩の本体なり。

（「あしわけをぶね」[13]）

〔詩経の三百編の詩は女々しい風情でみなはかない。それが本当の詩の姿である〕

また、

もののふの戦場にをきていさぎよく討死したる事を物にかくとき、其しわざをかきてはいかにも勇者と聞えていみじかるべし、其時のまことの心のうちをつくろはず有のままにかくときは、ふる里の父母もこひしかるべし、妻子も今一たび見まほしく思ふべし、命もすこしはおしかるべし、是みな人情の必まぬかれぬ所なれば、たれとても其情はおこるべし、其情のなきは岩木におとれり、それを有のままにかきあらはすときは、女童の如くみれんにおろかなる所おほき也。

（「紫文要領」巻下[14]）

〔武士が戦場で討ち死にする様子は、勇ましく描かれるが、その心中を考えれば、父母のことも気がかりで、家族にも会いたく、命も惜しい。それが人情の自然である。それがなければ岩木にも劣ることになる。それをありのままに示せば、未練も愚かしさも多いはずである〕

こうした主情主義の「一歩の踏みだし」は、いったい、何によって可能になるのか。

その一歩を可能にしているのは、論理的にいえば、「私」を「公」よりも高い価値として見るという判断である。それなしに、徂徠が克服できず、また、宣長の師である真淵すら克服できなかった「女々しさ」の「女々しさ」としての肯定は、可能とならない。このような「私」の価値づけは、先に見た、丸山が評価する限りでの、公的領域と私的領域の〝棲み分け〟という徂徠の認識からは、出てこない。それは、徂徠没後、その私的領域の自立を継承する形で、高弟服部南郭らの「文人意識」を生みこそすれ、宣長のいう「もののあはれ」を生きる「文学主義」ともいうべき考え方のほうは、そこから出てこなかった事実が雄弁に物語っている。どのように私的な価値を高く評価し、その独立を強調しようと、その一方に、公的な価値の、私的な価値の及ばない聖域が確保されている限り、その、公的な価値に背を向けた私的な価値の顕彰は、屈折し、一抹のイロニーを抱え込まずにはいない。服部南郭にはじまる、日野いうところの「儒学畑の一群の知識人の非政治的志向」の系譜は、それにあたっている。先の書簡で、二八歳の宣長がいうのは、そういう「文人意識」ではない。「小」は「大」より広い。「私」は「公」より大きい。「女々しさ」は「雄々しさ」よりも深い。宣長は、ここにいってみれば、普遍性ともいうべき考え方を導入しているのである。

二八歳の彼は、こうもいえただろう。足下は和歌はダメで、儒学がよいという。しかし、儒学は、誰にも開かれた教えというのではない。それは、「聖人の道」であり、「国を為め天下を治め民を安んずるの道」であって、せいぜいのところ、「国を為め天下を治め民を安んずる」ことをむねとする人間にしか有効でない。それは普遍的ではない。自分はむしろ、誰にも開かれた、誰にも関係するところで、学問を考えたい。どのような人間もが、そこから価値なり、生きることの意味なりを考えることができ、そこで考えられたことは、誰にも、君子にも士民にも老若男女にも、あてはまる。「聖人の道」は、「私有自楽する所以の者」にあらず。そうわたしがいうのは、それは、「私かに自ら楽しむ有る」の境地に比べたら、「聖人の道」は、普遍的ではないからなのだ、と。

つまり、ここでいわれていることは、丸山のいう、公と私の分岐という「近代的な原理」それ自体への疑いでもある。丸山は、公的なものからの私的なものの分離、プライヴァシイの析出が近代の指標だという。しかし、そのようなものである限り、それは、公的なものを第一とする価値を越えられない。公的領域と私的領域の分岐だけでは、まだ、公的なものは、本当に公共的なものにはなっていない。宣長の観点がいうのは、そういうことである。(15)

そしてまた、この一歩の踏みだしなしに、その延長上に、人の生きることの意味の源泉として、「もののあはれ」が摑まれるということも起こりえない。しかし、このことについては、後にふれよう。大事なのは、このような徂徠式の公私観の影響の下、それをさらに内側から克服し、それに抵抗を示すものとして、ここで、私有自楽の思想が宣長に摑まれていること、つまりそれが、徂徠をも含む儒学的思想一般——中国的なもの——への反対と抵抗として、摑まれていることである。宣長の中国的なものへの抵抗は、まず、それが人間誰にも開かれたものではない、狭い思想であることへの抵抗として、とらえられる。したがって、宣長はそこで、「自分は本来的に私有自楽する存在である」と自己認識を示しているのではない。「人間は、本来的に私有自楽する存在である」という人間認識を、儒学の人間認識に対置している、そう見るべきなのである。

では、この二つのものの思考としての対置は、何を理由に、どのような対立として、日の目を見ることになるのか。

それをもたらすのが、第二の観点にあたる帰納の徹底ということである。

道とは何か、ということにふれて、四二歳の宣長は、こう書いている。

そも〳〵天地のことわりはしも、すべて神の御所為《みしわざ》にして、いとも〳〵妙《たへ》に奇《くす》しく、霊《あや》しき物にしあれば、さらに人のかぎりある智《さと》りもては、測りがたきわざなるを、いかでかよくきはめつくして知ることのあらむ。(略)されば聖人の道は、国を治めむために作りて、かへりて国を乱すたねともなる物ぞ。すべて何わざも、大《おほ》らかにして事足りぬることは、さてあるこそよけれ。故《かれ》皇国の古へは、さる言痛《こちた》き教へも何もなかりしかど、下が下までみだるゝことなく、天ノ下は穏《おだひ》に治まりて、天津日嗣《あまつひつぎ》いや遠長《とほなが》に伝はり来坐《きませ》り。さればかの異国の名にならひていはば、是ぞ上もなき優《すぐれ》たる大き道にして、実《まこと》は道あるが故に道てふ言なく、道てふことなけれど、道ありしなりけり。

そをことぐ〳〵しくいひあぐると、然らぬとのけぢめを思へ。言挙げせずとは、あだし国のごと、こちたく言《いひ》たつることなきを云なり。[16]（「直毘霊」）
〔そもそも世の中のことは、神の御心のままに作りなされていると考えるべきである。これに対し、中国にいう道とは、国を治め民を安んじるための方策ということである。列島の古代のさまは、国治まり、民安んじる状態のまま、いまにいたっている。たしかに古書をひもといても、そこに中国にいうような意味での道の記述は、見当たらない。ただ、神の事跡が語られているだけである。しかし、そのことを考えるなら、それは、こういうことだろう。列島の古書には、道のめざすものが実現していたからこそ、道という概念が必要なく、従って存在しないのであって、つまり、道という概念がないことが、道という事実があるということを語っているのである〕

このくだりをもつ「直毘霊」は、宣長が宋儒の学にいう道について、自分の観点から述べた自身の古道の原理論として名高い。ここに引いたくだりに先だって、「古への大御世《おほみよ》には、道といふ言挙げもさらになかりき。(略)其はたゞ物にゆく道にこそ有りけれ」〔列島の古書に、道という概念は見当たらない、そこで「道」といわれているのは、ただの普通の道のことである〕という、これもよく知られた言明がある。

引用個所は、一見したところ、詭弁めいて聞こえるのだが、それまで、このような主張は、誰からもなされたことがなかった。そのことを考えると、これが、それなりの方法の徹底に裏打ちされて、宣長に摑まえられた考えであることが納得される。どのような方法の徹底か。先入見を全く排して、白紙の状態で、文書に相対するという完全な帰納の方法の徹底。あの徂徠の古文辞学の方法論が、この宣長の『古事記』研究に、同じ強さで継受されていることを、わたし達は知るのである。

道について論じたこの「直毘霊」は、大著『古事記伝』の序の最後に付された一編だが、題の下に「此篇《このくだり》は、道といふことの論《あげつら》ひなり」とあり、これが、彼の「道」をめぐる論であることが明記されている。いうまでもなく、それは、徂徠の「道」について論じた論考「弁道」一編に向かい合うものとして、書かれているのである。

ここで宣長は、徂徠が、全くの白紙で、一人の外国人として、中国の古文辞の世界に沈潜し、そこから、道というのは、聖人が天の命令を受けて作為した制度文物であるという答えを帰納しているのと同じことを、同じ態度と同じ徹底の度合いで、日本の古書の世界に対し、行っている。では、道とは何か。彼がいっているのは、自分は、何の先入見ももたずに、『古事記』の用語例を渉猟し、そこから帰納する方法で、この問いの答えを探した。しかし、調べてみたら、何もなかった。道とは何か。そのことについては、何も、何一つ、書かれていなかった。それが自分の答えだ、ということである。

野口武彦によれば、「直毘霊」の第一稿は、その初筆を復原すると、いきなり、次のようにはじまっているという。

大御国ニ元道ト云事ナシ、美知《ミチ》ハタヽ物ヘ行ク路ニシテ、山路野路ナトノ路也、御《ミ》テフ言ヲソヘタル物ニテ、物ヘ行ク道途《ミチ》也、此外ニ大御国ニ道ト云モノナシ。(17)

〔わが国にはもともと道という概念はない。「美知」と表記されているが、それはただの「路」のことで、「山路野路」をさす「路」である。「御」は添えられた言葉である。これ以外にわが国に道と呼ばれるものは存在しない〕

では、道について、何も書いていないこと、そのことは、道について、何を語っているだろうか。

一見すると、それは、神の御心のままに国が治まり民が安らっていること、そのことが「道」なのだ、と語られているように見える。先の引用部分がいうのは、中国で道というのは、治国平天下安民のことだが、列島には、それが事実として存在していた、だから、中国でいう道という概念は、列島に生まれず、列島にある道という言葉は、ただの道を意味するだけだった、ということだからである。しかし、よく考えてみると、それは、中国でいう道という概念、あの「聖人の道」について、なぜそれが列島の古書には存在しないかを述べるくだりであって、では、この列島にありうべき道とは何か、この問いの答えは、そこに触れられないままなのである。では、宣長が、列島の古代の世界のありようから帰納されると考える道とは、何か。それは、この「直毘霊」の末尾に、こう書かれている。

すなわち、そこにいたる部分を、本文の部分だけを抜き出せば、曰く、そもそもこの世のことはすべて神の御心に従っているが、悪神(禍津日《まがつびの》神)が時折り荒ぶるということがあり、時に悪行がもたらされるのは、残念なことである。しかし、全体としては、天照大御神の威光に曇りはなく、その御孫命がその意向をしっかりと守って、天下のさまは良好に推移している。祖先の神から子孫の神への血縁の一貫性ということが、この列島の道のすぐれていることの正しく高く尊い表徴である。では、この列島の道とは何か。「尋ぬるに」、それは、「天地のおのずからなる道にもあらず。人の作れる道にもあらず」〔自然をそれ自体概念としてとらえ、その統一体としての自然に従う老荘風の道でもなければ、聖人の作為になる徂徠のいう聖人の道でもない〕。それは、「高御産巣日神の御霊」によって「伊邪那美・伊邪那岐」の両神が創始し、「天照大御神」がこれを継受して、いまに伝える道である。そうであればこそそれは、「神の道」と呼ばれる。

さて其道の意は、此の記《ふみ》をはじめ、もろ〳〵の古書《いにしへぶみ》どもをよく味ひみれば、今もいとよくしらるゝを、世々のものしりびとどもの心も、みな禍津日神にまじこりて、たゞからぶみにのみ惑ひて、思ひとおもひいひといふことは、みな仏《ほとけ》と漢《から》との意《こころ》にして、まことの道のこゝろをば、えさとらずなもある。（「直毘霊」）[18]

〔その核心が何であるかということは、よく古書を味読すれば、そこからそれと知られるのだが、ただ現在の知識人はことごとく漢籍に親しむことで漢意に汚染されてしまい、理を先に立てる見方に立ち、それを疑うことなく、日本の古代の世界に向かう

ため、それを悟ることができなくなっている〕

続けて曰く、自分で受け行うべき神道などというものが、近年、さまざまな形で提唱されたりするが、それも、みな、漢意に汚染され、中国にあるものに該当する種的同一性の概念を、列島にも仮構しようという、自負心の所行である。なぜそんなことが改めて必要だろう。「産巣日神の御霊」のおかげで、人は生まれながらにして、知るべきこと、行うべきことを自分のうちにもっている。そうして現在にいたっているのだから、いままた「道」などといって、改めて教えを受ける形で行うようなことはどこにもない。

こう述べてきて、宣長は、こう書くのである。

もししひて求むとならば、きたなきからぶみごゝろを祓ひきよめて、清々しき御国ごゝろもて、古典《ふるきふみ》どもをよく学びてよ。然せば、受け行ふべき道なきことは、おのづから知りてむ。其をしるぞ、すなはち神の道をうけおこなふにはありける。[19](同前)

〔もしどうしても知りたいと思うなら、漢意を滅却し、大和心(=平常心)で、古典のいうことを虚心に聞くのがよい。そうすれば、受け行うべき道などないのだということがわかるだろう。そのことを知ること、それが神の道を受け行うことである〕

宣長は、列島の古書には、そこから特に学びとるようなことは何も書いていないという。

そのことを漢意を去って、虚心に読み取れという。つまり、そのような道はない、と知ること、そのことが、この列島の道を知り、行うことなのだ。

ここでは、どういう行為が、道を知り、かつ行うことだと想定されているのか。なにごとをも概念化する中国風の思考が、虚偽であると知ること、それに抵抗すること、そしてさらに、概念化に抵抗する思考を身につけること、そういうことが、ここで道を行うことだと考えられている。彼はいう。これに続けて、

かゝれば如此《かく》まで論《あげつら》ふも、道の意にはあらねども、禍津日神のみしわざ、見つゝ黙《な》止《ほ》えあらず。神直毘神《かむなほびの》大直毘神《おほなほびの》の御霊たばりて、このまがをもて直さむとぞよ。（同前[20]）

〔そういうわけであるから、こんなふうに「論じる」こと自体が、概念化の試みであり、本来なら、ここにいう「道」にもとることなのである。だが、列島のすべての人がこの中国の概念的な思考に覆われていることを黙視できず、やむをえず、これを書くのである〕

思考としての対置は、こうして、徂徠伝来の帰納を徹底させた文献学の実行を通じ、中国的な思考に対する、概念化への抵抗を、その内容とすることとなる。

しかし、そうだとすれば、人はどのように、この漢意への抵抗を実行するのか。「直毘

霊」にも、次のようなくだりがある。初原、列島の考え方は、神の御心に従うという簡明なものだった。しかし、時代をふるにつれ、列島の文物は次第に漢国の影響に染まるようになり、天皇の治政自体が漢様《からよう》になりはて、最終的には、普通の人民の心さえも、漢意に染まるようになってしまった、と。

そうした仏教的な合理主義、ついで、儒学的な合理主義の洗礼をへた後、そこから、どのようにして、これらを除去した初原の思考へと回復しようというのか。

ここに取りだされるのが、第三の観点にあたる真心という考え方である。

宣長は、六三歳の年に、こう書いている。

> がくもんして道をしらむとならば、まづ漢意をきよくのぞきさるべし、から意の清くのぞこらぬほどは、いかに古書をよみて考へても、古への意はしりがたく、古へのこゝろをしらでは、道はしりがたきわざになむ有ける、そもそも道は、もと学問をして知ることにはあらず、生れながらの真心なるぞ、道には有ける、真心とは、よくもあしくも、うまれつきたるまゝの心をいふ、然るに後の世の人は、おしなべてかの漢意にのみうつりて、真心をばうしなひはてたれば、今は学問せざれば、道をえしらざるにこそあれ、（『玉勝間』一[21]）

いわれているのは、次のようなことである。学問によって道を知ることとは、なかなかに難しい。なぜなら、道とは、学ぶことによって得られるどころか学ぶことによって損なわれるていのあり方、原理だからである。そもそも道は学問によって知られるものではない。生まれながら誰にも備わる「真心」に耳をすませること、それが道ということだからである。その「真心」とは、外からの評価でいうならば、よいものである場合も、悪いものである場合もあるだろう、しかし、いずれの場合も含んで、生まれついたままのあり方をいう。しかし、後世の人間は、その生まれついたままの心のあり方を失ってしまった。だから、いまは、それを知るのに最も不適な学問という方法で、それを知ることだけが、残された方法である。われわれは、ダムができたため、最も急な水路をさかのぼる以外にもう上流に戻ることのできないアユに似ている。学問して道を知ることとは、道を知る上に最も不適な方法なのだが、それがわれわれにとっては、道を知る上で、ただ一つ残された方法なのである。

「真心」と呼ばれるものが列島の人間と外国の人間とを問わず、人誰にも備わるものとして示され、しかもその生来人に備わるものが一度失われて、もっとも不適な方法である学問により後天的に「学び知られる」以外にない、といわれている。それが、二重に開かれたものと見なされていることに注意しよう。回復をめざされているのは、近代になって「国体」と呼ばれるようになった限定的で排他的な価値でもなければ、「イデオロギー」と呼ばれるようになる、理を先に立てた概念的な思考でもない。「真心」という言葉が〝今言〟の語感から予測させる、生得的な実感性でもないのである。学問とは宣長のいう古学をさし、上古の書物にすべての先入見を排して向かい合い、その語るところに耳を傾けることを、いっている。宣長は、古典の世界に向かいあうことで、もし学問の道に徹することができれば、誰の身にも、いまの考え方の桎梏を脱することは可能だ、と述べているのである。

「真心」は学び知られることに抵抗する、概念化にあらがうあり方がそれに照らして自分を知る底板ともいうべきものに与えられた名前であり、それにふれる実践は、別に「もののあはれを知ること」と語られる。それは、本来、誰の身にも備わったものだが、長い間にわたって「漢意」に覆われ、誰の身からも引き離されている。そしてそれを「知る」こと(学問)は、それに「ふれる」こと(文学的実践)と、別のことである。

「知る」には、改めて、学問的な方法の駆使が必要だが、そこに学び知られるものが、学び知られることに最も不適格なものだという宣長の言明は、わたしに、彼の学問という経験の秘密を語るものに聞こえる。彼の学問は、徂徠の古文辞学を継承した文献学、読み解く側が完全に自分を無に徹して、対象の異質性を回復させ、その異質性に身をさらす経験の中から、他なる言葉を聞きだすものである。具体的には、たとえば、「神＝迦微」という言葉の意味を解するのに、『古事記』その他の上古の文献にこの語がどのように用いられているかを厳密に完璧に調べつくし、その用例から一切の先入主を排して上古における「神＝迦微」の意味を帰納する。その徹底した帰納の方法は、ふつう、対象の文献の語るところを「学び知る」ための読む側の完全な「先入主の滅却」として理解されている。

そうした学的理解は、徂徠の古文辞学において、そうであり、契沖、真淵の古学において、そうである。しかし、宣長は、「先入主の滅却」の結果、文献に「学び知られる」もののないことを知り、そのことを「学び知る」ことが、実は、道を知ることだと納得している。ここに一つの逆転があるが、それは同時に学問の逆転でもあり、また、文献学の逆転でもある。文献学の逆転とはどういうことか。

宣長においては、「先入主の滅却」は、文献学の具ではない。逆に文献学が、自分の中の「漢意」から脱却し、「真心」にいたる、「先入主の滅却」のための具なのである。

5　文献学とエポケー

この宣長の「真心」観について、たとえば丸山真男は、これを朱子学の影響をとどめた考え方だといい、宣長のいう「生まれながらの真心」を、朱子学の「本念の性」に、「漢意」を、「気質の性」に置き換えれば、「それはそのまま朱子学の人性論になる」と、考えている。しかし、その後段の指摘は、短慮といわざるをえない。

ここで宣長のいっていることを、朱子学者が人性論として語ったと想定しよう。そうすれば、その場合、人が漢意にとらえられているのは、気質の性つまり心に、漢意という曇りが混じっているということである、その曇りを取り払えば、真心すなわち本然の性に達しられる、となるはずである。その場合には、気質の性(＝心)は、それ自体として否定の対象とはならない。気質の性は、漢意に汚されるものであり、そのことによって本然の性とのつながりを一時的に断たれているだけである。

しかし、宣長の真心観では、「漢意」はもちろん、「心」もまた、いまや「真心」と全く違うものと観念されている。「漢意」が完全に滅却されるには、単に「心」を清澄に保つだけではダメで、アユが最も急な水路を遡行するような方法的努力に匹敵する、その「心」(先入主)の一旦停止＝滅却が必要であるとされる。朱子学の性善的なオプティミズムは、ここで完全に否定されているのである。

前段に続き、宣長はいっている。

> 漢意とは、漢国のふりを好み、かの国をたふとぶのみをいふにあらず、大かた世の人の、万の事の善悪是非《よさあしさ》を論《あげつら》ひ、物の理りをさだめいふたぐひ、すべてみな漢籍《からぶみ》の趣なるをいふ也、さるはからぶみをよみたる人のみ、然るにはあらず、書といふ物一つも見たることなき者までも、同じこと也、そもからぶみをよまぬ人は、さる心にはあるまじきわざなれども、何わざも漢国をよしとして、かれをまねぶ世のならひ、千年にもあまりぬれば、おのづからその意《こころ》世ノ中にゆきわたりて、人の心の底にそみつきて、つねの地となれる故に、我はからごゝろもたらずと思ひ、これはから意にあらず、当然理《しかあるべきことわり》也と思ふことも、なほ漢意をはなれがたきならひぞかし、（『玉勝間』一）[22]

〔わたしが漢意というのは、その身ぶり生き方が中国かぶれであることだけをさしているのではない。いまの世の人のものの考え方、価値観がすべて中国風の概念的な思考になっていることをさしていうのである。漢籍どころか書物をいっさい読まない人なら、この中国的な思考に染まっていないと一見すると考えられるのであるが、このようなあり方がこの列島で千年以上続いてきた結果として、人々は、そのような人を含め、全員が、この考え方になっていて、自分は中国的思考に染まっていうのではなく、客観的に自分の頭で考えてこう是非の判断を下すのだといっても、それがすなわち、中国的思考だという具合になっているのである〕

彼のいうことをこの本の文脈に引き写せば、ここにいわれているのは、こういうことである。人々はこれまで漢意に大和心を対置してきた。その漢意と大和心の対置には二つの仕方があった。その一つは、中国的思考と日本的思考というのであり、そこで大和心は丈夫ぶりにとらえられ、もう一つは概念的思考と日常的思考というのであり、そこで大和心は手弱女ぶりにとらえられた。そのいずれがより本質的な対置かといえば、むろん後者である。けれども、問題は次のことにある。大和心は、後者の対置の中で、日常心というあり方を示すが、この日常心は、そのようなあり方を示すことで、漢意の概念的思考を、自己の一対関係の相手として認めている。前者の日本的思考が、まったくの中国的思考に対する反動形態で、種的同一性の概念的思考の極たることはいうまでもない。しかし、後者の日常的思考のほうも、その意味では、安全ではないのである。では、われわれは、どう考えればよいのか。

漢意批判の根拠を大和心におく抵抗は、必ず最後には漢意にからめとられる。もし、この一対関係から抜け出ようとすれば、大和心、つまり「心」の底板を踏みぬき、「真心」に達する必要がある。人々は長い間、漢意の中に生きた。いままでは本など一度も開いたことのない庶民の考え方——その心——にも、それは浸透しているのである。

たぶん、ここにいたるまでの宣長の思想に、さまざまな先人の思想の影響が流れ込んでいるというのは、その通りだろう。けれども、ここまでくれば、宣長の思想の意味を考えるのに、他との影響関係から演繹する仕方は、もう無効というものである。それらの影響関係を助走路として、ここで宣長は、もうそれによっては説明のできない空間に飛び出してしまっている。その踏み出しの一歩の意味を考えるのに、わたし達は、むしろ宣長に即した、内在的な観点に立つことを、求められるのである。

わたしの考えをいえば、ここには、朱子学的合理主義を越え、近代的な合理主義の批判までも射程に入れた、一つの「野生の思考」(レヴィ＝ストロース)の抵抗が、姿を見せている。ここに表明されたような考えに抜け出ることで、彼は、一つの線を踏み越えている。この後語られるあの宣長の「謎」も、ここに端を発する。そのことの意味については、後に考えるが、ここに踏みだされた一歩が何を意味するか、という問題を考えようとすれば、わたし達は、その比較の対象に、フッサールのエポケーという考え方をもってくるのが適当である。エポケーは、フッサールが、西欧合理主義の陥った袋小路から脱却するために提唱した、いわばここにいう「心」、宣長によって〝踏み抜かれている〟底板を、一時的に「ないことにする」手続きだが、そのことにより、フッサールは、宣長とはまた少し違うあり方で、その先、つまり宣長が「真心」と呼んだ場所まで、いっているのである。

ここでフッサールの述べることは、宣長の考えと同型《アイソモルフィック》的である。なぜ近代哲学が袋小路に入ってしまったのか、そう問いを立てて、彼は、こう述べている。[23]

なぜヨーロッパの学問は人文科学の領域において、一九世紀にいたり、一つの袋小路にぶつかっているのか。それは、自然科学の出発点で起こった生活世界と理念世界の転倒が、その後、気づかれずに隠蔽されたまま引き継がれ、そこから、哲学上の難問を差し出すようになったからである。自然科学の出発点で起こった転倒とは、こういうことである。自然科学を創始したのは、ガリレオだが、彼は、それを測量術から発展させた。測量術はそもそも生活世界の必要、たとえば橋を架けたり道路を作ったりする必要から生まれたのだが、技術的な精度がまし、誤差がゼロに近づくと、そこに反転が起こる。つまりそこから、幾何学が生まれるが、幾何学は、学問として独立すると、一個の理念と化し、生活世界から離れる。そして今度は、母体である測量術と対立する原理になり、逆に測量術の誤差を割り出す基準となるのである。理念のほうが厳密であり、正確であり、生活世界に属する測量結果のほうが、誤差を含んだ、相対的なもの、という価値の逆転がここに生じる。その主客の逆転は、やがて、人の感覚(たとえば暑さ寒さ、痛さ)を、それをもたらす自然存在との因果関係をテコに、その自然存在の物理的性格(温度、圧力)によって特定するという彼我の逆転をもたらし、世界の総体を因果関係の系列として把握することにより、計量化できる、という逆倒した理念を生み、最後、人間をいったん心と物質の合成物と見た上で、その相関として再構成して考えるという、これも転倒した人間観である心身二元論を生みだすにいたる。そうすることで人々の現実の生活は飛躍的に便利なものになる。しかしその出発点に一つの転倒がある。そのため、世界は、主観と客観とに分けられた後、これを合体させて「学び知られる」ものと解されるようになり、そこから、主観と客観は、いずれが正しいか、という哲学上の難問が生まれてきた。人文科学は、それを解くことができないばかりに、生きるとは何か、世界とは何か、という普遍的な問いに答えられないものとなり、学問、哲学の理想を体現できないものとなったのである。

フッサールは、この近代世界における諸学問の危機の淵源を、ほぼこのように述べ、それへの対処として、普遍の学としての哲学の危機を克服するには、最初の近代合理主義の起点までさかのぼり、そこで「真」とされているものに代わる別の「真」から、もう一度、考え直さなければならない、という。

現象学的還元とは、その要請に応え、フッサールがこれまでの「真」から、別種の「真」への転轍の方法として提出する、方法的懐疑(確かなものを割り出すために疑おうと思えば疑えるものはわざとすべて疑ってみるやり方)を使った、「学問」の方法をさしているが、宣長の逆転された文献学の「先入主の滅却」という核心が、もっとも連想させるものこそ、このフッサールの現象学的還元という考え方にほかならないのである。

それは、以下のような思惟の技法である。

フッサールは、近代のガリレオが作り上げた自然科学の考え方を、自然を客観としてとらえるという意味で、自然主義的態度と呼び、普通人が何の気なしにとっている態度を、自然的態度と呼ぶ。ふつう近代合理主義に則ってさまざまな問題を学問的に考えようという時、わたし達はこの自然主義的態度をとっている。そこでは、主観と客観の図式に則り、ものごとが合理的、客観的に推論される。一方わたし達がふだんの生活をしながら明日の天気を予報で判断する時、わたし達は常識的な生活知で動いている。しかしそこにも長い時代にわたって蓄積された自然主義的態度の考え方が生きている。それにわたし達は無意識裡に依存している。それが自然的態度である。自然的態度は、フッサールにおいても、ガリレオ以来の自然主義的態度の長い時間にわたる蓄積を通じて人々の間に流布し、定着した歴史の産物とされる。

ここで話を中断すれば、つまり、ここにフッサールがいうのは、こういうことである。宣長の論を、知識人の「漢意」、一般人の「心」、漢意以前にかろうじて想定される「真心」という三層の論と考えれば、宣長のいう「漢意」が、ここにいう「自然主義的態度」であり、本など一冊も読んだことのない人の「心」が、ここにいう、一般人の「自然的態度」なのである。

さて、現象学的還元とは、自分を含め、すべてがこのような「見かけの真」に覆われているとみなさなければならない近代世界の渦中にあって、そこから、別種の真＝不可疑なもの(疑うことのできないもの)を取りだす学的方法ということができる。フッサールはいう。この不可疑なものに達するには、方法的にすべてを疑ってみたデカルトに倣い、あらゆる判断を一時的に停止すること(＝エポケー)を通じて、いったんこの自然的態度を凍結し、その場合に、自分の意識に何が起こっているかを、観察し、そこから主観の構造をいわば客観的に取りだす以外にないだろう。そして、その作業を通じて、なぜ、自分がたとえば目の前にあるコップを疑いもしないで「ある」と感じているのか、また窓をあければそこにはふだん通りの街が「ある」と疑いもしないでいるのか、さらに新聞に書かれていることは新聞社の人間が勝手にでっちあげていることではなく世界に起こっている事実だと確信しているのか、そういう判断が何のどのような構造に基づいているのかを、一から吟味することが、いま陥っている危機から諸学問の基礎を救い出すことにつながるだろう。そうすることで、ようやく、もう一度「真」を学問の基礎として措定し直すことができる。そして、そこから、新たに主客二元論に立つのではない世界像構築のみちすじを作り上げることができれば、その時、はじめてガリレオ以来の自然主義的な態度を解体することができるようになるはずである、と。

宣長が漢意批判で述べていることは、ほぼこのフッサールのいうことの前段と同じである。そこでの「先入主の滅却」の方法を、このフッサールの現象学的還元のカギの部分をなす、エポケー、一時的判断停止という考え方に比定することができる。宣長は、先入主を取り除いて列島の上古の書物と向かいあい、完全な帰納の態度を貫くなら、その文献学的な実践の果てに、漢意の考え方に染まる前のいわば「野生の思考」にふれることができるはずだ、と考えるが、その「野生の思考」は、けっしてこの列島に固有のものとは見なされておらず、「真心」と呼ばれ、困難ではあれ、学問という方法を通じて回復＝獲得される、誰にも属し、誰にも開かれてある普遍的なあり方と、目されるのである。

先取りしていえば、その「野生の思考」の領域を、柳田国男の「常民」の考えを経由して、吉本隆明が世界認識の方法の具として語るものが、彼の「アフリカ的段階」にほかならない。しかしいまは措こう。ただ、宣長のいう「真心」が、虚心にこれを受けとる限り、何ら日本主義的な閉鎖的な色合いも、素朴な主情主義的な色合いももたない、ここにいうフッサールの、純粋洞見によって得られる不可疑性の該当物になっていることに、注意しておきたい。宣長の論は、先に述べたように、ほとんどの場合、彼の用いる用語の印象に災いされ、ナショナリスティックな色合いで受けとられるのが常だが、これを先入主を脱して受けとれば、その本質をなすのは、むしろ日本に捉われない、アフリカ的世界にまでつながる、普遍的な合理主義批判なのである。そこには、たしかに新たに生まれた「日本人」という意識の成立に呼応した、中国的なもの、外来的なものへの対抗という要素がある。しかし彼は、その対抗から入って、対抗の向こうに抜け出ている。漢意批判は、究極的には、中国的なものの批判ではなく、いまの世の人々がものごとを考える、その仕方への批判を、本質としているのである。

ここでわたし達は、こういう問いを前にするのではないだろうか。フッサールの近代合理主義への疑念は、一九世紀の哲学の危機への対処として生じている。そうだとするなら、宣長の朱子学的合理主義への疑念は、列島の世の人々の考え方のどのような危機への対処として、現れているのかと。

世の中の人々は、ものごとをさかさまに考えている。そしてそのことに気づかないことで、何が自分にとっての価値の根源であるかを考えることそれ自体を、忘失している。しかし、われわれは、一度は、自分たちの価値観の根源が何であるかということを自分たちの考え方に立脚して、明らかにしてみるべきなのではないか。そうでなければ、考えるということ自体が、この列島で、たしかな基礎のうえに立つということがないままに終わるのではないか。わたしの考えをいえば、宣長は、そう考えている。そこにあるのは、そのような洞察、またそこからくる列島の思惟に対する危機感なのである。

列島における思惟の転倒の例には事欠かない。それは、わかりやすい例でいえば、先にふれた、自分の国の学問を「国学」と称し、よその国からきた学問を「学問」と呼んで、一向に怪しまない列島の知識人たちにはじまり、もう少し見えにくい例でいえば、「中国人」に対抗して「日本人」を仮構して、それが実は、中国的な思考に基づく対応であることに気づかない、世の皇国的儒学者にいたる幅で、多くの人々に共有されている。しかしそれにとどまらず、宣長の疑念は、近世の資本主義の勃興の動きに促されて、いわゆる近代的な合理主義的思考を身につけるようになった世の一般の人々にまでさしむけられる。そこにも、同じ転倒が生きているのを、彼は見るのである。

6 「先入主の滅却」と「日の神」
――『呵刈葭』論争をめぐって

わたしは、そのような宣長の方法的徹底をもっとも雄弁に語っているのが、何度か繰り返された彼の儒学者、国学者達との論争だったと考える。宣長の論争は、そこでの彼の主張が、一見してどう考えても荒唐無稽なものであるため、多くの研究者に敬遠されている。それに言及しないものこそ少ないが、それを正面から論じて、人を納得させる考察はほぼ皆無といってよい。そこから、一方であのようにも厳密で科学的な学的方法を駆使する宣長が、他方でなぜあのように非合理的な主張に固執して恥じないのか、という「宣長問題」が発生する所以だが、そこにあるのは、わたしにいわせるなら、学的な厳密性と狂信主義の矛盾、断絶といったものではない。たとえば野口武彦は、この「断絶」をとらえ、「もしここに宣長問題とでもいうべきものが存在するとすれば、それは一にかかって、それらの〔学問における――加藤〕客観的特性と〔論争における――同前〕極端なまでの主観的独断性とが宣長という同一の人格に内在的に共存していたことにある」と述べている(24)。しかしこれは、「人格」の問題というより、宣長のあのエポケー(一時的判断停止)にも比定すべき、「先入主の滅却」という学的方法、また思想の問題なのではあるまいか。

中で、最も名高い、上田秋成との二次にわたる『呵刈葭』論争を例にとろう。この論争は二部に分かれていて、前編が上代の言葉の問題をめぐる論争であり、後編が、いわゆる「日の神」論争の名で知られる宣長の持論の妥当性をめぐる論争となっている。評家の見るところ、この論争は、前編での宣長の「言語学的実証」が、「理路整然として反駁の余地を残さず」、さしもの秋成の「合理主義的思考」も「たじたじの態」というものであるのに対して、後編での宣長の「古代主義」が、読者を啞然とさせるような全くの「非合理的な」上古の書物への「崇拝」ぶりを示し、宣長の奇怪さを例証する好個の例とされている。(25)

たとえば、その前編で、宣長は、彼の列島の古語に関する所説に反論する、音韻学者の友人の説を秋成があげるのに対して、ほぼ、このような意味のことをいう。秋成のあげるこの友人の学者は、「ややもすれば悉曇家韻学家の法を引出て論ぜる」〔何かというとすぐ韻学家の理論を持ち出してきて論じようとする〕、しかし「かやうに彼ノ法どもに泥み拘はりては、大に古言の義を誤ること多し」〔このように理論になずみこだわっていては、大いに古言の真義を誤ることが多いのである〕と。その理由は、わたしなりの言葉でいえば、こうなる。なぜなら、このような理論は、どこかに文法とか法則というものがあって、人の用いる言葉が、その一定の法則に従い、書かれたり話されたりしていると無意識のうちに考えている。しかし、実際は、その逆で、人が言葉を話すというのが先にある一義的事実で、文法とは、そこから帰納され、こうであろうかと抽出された二義的な事実にほかならないからである。だから、かの当然の理を究めて定むといふが大なる私にて、古意にかなはざることをもさとるべし、当然の理を以て定めたることは、かくの如き相違のある物ぞかし。

（『呵刈葭』[26]）

〔一義的な事実にすぎない、いわゆる「当然の理」に立って、一義的な事実である言葉の現場における原理を定めるというのは、それ自体が転倒であって、「私意もはなはだしいもの」であり、その「当然の理」にしたがって定めたことは、しばしば事実に反する結果となるのである〕

ここに示された宣長の考え方は、学問的にいえば、文献学的な実証精神の面目躍如たる立証となっている。古語の世界に、あらかじめ意味解読のよすがとなるような基準、法則はない。人は、「用例を精査し、資料の性質を吟味し、先入見を排した論理的な思索を重ねて結論を導きだすという、きわめて実証的な方法」[27]を通じて、その前人未到地帯の地図を作っている。文法、法則、音韻学は、その実地測量の結果、人にもたらされたものである。しかし、これは、古語の世界だけのことではない。考えてみれば、言語というものがそうであり、文法というものがそうであり、統辞法というものが、そうである。

さて、こう考えてくれば、この個所の宣長の考え方が、測量術と幾何学の関係の逆転をいうフッサールと、まったく同じ質の洞察を示すものであることがわかる。そしてまた、宣長の観点が、「先入主」を「滅却」する強度の帰納的実証の実践の所産であることがわかる。しかし、そういうなら、驚くべきことに、後編の宣長の荒唐無稽な主張をささえているのも、それと全く同じ、彼の厳密な学的態度なのである。

　後編は、重要ないくつかのやりとりを含むが、中で最も知られる「日の神」論争とは、こういうものである。秋成は、こういっている。宣長は、天照大御神とは太陽のことであり、その列島の日の神が、列島に生まれ、四海万国を照らしているというが、それはどうだろうか。日の神についての伝説は、『神代紀』に「此の御子、光華明彩《ひかりうるは》しくして、六合《くに》の内に照り徹る」（この御子は光を発せられ、その光は国全体を照らした）とも、『古事記』に、「天の岩屋戸を閉じてさしこもりましき。爾に高天の原皆暗く、葦原中国《あしはらのなかつくに》悉《ことごと》に闇《くら》し。此に因りて常夜往きき」（天照大御神が天の岩屋戸に閉じこもられると、高天原、葦原中国ともにことごとく暗くなり、常夜が続くようになった）とも記され、列島を照らし、暗くしたとは読めるが、列島を越えて「四海万国」とはいっていない。つまり、この論理を外国にまで適用するのは、不適な拡大解釈ではないだろうか。一つに、地図というものは、言葉より客観的だと思われるが、オランダの「地球の図」というもので見ると、わが皇国は、だだっ広い池の面に浮かぶちっぽけな木の葉のような小島である。この小島から太陽が生まれたのだから、この小島の国を崇拝せよと外国人にいっても、誰もそんな言葉にとりあわないに違いない。また、その理由として、列島の伝説をあげても、そんな伝説なら自分の国にもある、といわれたら、いったい誰がこの争論に裁断を下せるだろうか。イン

ドにも、中国にも、それぞれお国の日の神に関する伝説がある。だから、

たゞ此国の人は、大人の如く太古の霊奇なる伝説をひたふるに信し居らんこそ直かるべき、言を広めて他国に対する論は、馭戎慨言の如きも取舎の眼あるべき書也、書典はいづれも一国一天地にて、他国に及ほす共諺にいふ縁者の証拠にて、互に取はふまじきこと也。（同前(28)）

〔わが国の人間が宣長大人のようにこの太古の霊妙な伝説をひたすらに信じているのは正しいことに違いない。しかし、それを外国に向かってもいうことになると、話はかかわり、排外的主張を強くもつ『馭戎慨言』のような書については、取捨選択の必要が出てくることになる。太古からの言い伝えは、いずれも一国が一天地のことだから、一国内で信奉するのはよい。しかし、これを他国まで及ぼすことは、諺にいう「縁者の証拠」(被告の縁者のあげる証拠は被告よりであてにならないことの譬え)と同じで、この種の主張は、互いにとりあわないことと相場が決まっているのである〕

この秋成の疑問提示は、列島の神話の世界に生まれた天照大御神が、いまわれわれの頭上に照る太陽そのものだという宣長の荒唐無稽な主張への不審を、根底においている。それなのに、文献、地図に素材をとった質問の形をとっているのは、荒唐無稽な主張のやりとりそれ自体については、先に、『くず花』をはじめとする論争があり、主張が平行線を

辿るばかりだったのを秋成が熟知しているからである。

さて、これに対し、宣長は、その一々の論点について、ことごとく反論を加える。中から、いかにも宣長らしいと思われる反論を、二、三あげれば、宣長は、いう。秋成は、文献に日の神が列島に照り徹ったとしか書いていないことを理由に、したがって日の神は四海万国を照らしたといえないと、いう。しかしこういう事例を考えてみよ。

京に富商ありて、江戸に店を出しおきたるが、或時天下一同にはやり風邪行はれけるに、其江戸店なる手代の方より、京の主人の許にいひおこせたる状に、其御地はやり風邪一同に候よし、此方も店中一人も残らず病臥候とあるを見て、一人がいはく、店中一人も残らずとあれは、江戸もおしなべてはやる也といふに、又一人がいはく、いやいや然らず、江戸もはやらんには、江戸中とこそ書クべきに、店中とあるは、江戸はたゞこちの店ばかりはやる也といへる、此説いづれよけむ。（同前）(29)

〔ある時、国中にはやり風邪が流行したことがあって、ある京都の富商のもとに寄せられた手紙に江戸の店の手代がいうには、「そちらではどうですか。当地でも店じゅうが一人残らず寝込んでいます」とあった。これを見て、京都の店の一人がいうには、「店じゅう一人残らずというのだから江戸じゅうがそうなのだろう」、するともう一人が、「いやいや、江戸でも流行っているのなら江戸じゅうと書くはずだ」と反対した。さて、このうち、どちらの意見が正しいか〕

また、こういう事例も、別の譬えにあげられている。曰く、藤原定家が選んだ百人一首の色紙の真筆は、一種一枚しかないのはいうまでもないことである。しかし、いまこれが真筆であるという所有者が一〇人いたとしたらどうか。「これを万国おのおの伝説ありて、いづれも似たる事なれ共、其中に真の古伝説は、一ツならえではあらず、余はみな偽なるに譬ふ」〔これは、万国にそれぞれ伝説があってどれも似たようなものだが、その中に真の古伝説は一つでなければならず、あとは偽りだということの譬えである〕。しかし秋成の論は、「皆是を贋物なりと云て、十枚ながら信ぜざるが如し」〔これらはすべて贋物であるとみなし、一〇枚を一〇枚すべて信じないというに等しい〕。そこに争論が起こったら、誰が裁けるか、というのは、一見もっともなようだが、「是なまさかしらといふ物にして、その真を見分けることをばえせずして、たゞ贋にあざむかれざる事を、かしこげにいひなせる物也」〔これはなまさかしらの言というべきであって、本物を見分けることができずに、ただ贋物にあざむかれないことを利口そうにいいたてるものである〕。その証拠に、秋成は、「吾が国の人間が宣長のようにこの太古の霊妙な伝説をひたすらに信じているのは正しいことに違いない」という。しかしこれは「信ずる」ということをうわべでしか理解していないから出てくる甘言である。そうではあるが、「しかし、それを外国に向かってもいうことになると、意味が違ってくる」というのは、秋成がそれを信じていないというより、信じるということを、信じていないから、そういうのである。

もし実に信ずべくは、天地は一枚なれば此国の人のみならず、万国の人みな信ずべきこと也、然るをたゞ此国の人はといへる、これ実には信ずることなかれ、たゞ信ずるかほして居よといはぬばかり也、いかでか是を直しといはむ。（同前）(30)

〔もし本当に信ずべきことがあるなら、天地は一つなのだから、それは、この国の人間ばかりでなく、世界じゅうの人間がみな信ずべきことである。それなのに、ただ「この国の人は」というのは、ほんとうには信じてはいけない、ただ信ずるような顔をしていろ、といわぬばかりである。いったいなぜこれが正しいことだというのだろうか〕

以上、宣長の片句を見たが、ここで彼のいっていることは、きわめて簡単なことである。しかも、論理的に首尾一貫している。彼は、いったんあらゆる「先入主」を「滅却」することなしに、いま自分のいる世界から、古書の外国さながらの異質の世界に参入することは不可能だと考えている。これは、徂徠の確立した古文辞学以来の文献学の鉄則である。徂徠の場合には、その「先入主」は「私智」と呼ばれ、これをいっさい排除して、外国語としての中国古典の古文辞の世界に向かい合い、そこに語られている「理」を帰納的に取りだすことが、学問の要諦だった。そして、そこから取りだされたのが、「聖人の道」だった。しかし、宣長は、それと同じことを列島の古語の世界に適用することで、別の力点に達している。同じことをやってみたら、列島の上古の世界には、そのような理屈めいた「道」は何もなかった。では、この列島の考え方にいう「道」とは何か。そういうものはない、と考えるべきなのか。反転は、ここで生じている。宣長は、理屈めいた「道」がないこと、それが列島の「道」であり、理に立つ「道」がないと知ること、それが列島の考え方にいう「道を知ること」の核心だと、いう。

先入主を滅却して帰納的実証で調べた結果、何もなかった。そのことの結果、「先入主の滅却」ということが残っている。

すなわち、「先入主の滅却」＝漢意の排除、これが、宣長のいう古道の要諦なのである。しかし、そうだとすれば、この「先入主の滅却」の結果、文献が彼にもたらす結果を、彼は受けとらなければならない。それが自分の「今言」(＝日常心、常識)から見て、どうもおかしいと判断されることだとしても、それに動かされ、これを否定することは、「先入主」によって帰納的実証の結果を否定することとなる。そうである以上、古書に書かれていることがどのように荒唐無稽であれ、「先入主の滅却」を貫き、一応それを信じること、それが彼の学的方法の要請となる。それを信じ、語ること、それが、その場合には、学的方法の厳密な実践なのである。

彼は、たしかに天照大御神は太陽であり、天照大御神は列島に生まれた神であることを、文献学の帰納的実証の実践の結果得られた知見として受けとっている。それはあらゆる「先入主の滅却」という学的実践の結果、彼にもたらされた知見である。そうである以上、これを受けとることを拒む理由が、あるだろうか。彼は、文献学者として、自分の学的方法を忠実に実践する結果、あの荒唐無稽な主張にたどり着いているのである。さて、ここには一つのディレンマがある。厳密な学的方法を貫こうとすれば、荒唐無稽な知見を受けとらざるをえないというのがそのディレンマの中身である。

これをわたしは、フッサールがその現象学的還元の方法を、疑えるものはあえてすべて疑い、自然的態度をもいったんナシにして除去してみる、という学問的態度を土台に考案し、これを「方法的懐疑」と呼んでいるのに対応させて、「方法的信憑」と呼んでおきたい。それを「信憑」ではなくて「方法的信憑」と呼ぶのは、その「信憑」の核心が、単なる上古の書物に書かれていることの「信憑」にあるのではなく、むしろ「先入主の滅却」ということにあることを強調したいがためである。ここで、彼の文献学が原子力発電所における原子力発電だとすれば、「先入主の滅却」が学的実践としての発電であるのに対し、「信憑」は、その「滅却」によりやむなく廃棄物＝副産物として生み出される使い道のない〝プルトニウム〟なのである。

しかし、ここに一つの問題がある。それはこうである。方法的懐疑は、権利として存在しうる。しかし、方法的信憑という概念は、権利として、存在しうるのだろうか。あらかじめいっておけば、ここに、宣長の学的方法の最大のアポリアは、ひそんでいる。

話を戻そう。だから、ここにあるのは、これまでそうみなされてきたような、非合理的な、狂信的な、古代崇拝ではない。それは、彼の実証精神に「反するもの」ではなく、そのやむない「産物」なのである。わたし達は、この宣長の主張を非合理的で頑迷な古代崇拝などと思うとしたら、農薬を散布して虫一匹いなくなった整然とした田園風景に慣れた目で、急に、雑草だらけ、野生の木々の茂るジャングルのような所に連れてこられて、何と荒唐無稽な、と驚く旅行者と同じである。なぜ、これだけ「文明化」した社会に、こんな「野生」が存在しているのか。そう考えれば、すぐに、そこに、農薬散布の徹底的な滅却という厳密な学的方法が貫徹されているのが、わかるだろう。宣長の文献学は、徂徠の文献学を突き抜けている。その結果、彼は、フッサールの近代合理主義批判におけるのとほぼ似た、しかし少し違う、一時的ではない「エポケー」(判断停止)の実践者となっているのである。

問題は、方法的懐疑はありうる。確実なものを見極めるために疑えるものは全て疑うことは、一つの方法たりうるから。しかし、方法的信憑はありえない、ということにほかならない。なぜなら、人は、強いて疑うことはできるが、強いて信じることはできない。方法的に信じるとは、こう考えてくればわかるように、字義矛盾なのである。

このようにして語りだされた彼の主張は、その出自を反映している。一見荒唐無稽と見える宣長の天照大御神＝太陽説も、そのつもりで見るなら、学的な方法にしっかりと基礎づけられ、それなりに一つの論理に従っている。そのことを、少し煩瑣にわたるが、以下、これに先立つ論争の書『くず花』にふれて、見ておくことにしよう。

これは、先にふれた「直毘霊」の未定稿の一つを借覧した宣長の弟子の友人が、そこでの所説への疑問を記す書を著したのに対し、宣長が、自説展開の機ととらえて、書き記した反論である。なぜ、いま現にわれわれの頭上に照る太陽が天照大御神そのもので、列島に生まれた、などといえるのかという、「誰が考えてももっともな」合理問題が、最大の争点となっている。

まず、疑問の提示者、市川匡麻呂がいう。「天照といふ御名なども、天津日に配《たぐへ》奉りたる義ならん」(『末賀乃比礼《まがのひれ》』)。〔天照《あまてらす》などという天照大御神の名前も、後世からの諡号《おくりな》であって、太陽に擬して、この名を与えたものだろう(むろん天照大御神が太陽だというのは、名前をとったということだろう)〕。これに対し、宣長は、答える。「日ノ神は即チ天つ日にまします御事は、古事記書紀に明らかに見えて、疑ひな」し〔日の神が天におられることは『古事記』『日本書紀』にはっきり記述があり、疑いない〕、

　そもそも此日神は、天地のきはみ御照しましませ共、その始は皇国に成出坐《なりいでまし》て、その皇統即チ皇国の君として、今に四海を統御し給へり。(『くずばな』上[31])
〔そも〳〵この日の神(太陽)とは天照大御神その人であり、列島に発現し、天皇家に連なる存在としていまも世界中を照らしているのである〕

この論争書の解説で、野口武彦は、宣長の師、賀茂真淵の『国意考』での「すべらぎは日月也。臣《おみ》は星也」という言葉を引いて、そこにいわれる「すべらぎ」(皇国の君)は、

「『日月』のごとき存在」であって、けっして「それと即身的に同体であるのではない」といっている[32]。彼によれば、真淵は「すべらぎ」は「太陽のようだ」とはいったが、「太陽だ」とはいわなかった。したがって宣長は、ここでそれまで誰もいわないことをいっている。当時、そこまで荒唐無稽な主張を行った学者はどこにもいない。宣長は、明らかに意識して、「書かれていることの合理的な帰納」という徂徠的文献学の最後の一線を越え、「合理的な思考の否定までを含めた一切の先入主の滅却」へと、一歩、足を踏み出しているのである。

そのため、宣長の主張は、こんな形をとる。曰く、現代の人はいまの概念的な思考に災いされ、現時点の知が万能だと思い、その観点から見て、上古の人が神の所業をただ信じたことを愚かだというのだが、その理由は、そこに行われている奇異なことが、いま行われている考え方から見て説明がつかないからである。しかし、いま行われていることも、未来の時点から見るなら、奇異なことではないだろうか。ただ現代の人々は、その中に生きているため、それを知らず、また、これを外から眺めるため、神代の事(古代のあり方)を、奇怪だとするのである。以下、長いが、宣長がいわゆる自然科学的な宇宙の問題をどのように合理的に徹底して推論しつくしているか、その上であの荒唐無稽と見える主張を行っているのかを見てもらうため、一くだりを引いてみる。彼はいう。

まづ此天地のあるやうを、つら〱思ひめくらして見よ。此大地は空にかゝりたらんか、物のうへに著《つき》たらんか、いづれにしても、いと〳〵奇異《くすしくあやし》きなり。もし物の上に著たりとせば、その物の下は、又何物にて支へたりとかせん。此理さらに聞えがたし。故に漢国にてもとり〴〵の説あれ共、畢竟はみな奇異きを、其中に、地球は円体にして、天中に包まれて、天にかゝれりとする渾天の説ぞ、まことしげに聞ゆれ共、尋常の理を以て見れば、いかに天の気の充満《みちみち》たればとて、此国土大海などの、空中にかゝりて、動かざるべき由なければ、畢竟はこれも又奇異からざることあたはず。又天はたゞ気のみにて、形はなき物とする、これ又まことしげに聞ゆれ共、もし然らば、地外はみな気なるを、その気は際限ありとやせん、なしとやせん。もし際限なくば、いづれの処を辺とも、いづれの処を中とも、定むべきにあらざるに、地球の止《とど》まる処あるは心得ず。かならず正中にあらずば止まるべからざることわりなれば也。もし又際限ありとせば、その気も又一弾丸の如くなるべければ、何れの処を処と定めて、凝《こり》聚《あつま》りたるとかせん。又然《しか》凝聚らしむる物は何物とかせん。これ又いづれにしても、畢竟は奇異からざることあたはず。かくの如く大に奇異き天地の間に在《あり》ながら、そのあやしきをばあやしまずして、たゞ神代の事をのみあやしみて、さることは決《きわめ》て無き理也と思ふは、愚にあらずして何ぞや。（同前）[33]

ここに述べられていることを、敷衍すれば、彼は、こういっている。

この大地は空間に浮かんでいるのだろうか。何かの上に乗っているのだろうか。もし乗っているならその下は何だろうか。そこがわからないため、諸説あり、中国の地球は円体（球形）で天に浮かんでいるとする説など、中で一番妥当に見えるが、しかしこれだけの大きな大地大海が空に浮かんで微動もしないとも考えられず、疑問はつきない。あるいは天はエーテルのような気だけでできているとも考えられるが、そうだとすると、その気はどこまで続いているのか。それは限界があるのか、ないのか。無限だとしたら中心がないことになるから、中心に位置してはじめて静止するという今の世の合理的な原理からして、地球が静止していることが説明できない。限界があるとしたら、球体をしているのだろうが、すると今度は、なぜ、どこに凝集しているのか、わからなくなる。このように、現代の世界にも奇異なことは満ちている。そのことを全く奇異とも思わず、ただ古代の奇異をのみ、奇異と思い、こんなことがあるわけはないというのは、それこそ非合理的なことであり、愚かしいことである。

もう少し、続けよう。

もし、徹底して合理的に考えれば、いまの合理的思考というものが、その先に、この先不明、という領域を抱えていることは自明である。しかしこのことが語る要諦は、そこまで徹底して考える人が少ない、現代人の合理主義もいい加減だ、ということではなく、にもかかわらずなぜ、世の人々が、そのことを問わずに、また心配がらずに、不明を抱えて、安心していられるのかということである。どのようなことも、疑おうと思えば、どこまでも疑える。しかし、それとは別に、人間に、これは疑いようがない、これを自分は信じる、という別種の心の動きがあるから、人は、そういう不明に満ちた世界にあっても、自分の生きている感覚の底からその信憑の素を取りだし、確信をもって生きているのではないか。未来の人間が、いまのわれわれを見て、いかにひどい迷信につつまれ、奇異なことを信じて生きていたかと嘲笑することは大いにありうる。しかし、その未来の人間の信憑も、さらにその未来の人間から見れば、同じような迷妄をもち、嘲笑の対象となるだろう。だから、問題は、迷妄を脱する真の合理主義をどうしたら獲得できるか、ということではなく、そういうものに支えられず、疑えば疑えるものに包まれながらも、なぜ人が、しっかりと、生きていることの信憑、確信を手にいれているのか、ということのほうである。人はどこから、そういう信を受けとるのか。そう考えれば、古代の人々も、現代のわれわれと同じく、何かを信じていたこと、その信じることにおいて、古代人と現代人の間に何の違いもないことが、了解されるだろう。わたしはこの現代の「先入主」をことごとく滅却して、『古事記』の世界に向かい合ってみた。そしてそこに浮かび上がるその信憑のあり方を受けとった。そこに生きている信憑を言葉にすれば、太陽はこの国に生まれたこの国の「君」の祖先である。わたしの学的方法は、これを「信じる」ことをわたしに要請するのである。

そうだとすれば、この太陽がこの国だけを照らすなどということが、この信憑の内容とならないことがわかるだろう。それと同時に、それを国内では「信じて」よいが、国外にまで「信じよ」というのは間違っているという主張が、ここからでてこようのないこともわかるだろう。したがって、わたしはいう。四海万国を照らしている太陽、あれは皇国に生まれたのであると。

宣長の考えを、宣長のほうからいえば、彼がさまざまな言い方で、さまざまな機会に繰り返しているのは、このような主張である。

『呵刈葭』論争に戻ろう。

そこでの宣長の主張を、こう要約できる。彼はいっている。

これまで列島の住民は、だれ一人として、自分のいるのがどういう国であり、その価値がどういうところにあるか、ということを、自分の考え方で、いいあてようとしたことはなかった。たしかに、これを従来の学問の一環として考察しようとした試みは過去にないわけではなく、先に自分が攻撃した藤貞幹(一七三二―九七)の古代研究をはじめ、徂徠の革新以来、この種の試みは、いよいよ盛んに行われようという趨勢にある。しかし、それらは、すべて、他からやってきた考え方でもって、他からやってきた「日本人」という概念について考えるものである。そこで考えられているのは、「彼ら」としての――種的同一性としての――外国人に見られた「日本人」の像である。それは、この「日本人」をめぐる、列島の人間によるとはいえ他者の目を借りた肖像画の制作の試みにすぎない。いま、自分が試みようとしているのは、これまで誰も行おうとは考えもしなかったこと、しかし列島に考えるという経験の基礎を作ろうというのなら、いずれ、誰かが必ず行わなければならないことである。つまり、この列島に生まれた考え方で、この列島の人間の共同の姿をとらえること。自画像制作の試み、それを自分はめざしているのである。

　秋成は、わたしの主張を荒唐無稽と受けとり、これを外国にいうのでは主張として排外的な自国中心主義になるという。しかし、わたしにしてみれば、ここまで方法を徹底しなければ、この列島がもつ思考態度を取りだせない。そして、その学的方法を徹底し、いまある自然的な態度(＝日常的な考え)、自然主義的な態度(＝漢意)をともに先入主として排除すれば、この主張になる。帰納的実証を徹底し、自然的態度に妥協しなければ、列島の考え方から引き出される主張は、誰が試みても、わたしのいう通りのものになる。この厳格性を考えてみよ。秋成は、いわば普通の人がこれはちょっと困るのではないか、という自然的な態度、ほどほどに合理的な考え方でわたしの主張の荒唐無稽を笑う。しかし、秋成の場所にいる限り、自画像制作というこの一歩の踏みだしは生まれない。秋成は、わたしの口からなぜこの荒唐無稽な主張が出てくるか、その理由を一度でも考えてみたことがあるだろうか。秋成のいうことは自然的態度を前提にすれば一々もっともである。しかし、彼はただ一つ、わたしの試みのモチーフを、見ていないのである。

　日本人が「彼ら日本人」としてでも「われわれ日本人」としてでもなく、――つまり種的同一性としてではなく――、「われわれ」としてとらえられるとはどういうことか。

　宣長が、列島の古来からの考え方(＝古道)を知るために、彼自身、どれだけの自然的態度の鎧を脱ぎ捨てているかを考えてみよう。彼は、町人としての自分を離れ、学者としての自分を離れ、文学者としての自分を離れ、すべての先入主を捨てて、『古事記』の前に歩み出ている。その先入主にすでに、当時形成されつつあった「日本人」という自国人としての意識が含まれていたことは、いうまでもないことである。彼は、その先で、「もののあはれ」という彼にとっての価値の源泉を、いわば不可疑のものとして、摑んでいる。

さて、ここまでくれば、わたしのこの考察も、最後の問いを提示してよいだろう。それは、次のようなものである。

7 「宣長問題」とは何か

「宣長問題」とは何だろうか。一つはっきりしていることは、もし、ここまできて、まだ「宣長問題」と呼ばれるべき問題があるとしたら、それは、これまで考えられてきたような形をしていないということである。考えられるべき「問題」は、その先にある。なぜ彼の徹底された帰納的実証は、そこから中国的な合理主義、また近代的な合理主義を「先入主」として滅却した果てに、「もののあはれ」という不可疑な基底を見出すにもかかわらず、そこを起点に、そこから、朱子学的倫理に代わる新しい他者との関係の論理を作り上げる復路の方向に進まなかったのか。それは、彼の考え方、あの「小」に「大」を越える普遍を見るというあり方に、理由のあることなのか、それとも、その思想も方法もよかったが、それを駆使した彼のやり方に、問題があったということなのか。

これが、もしそういいたいなら、わたし達の前にある「宣長問題」である。

わたしの考えをいえば、この問いの答えは、後者にある。宣長の摑みとった方法は、人が限られた世界の中にいながら、その限定を越えて世界普遍性にいたるただ一つの道を示している。それというのも、人はどのような場合にも、甚だしい迷妄の中に生きながら、その場で問題にぶつかり、その場でそれを解決すべく考えることを条件づけられている。むろん本人はそうは思っていない。しかし外から、あるいは未来から見れば、どのような場所も、つねに可能性として、甚だしい迷妄の場所である。ところで、そうした環境の中で、人が普遍性の場所に抜け出る道は一つしかない。それは、いまある知識をすべて「疑わしいもの」、「疑いうるもの」として、一度仮りに捨て去ってみることである。宣長は、そうすることで、野生の思考ともいうべきものを手にし、あのダムのできた世界の唯一の水路を遡行するアユとなって、普遍的思考の場所に抜け出ている。彼の採用した方法は、方法としての必然に適っているのである。したがって、問題は、その結果、ぶつかることになった難問に、彼が十分に答ええなかったことにある。一言でいえば、彼は、現象学的還元の方法を生きたが、しかし、その還元において、欠けるところがあった。彼には「先入主」を「滅却」し、世の自然的態度(心)と自然主義的態度(漢意)双方を「エポケー」(一時的判断停止)する徹底があったが、そこからの関係構築といういわば復路の用意が欠けていた。彼は、列島の思想家としては稀に見る徹底ぶりを示した。いかにも列島的な合理主義を身につけた秋成との論争はその図抜けた徹底性を示している。しかし、それでも、彼は、彼に要請されたものに比べれば、その還元において、不徹底だったのである。

問題は、先に述べた「方法的信憑」にある。理由も、先に述べた通り。方法的に、あえて疑いうるものを疑うことはできる。方法的な懐疑は可能である。しかし、信じるとは方法の廃棄を意味する。方法的な信憑は、論理的に矛盾している。それは不可能なのである。

宣長の帰納的実証という学的方法は、『古事記』を相手にした結果、古代の聖典の語るところを聞き取るための手段たる「先入主の滅却」という、徂徠以来の文献学における位置づけを逆転させることになった。それはいまや、文献を正しく読むための方法ではない。手段ではない。目的である。逆に『古事記』を前にすることが、すべての「先入主」を滅却することの手段になる、というか、そこに正しく読まれる「聖典の語るところ」が、宣長の目に「先入主の滅却」(＝あらゆる漢意の除去)の結果の獲得物として現れてくるのである。

宣長にとってはじめての「道」に関する本格的な考察である「直毘霊」で、「道」の定義が、天下を治める道とさらにそれをささえる考え方としての道と、二本立ての様相を示していたことを思い出そう。宣長はいう。中国で「道」と呼ばれているがごとき概念は、『古事記』をはじめとする列島の古書にはない。その意味での「道」は、列島には〝事実〟としてあったから、〝概念〟としてことさらに作り上げる必要がなかった。そのため、道という〝言葉〟はただの道路を意味するだけだったのである(「さればかの異国の名にならひていはば、是ぞ上もなき優れたる大き道にして、実は道あるが故に道てふ言なく、道てふことなけれど、道ありしなり」)。ここで「道」は、徂徠のいう意味での天下を治める道、中国にいわれる「道」のことである。

しかし、右の傍点部分は、それと、宣長自身の考える列島の「まことの道」は、概念としても違う、ということを語っている。それは、もう少し広い意味をもつ概念である。では、その「まことの道」とは何か。ここで「道」は、わずかの論理的混乱を示しながら、二つに分岐している。

宣長はいう。

然るをやゝ降りて、書籍《ふみ》といふ物渡参来《わたりまゐりき》て、其《そ》を学《まな》びよむ事始まりて後、其国のてぶりをならひて、やゝ万づのうへにまじへ用ひらるゝ御代になりてぞ、大御国の古への大御てぶりをば、取別て神道《かみのみち》とはなづけられたりける。そはかの外国《とつくに》の道々にまがふがゆゑに、神といひ、又かの名を借りて、こゝにも道とはいふなりけり。〔神の道としもいふ所由《ゆえ》は、下につばらかにとく――付則〕（「直毘霊」[34]）

〔ところが世の中がやや降り、書籍というものが渡来し、中国の風俗を列島の人々も倣うようになり、やがて、万事が中国風、列島風の混用で行われるような時代になって、はじめて、区別する必要が生じて、古代から続いてきた皇国のあり方を、外国のあり方と別に、「神の道」と名づけるようになった。それはかの外国の諸道と区別するため「神」とつけ、また中国にある名前を借りて、わが国でもこれを「道」と呼んだということである。――神の道と名づけた理由は後述する(付記)〕

列島の「まことの道」は、ここにいう「大御国の大御てぶり」(古代から続いてきた皇国のあり方)にあたる。それが、その後、列島に中国風が移入されるに及んで、中国式の概念語としての「道」の名を借りるが、ただし、あり方の違いを示すために、「神道《かみのみち》」と呼ばれるようになった、ということがいわれている。

では、「神道」とは何か。

その説明は、付則がいうように後半で行われている。

列島の「まことの道」は、老荘風の「天地自然の道」でもなければ、徂徠風の「聖人の制作した道」でもなく、「皇祖神の始め賜ひたもち賜ふ道」、天照大御神以来、「神に発し、持続してきた、事実としての道」である。だからそれは、「神の道」と呼ばれるのだ、という説明が、それである。(35)

しかし、よく見てみよう。この説明は、「まことの道」が、天下を治める「道」としては、どのような「天下の知ろしめし方」なのかについて述べている。列島の「まことの道」について説明するといっておきながら、実際の説明では、「かの異国の名にならった、列島における、中国風な、天下を治める「道」の説明になっているのである。

「直毘霊」での用例でいえば、宣長は、半ばあたりで、天皇がよい行いをしようと悪い行いをしようと、それを私智で判断するのではなく、「ひたぶるに畏《かしこ》み敬ひ奉仕《まつろふ》ぞ、まことの道には有りける」、つまりとにもかくにもひた向きに天皇を崇敬することが「まことの道」だと、述べており、[36] そこでの「まことの道」の用例は、列島における「天下の知ろしめし方」を意味していて、この説明の場合と合致する。しかし、たとえば次の、後段に現れる例にいう「まことの道」は、これよりも広い、先の、これをささえるより基本的な意味での「道」をさしている。

そこにいう。

> 世中《よのなか》に生《いき》としいける物、鳥虫に至るまでも、己が身のほど〳〵に、必ズあるべきかぎりのわざは、産巣日神《むすびの》のみたまに頼《より》て、おのづからよく知リてなすものなる中にも、人は殊にすぐれたる物とうまれつれば、又しか勝れたるほどにかなひて、知ルべきかぎりはしり、すべきかぎりはする物なるに、いかでか其上をなほ強《しひ》ることのあらむ。教へによらずては、えしらずえせぬものといはば、人は鳥虫におとれりとやせむ。いはゆる仁義礼譲孝悌忠信のたぐひ、皆人の必ズあるべきわざなれば、あるべき限リは、教へをからざれども、おのづからよく知リてなすことなるに、かの聖人の道は、もと治まりがたき国を、しひてをさめむとして作れる物にて、人の必ズ有ルべきかぎりを過て、なほきびしく教へたてむとせる強事《しいごと》なれば、まことの道にかなはず。[37]（傍点加藤）

〔世の生きとし生けるものはほんらい産巣日神のみたまによって、この世に生まれたままで、自分に必要なものはすべて身に備えているように作られている。中でも人間は、知っているべきものを身に知り、行うべきことは行うようにできているのであるから、さらにとりたてて何かを強いるとすれば鳥や虫より劣ることになるだろう。いわゆる仁義礼譲孝悌忠信の類いも人誰にも本来備わることである。その限りで教えを借りなくても自ずから知り、行うものである。それをあの「聖人の道」というものは、もともと治めることの難しい国を強いて治めようとして作られたものであり、人に生来備わる限度を越えてさらに無理に何かを教えようという強制の形をとるものである。「まことの道」という基準から見て、合致するとはいえない」

ここにいわれる「まことの道」は、理でものごとを考えるのではないあり方ということである。それは、それを根底として、前者の「神に発する事実としての」天皇が天下を知ろしめす「道」が生まれているところの、後者の広義の「道」である。そして、先の章で見たように、「直毘霊」末尾に、しいて「道」を求めようとするなら、先入主を滅却して古典に推参し、「神の道」というのは「受け行う」のではないと知ることが大事で、これを知ることがすなわち「道」を「受け行う」ことだといわれているのは、この後者の、より広義で基本的な「道」のことにほかならないのである。

するとわたし達は、こういう結論に達する。「直毘霊」は、「道」の観点からいえば、古道論として二つの力点に分岐している。一方でそれは、列島古来の「神の道」とは「神に発して伝わる事実としての知ろしめす道」だという。しかし他方でそれは、列島固有の

「まことの道」とは「理を先におくあり方」とは別個の道、それに反対する道だという。前者は中国風な道理解に立つ、中国の道に対する列島の道の意味であり、後者は中国風な道理解に対する、列島の道理解の意味である。両者は、前者が後者にささえられる、狭義と広義の関係にある。

ところで、わたしは、この二つの力点が、それぞれ、あの心を虚しくして古典にあたることで、そこから読み取られる「文献の意味」という位相と、主客を逆転して手段から目的へと変わった「先入主の滅却」の位相に該当していると思う。宣長は、徂徠の古文辞学の方法にしたがって「先入主」を「滅却」して文献に徴してそこから「道」の理解を受けとった。それが「神の道」とは「神に発して伝わる事実としての知ろしめす道」だという前者の理解である。しかし同時に彼は、あらゆる「先入主の滅却」によって列島固有の思考法を不可疑のものとして摑むことが自分の古学の核心であり、そこでは文献学はそのための手段に反転する、という確信をも手にしている。その学問更新の経験が、列島固有の「まことの道」は、「理を先におくあり方」とは別個の、それに反対する道だという、後者の道理解となって現れていると考えるのである。するとその結果はどうなるのか。「先入主の滅却」に力点がおかれれば、その結果として、『古事記』の語る「神の道」は、その本質を「理を先におくあり方への抵抗」におくことになるだろう。「神の道」の文献的表象である「神に発して伝わる事実としての知ろしめす道」の意味するところは、列島には、古来、「理を先におくあり方」とは別個のあり方があり、現在の列島の「知ろしめし方」

もそこからきている、ということになるはずである。その場合、「神に発して伝わる事実としての知ろしめす道」のほうは、厳密にいえば、単に文献学的な読解によって得られたテクストの意味というより、「先入主の滅却」の強度に支えられてホーバークラフトのように宙に浮く、「方法的信憑」の境位に位置している。それは、読まれ、獲得された知だが、それと同時に、それ以上に、あの「まことの道」の〝表現〟としての「道」、その中国風な理解への適用例としての「道」だからである。

しかし、方法的信憑とは字義矛盾であるという理由から、そのあり方を越える強度を「先入主の滅却」の方法がもたない限り、というより、それをささえる「先入主の滅却」という概念がこれをもたない限り、このアポリアは、ほんらい、方法的信憑という資格で彼に現れた「信憑」が、彼の学的「方法」を食い破って「無条件の信憑」へと反転する結果をまぬがれないだろう。そして事実は、宣長にそういうことが起こったことを示している。この「知ろしめす道」への信憑は、ほどなくあの「日の神」への信憑となるからである。

なぜこのようになるのか。理由ははっきりしている。フッサールにおいては一時的な判断停止であった「エポケー」が、宣長においては無条件の「先入主の滅却」になっていることがそれである。

なぜ、そういうことになるのか。

その答えをわたし達は、小林秀雄の『本居宣長』を扱う章で考えることにする。

いま見ておかなくてはならないのは、もう一つのことである。

では、いまの時点で、わたし達にいえることはどういうことか。わたしは、先に宣長には、この「先入主の滅却」による世の自然的態度と漢意の「エポケー」(一時的判断停止)に対する復路の用意がなかったと述べた。「先入主の滅却」によって彼がたどりついた洞察とは、人には必要なものはすべて生まれながらに備わっている、外に尋ねなくとも、自分の「真心」に尋ねることで、人は、そこから生きてゆく方途を導きだすことができる、というものである。この洞察からの復路の問題とは、ではここから、どのように漢意(＝朱子学的関係論理)によるのとは違う、他者との関係を、作り上げてゆくことができるか、ということである。宣長は、その問いにうまく答えられなかった。そこにもまた、彼に、フッサールの場合と異なり、「方法的信憑」を与えているものと、同じ力がかかっているのをわたし達は見る。具体的にいえば、それは、次のようなことである。

宣長は、「真心」に発する人間の生きる意味を、「もののあはれを知る」ことに見た。人が外界のできごとを見て、それに動かされること、そこに人間の生きる意味の根源を見たのである。それを経験するのに、人は、けっして治者階級などである必要はない、人でありさえすればよい。彼はそう考える。この一事をとっても、彼のつかんだ生の原理が、政治という関係世界をカヴァーしていないながら、徂徠を含む儒学者達のそれより、人間の思想として深いことは明らかである。彼はそこから文学の本質は、その「深く感じる」ことにこそあり、「勧善懲悪」のような道徳的な観点にあるのでもなければ、「古道の趣き」

を知ることにあるのでもない、という。宣長によれば、「歌ノ本体」は「政治ヲ助クルタメニモアラズ、身ヲオサムル為ニモアラズ、タヾ心ニ思フ事ヲイフヨリ外ナシ」〔政治を助けることにあるのでも修身にあるのでもない。ただ心に思うことを歌うだけである〕という点にあり、「もののあはれ」を知ることの最も深い機会は、恋愛、なかでも、『源氏物語』などに見られる、不倫の恋である(「あしわけおぶね」)。また、歌の本質は「深く感じる」ことにあり、それが唯一の基準であって、何も最古の『万葉集』が古義を伝えるという理由で最もすぐれていることにはならない。人の感じることには生の経験の錯綜が密接に関わる。古代の生は素朴である分、現代の感情に照らして物足りない点もある。よく『新古今和歌集』などを技巧に走り、よくないという人がいるが、そういう人は、歌を読むという経験を頭で考えているのだ。彼はいう。「そもそも上代より今の世にいたるまでを、おしわたして、(略)歌の真盛《まさかり》は、古今集ともいふべけれども、又此新古今にくらべて思へば、古今集も、なおたらはずそなはらざる事あれば、新古今を真盛といはんも、たがふべからず」(「うひ山ぶみ」〔オ〕)[38]〔上古から現代までを見て、ふつうは古今集が歌の最上と見られるのであるが、これを新古今集と比べれば、なお、足りないところがある。その意味では新古今集を最上といっても間違いにはならない〕。

つまり、「古道」を知り、「古義」を知ることと、「もののあはれ」を知ることとは、重なりはするが、けっして同じではない。この二つは、違う原理に立っている。その違いの最大のものは、後者が、では、どこから他者との関係を作り上げるか、という場合の基点をなす、人と人との関係(つながり)の原理としてとらえられていることである。先の復路の課題に応える手がかりは、この「もののあはれを知る」ことにある。宣長は、ここから、独自の関係の世界構築の考え方を作り上げるべきであり、そうでなくては、あの「先入主の滅却」の方法を貫徹できないのだが、わたしにいわせるなら、彼は、この一点、「もののあはれ」にこだわることにかけてもまた、不徹底ぶりを示しているといわなければならないのである。

わたしがいうのは、こういうことである。

「もののあはれ」という原理は宣長を不倫の歌の肯定に導く。では、「深く感じる」歌が歌われていれば、人倫が踏みにじられても、その行為は許されるのか。そこからは当然、こういう問いが出てくる。宣長において、「深く感じる」ことと、世の修身斉家治国平天下という社会的なもの——道徳、政治、人倫——つまり「関係の世界」との関係は、どのようなものか。こう問いを置き、想定問答集として書かれた著作で、宣長は答えている。

すべてよからぬことをいさめとゞむるは。国をおさめ人を教る道のつとめなれば。よこさまなる恋などはもとより深くいましむべき事也。さはあれ共。歌はそのおしへの方にはさらにあづからず。(「石上私淑言」[39])

〔すべてよからぬことを抑止することは国を治め、人を教導する現実上の「道」つまり政治のつとめであるから、不倫の恋など当然、もってのほかであり、戒めの対象と

なる。しかし、歌、これは、文学であって、政治に従うものではない。その間の事情には関わらないのである〕

続けてまた、法師が恋をするなどあるまじき事なのに、歌の道においてはそれを咎めないのは、どういう考え方なのか、と問われ、こう答える。

色欲は仏教での深い戒めの対象である。これを法師が慎まなければならないことは誰が知っており、それはいまの世に「よにあさましき事」とみなされている。

しかはあれどさやうのよきあしきのことのさだめは。その道々にてこそともかうもいひあつかふべき事なれ。歌はすぢことなる事にて。かならず儒仏の教《おしへ》にそむかじとするわざにもあらねば。そのしわざの善悪《よきあし》きなどはとかくいふべきにあらず。たゞ物のあはれをむねとして。心におもひあまる事はいかにもいかにもよみいずる道也。(40)

〔しかしそういうことは儒仏の倫理道徳ではいろいろと当然問題になるだろうが、歌はこれと別物である。道徳に従わなければならないというものではないから、それにはふれないのである。ただ「もののあはれ」を第一義として、心に思いあふれることを述べるものである〕

彼は何といっているのか。そのことについては、もののあはれの論は、何もいわない。

「もののあはれ」に立つ文学は、修身斉家の道徳とも、治国平天下の政治とも、人倫の問題とも、筋の異なる行いであり、違う原理に立つからである。しかし、この宣長の答えは、この問いが隠しもっている疑問に、完全には答えていない。わたし達はこう思う。もし、質問者が、さらに、自分はこれらの答えでは満足できない、では、誰かが宣長のような考えで、思い余り、人倫を犯したとする、そしたらあなた自身は、それを肯定するのか、否定するのか、と問いつめたら、宣長のこの言明は、このさらなる問いに、どう答えることになるのだろうか、と。

わたしの考えをいえば、この宣長の考え方は、その問いに、「もののあはれ」は、人倫、他者との関係の世界に、ただちには、関わらないのだ、と答えるのである。

別にいえば、自分はそれに答えられないのだ、といっているのだといってもよい。

なぜこのようなことになるのか。宣長は、儒学的な考えとそれに基づく自然的態度を否定し、「もののあはれ」につく。ここで「もののあはれ」の境位は先の「真心」に一致している。つまりそれは、儒学的な考えに立脚する他者との関係の考え方をも、否定することを、内に含む。そうであれば、彼は、修身斉家治国平天下に基づく道徳、人倫に拘束されなくともよい。というより、拘束されるべきではない。なぜなら、儒学的秩序に基づき、人の行為を評価非難すること、それも、厳密に考えるなら、漢意の行使だからである。彼は、そう考えるからこそ、たとえば、別のところでは、儒者が花をめでても女を欲するとはいわないのは愚かな偽善だといい(『玉勝間』四)、また、先の節に見たように戦場で武士が死ぬ時に忠義の言葉を残したりするのは漢意であり、死にたくない、と女々しい言葉を吐くことこそ、大和魂にかなう、というのである(「紫文要領」下)。

だから、ここに生じていることは、あの、「日の神」の主張の場合とまったく同じことである。本当なら、彼の「もののあはれを知る」の論からも、あの人を驚倒させる暴論が出てくる。それを言葉にすれば、彼の口からは、いや、だから、不倫はよいのだ、人倫を尊重するのは漢意であって、列島のその昔、人々は皆不倫をしていた、というような言葉が吐かれて不思議ではないのである。違いは、さすがの彼も、それはどうも違う、とここで一歩、踏みとどまっていることにある。それは彼の「心」のなすわざ、いわゆる常識のなすわざである。あの「日の神」の主張の時は、この「常識」は発動しなかった。なぜなら、それを発動させることは、「常識」を含め、すべての「先入主の滅却」の敢行として行われた彼の帰納的実証の学の厳密性を、そこねることを意味した。いま、学問の厳密性から離れ、ここで彼は、彼の概念的思考への抵抗にいわば不徹底を許し、「一時的判断保留」を行っているのである。

しかし、そのことは、彼の中に、「もののあはれを知る」という原理の発動が、あの古代主義の場合と同様、関係世界の原理として、破倫の論か、現実の儒学的「仁義礼譲孝悌忠信」への信従か、というやはり極端な二者択一として現れたことを、示している。それが、彼から運動の自由を奪い、一種の韜晦《とうかい》にも似た先の回答を引き出しているのである。

ここには、どういう問題が顔を見せているのだろうか。

「もののあはれ」と「歌」について次のように書いた時、宣長は、列島の思想家の誰もが思いもしなかった形で、儒学世界全体を相対化しうる、新しい他者との関係世界の構築の起点に、立っていたといってよい。

> さて又歌といふ物は。物のあはれにたへぬとき。よみいでてをのずから心をのぶるのみにもあらず。いたりてあはれの深きときは。みづからよみ出たるばかりには。猶心ゆかずあきたらねば。人にきかせてなぐさむ物也。人のこれを聞てあはれと思ふときに。いたく心のはるゝ物也。これ又自然の事也。たとへば今人せちにおもひて。心のうちにこめ忍びがたき事あらむに。其事をひとり言につぶつぶといひつゞけても。心のはれせぬ物なれば。それを人に語り聞すれば。やゝ心のはるゝもの也。さてそのきく人もげにとおもひて。あはれがれば。いよいよこなたの心ははるゝ物也。さればすべて心にふかく感ずる事は。人にいひきかせではやみがたき物也。(略)さていひきかせたりとても。人にも我にも何の益《やく》もあらね共。いはではやみがたきは自然の事にして。歌も此心ばへある物なれば。人に聞する所。もっとも歌の本義にして。仮令《かりやう》の事にあらず[41]。

大意はもう、わたし達にも読みとれるだろう。彼はいう。「もののあはれ」とはどういう原理だろう。それは人と人とが共に生きることの原理、人の他者との関係を作り上げる機制の原理でもある。なぜなら、それは、一人の人間が外界にふれて「深く感じる」ことであり、一人の人間の内部のことがらに属するが、同時に、その人を動かして、内部から外部へ、他者との関係へと向かわせる原動力でもあるからである。深く感じた人は歌を作る。しかし、もし彼が深く動かされていれば、彼は、それだけにとどまれず、必ず人にそれを見せたく思う。そしてもし他者が誰か、それを読んで「なるほど」と思い、そこに「もののあはれ」を感じ、心を動かされ、共感を表わせば、そのことでようやく人は自分の「もののあはれを知る」過程が、一区切りついたと感じる。だから、「もののあはれを知る」ことのうちには、実は、他者との関係が埋め込まれている。それは一人の内面の最も内奥深く生じる動きだが、そこまで遡行してはじめて、人は自分の内部にとどまっているわけにいかない理由に、ぶつかるのである。だから、歌の本義は、それを人に聞かせる所にある。歌を自分で作る、それを人に見せる、そこまでが、歌を歌うことの本質なのである。

こう読めば、この地点から、宣長がそうしたかどうかとは別に、儒学的思考に基づくのでない、他者との関係を宰領する、別種の道徳、政治、人倫の考え方が生まれえたことがわかるだろう。逆からいうなら、宣長の思想は、そこまでいかなければ、いわば〝成仏〟することにはならず、中途形態にあの〝プルトニウム〟としての奇矯な信憑を〝無条件の〟ものとして残さずにいない、そういう思想だったのである。

しかし、そこにあのわたし達の自画像制作の試みが、「日本人」という種的同一性の関係概念に抵抗することでかいま見せる、可能性の地平がある。

宣長は、そこまではいかなかった。

彼の「もののあはれ」の論は、文学論としては稀に見る徹底を示しているが、これを関係世界の論として受けとれば、先の一点で「一時的判断保留」として中間地点に停止している。その「判断保留」からも、やがて、「一時的」といううしばりが消え、この方面の関心が彼の中で拡散していったことを、彼の晩年の「政論」の数々はわたし達に教えている。

しかし彼は、そこに自分の不徹底があるなどと考えもしなかっただろう。関係世界は、彼の中で無意識のうちに聖域となっている。勧善懲悪を判断基準とする儒学的な文学の論理は、漢意として否定したが、それを否定するなら、「仁義礼譲孝悌忠信」を基本とする「修身斉家治国平天下」の儒学的な人倫(＝関係)の論理も、漢意の所産として、同じく否定の対象にならなければならない。論理的にはそうなる。しかしそのような不穏な考えは、彼の頭に生まれなかった。還元の不徹底は、そのような形で彼に現れているのである。

宣長が行っているのは、この列島に古代以来外からきた考え方をすべて「先入主」として排除する企てである。彼は、そのことを通じて、列島に古来あった、そして人に固有に備わる、考え方を取りだすことをめざした。ところでそれは彼にとって、そのような考え方で自分と自分達をとらえる試みを意味した。それが、彼の行ったことが、列島で初の自画像制作の試みだったという意味である。彼は、その試みを通じて、列島に生まれた考え方で、自分たちのあり方をとらえようとすれば、どのような「像」が浮かびあがるか、またそのことがどんな「問題」をもっているか、それを、明らかにしている。

自画像制作とは、いってみるなら、「日本人」という外在的な概念に頼ることなく、列島に住む人間の共同性をなす「われわれ」という集合体の関係性の原理がどこにあるのかを、いまわたし達が生きている場所から出発して追尋し、そこに見つけだされた原理にしたがって、いまある「われわれ」の共同性を更新しようとする、試みである。宣長の自画像制作は、「日本人」という概念に頼らず、「まことの道」と呼ばれる概念に対する抵抗の原理にまで、遡行することを通じ、そこから、ものごとを考えることの普遍性へと抜けてゆく回路のあることを示している。そのことが示唆するのは、わたし達が、もし共同性をしっかりと受けとめ、それがわたし達の生と触れあう起点を的確に取りだすなら、共同的なものの閉鎖性を、内側から解除することができること、逆からいえば、そうする以外に共同体の閉鎖性の解体は、たぶん望めない、ことである。

しかし彼の試みはまた、そこに摑まれた内在的な原理を、他者との関係の原理にまで強化するだけの学問的かつ思想的な徹底なしには、その回路を最後の出口までたどることは難しいことを教えている。おそらく、宣長が「もののあはれ」の原理からはじめ、これを他者との関係の原理にまで高め、そこから関係の世界を描くことができていれば、そこに生まれる関係の思想は、独善的な排外主義とも、性急な革命思想とも違う、万人に開かれ、その結果として外にも開かれた、いまあるものでいうならルソー風の旧大陸の社会思想よりも、理を嫌うイギリスの経験論にも似た、漸進的な社会思想となったはずである。

わたし達は江戸中期にルソー流の『自然真営道』(一七五三年)を著した安藤昌益(一七〇三―六二)のほかに、もう一人、別のタイプの――身分制度を否定する――社会思想家をもったかもしれないのである。

しかし、その際、彼が、もし、「もののあはれ」が人にそれをいわないではいられなくする、というところから、この結論まで、一歩一歩、思考を積み上げていったなら、必ず、ある時点で、いまある自然的な態度を「滅却する」ことが大事なのか、それとも神の道を「信じる」ことが大事なのか、という問いにぶつかったことだろうとわたしは思う。そしてそこで、彼は、自分の前にある問いが、最後、「もののあはれ」か「神の道」か、という二者択一に帰着するものであることを、知ったはずである。そして、そのことについて考えたなら、「まことの道」＝「真心」の原質は、「もののあはれ」にこそあり、「神の道」は、むしろその〝表象〟であること、つまり、彼にとってより本質的な原理が「もののあはれを知ること」のほうであることに、気づいたに違いない。彼の関係世界における現状追認の言明は、政治の世界に「神の道」を直接適用することが、そもそも彼のいう「まことの道」にかなわない、という形で彼に抱懐されている。そこに、彼のいう「道」の二重の意味が顔を見せている。しかし、それは、もしそこに関係の意識が接続され、学問的で思想的な徹底がさらに強化されれば、一個の成熟した社会思想に着地しうるものだったと、わたしは思う。

宣長の思想的方法の不徹底は、これまで考えられてきたような、丸山真男の観点にいう、自然尊重による作為の否定をさすのでもなければ、世にいわゆる「宣長問題」がいう、学的妥当性と狂信主義の共存の事態をさしているのでもない。不徹底ということの要因は別のところにあった。彼は、儒学と合理主義の作為性を否定したが、その作為の否定は、文学の世界では力を発揮したものの、政治の世界つまり関係世界に触れると、そこで停止した。むしろ作為否定はその先にまで進むべきだったのである。そして関係の世界とぶつかるべきだったのである。

何が足りないために、その試みは、不徹底なものに終わっているのか。

その点に関し、宣長の試みがわたし達に示唆するのは、次のことである。

彼の試みは、自画像制作の企てであり、いわば「内在」にはじまる自己省察の形を示している。でも、こうした「内在」にはじまる自己省察は、その内側の経験だけから、「関係の認識」を生み出してくるというわけに、いかない。「関係の認識」とは、他者とのぶつかりあいがあってはじめて生じる意識であり、他者との関係のないところには、生まれてこないからである。そのため、「内在」の意識は、省察の対象が自己内部にとどまるうちは、誤らないが、いったん省察対象が関係世界に及ぶや、ほぼ必ずといってよいほど、誤る。カギは、「関係の意識」の有る無しにあるのである。

宣長の死後、新しい世界がはじまるが、その世界は、この点でも、宣長の試みが先駆的な意味をもっていたことを、わたし達に教えることになる。

第三部　近代以後

第一章　関係の発見

1　一八四〇年の世界像の変換

宣長が一八〇一年に没すると、それから四〇年後に列島において新しい世界がはじまる。それをもたらすのは一八四〇年のアヘン戦争による清の敗退と、それによって引き起こされる東アジア世界の実体としての消滅である。このできごとは、古代以来列島がその中で生きてきた、中国を中心とし、冊封体制を基礎にした、東アジア中心の国際秩序を崩壊させた。そこに消えているのは、利瑪竇《マテオ・リッチ》が擬制的にであれ、列島の人々に思い描かせた、あの中国と日本を中心部に置く「坤輿万国全図」の世界像である。このできごとを機に、列島の国家は、いわば殻ばかりかこれまで自分を包んでくれていた卵白をもはぎ取られた卵黄さながら、ほとんど裸同然で、それまでと全く異質の国際秩序の中に、投げだされる。

このことは、列島の人間がはじめて関係の世界に投げこまれた、ということを意味していた。

わたし達はふつう、列島における近代のはじまりを一八五三年のペリーの黒船来航の時点に求めるが、そこにはたぶんに米合衆国と密接な関係を結ぶことになった、とりわけ戦後以降の「今言」の力が働いている。実際にこのできごとが列島に与えた衝撃には他の追従を許さないものがあるが、外国からの開国と通商の要求なら、ロシアが一八世紀の終わりから一九世紀にかけてすでに数次の働きかけをはじめており、一八二五年の異国船無二念打払令も、それに先立つロシア船、イギリス軍艦の領内侵入の事例に対し、幕府が講じた対策だった。合衆国の通商要求は一八三七年のモリソン号の来航にはじまっている。その折りの打払令による幕府の撃退実行を批判して、翌年、渡辺崋山(一七九三—一八四一)、高野長英(一八〇四—五〇)らの洋学者達が蛮社の獄に問われているのはわたし達のよく知る通りである。五三年の軍事的威嚇による開国を意図したペリー総督の率いる艦隊による来航は、その延長に位置する働きかけであり、もし、列島が西欧中心の世界に参与することをもって列島の近代の起点と考えるとすれば、列島の近代、したがって幕末という時代は、このアヘン戦争を機に、はじまっているのである。

そこにはじまる世界が、列島の人間のこれまで知らない、まったく異質な世界だったというのは、次のような意味である。

松本健一は、その著書に、日米交渉開始時のこのようなエピソードを記している。それによれば、一八五七年の対日交渉でかねて要求していた江戸出府を許され、下田から江戸に向かう際、アメリカの最初の総領事タウンゼント・ハリス(一八〇四—七八)は、途中、箱根の関所通過で、国際法を盾に、一行の点検を拒絶している。関所側はここでは毛利や島津の大名でも点検を受けるのだと説得するが、これに、自分は「亜墨利加《アメリカ》合衆国の代表者」として「国際公法上の特権を有す」、要求が通らなければ下田に引き返すと答え、自分の主張を通させるのである。[1] 江戸での交渉でも、このハリスの「国際公法(=万国公法 International Law)」は絶大な威力を発揮する。彼は、公使の扱いを尋ねられ、それは、「万国普通之法に従」う、と述べるが、国際社会に「万国普通之法(=国際公法)」というものがあり、そこでの各国間交渉がこの法に基づいているというハリスの答えは、その時、幕閣達の「思いもよらない、まったく新しい考えかた」に出たものだった。それを知ったことは、幕府にとり、「ある意味で、ペリーの砲艦が象徴していた欧米列強の力(帝国主義)以上の衝撃」だったのである。[2]

　列島の人間が、一八四〇年の清国の敗退によって投げ入れられることになった世界の性格は、この「国際公法(国際法)」の存在に象徴されている。幕府の代表者達を驚かせたのは、とりあえずは、自分達のいる世界が、もはやかつてのような朱子学に基づく「天」と「理」の関係秩序の世界ではない、という身のひきしまるような発見だった。それがどのような「法」であるかは知らず、彼らは、それまで自分達を動かしてきた秩序理念とは違う、それに取って代わる別の「公法」が、この新しい世界を動かしていると知らされたのである。そういう認識が、この法が知られた当初は、それが中国での訳書を通じて列島に紹介されたという事情もあり、この未知の法に、「万国公法」「万国普通之法」「天地ノ公道」といった、朱子学的な訳名をつけさせている。

しかし、この新しい世界が、それまで彼らの知っていた世界とまったく異質だという意味は、それを領している法が、朱子学的な「天地の公道」とは違う、別種の――西欧的な――「天地の公道」だったことにあるのではない。それは氷山の一角にすぎない。なぜなら、違いは、この新しい法が、法として、朱子学的な「天地の公道」とはまったく異質な考え方に基づくものであることにこそ、あったといわなければならないからである。

これまで東アジア世界を動かしていたのは、中国という文明と武力の二つを併せもつ不動の存在を中心とした、国家と国家の関係を「中心からの放射的分散という形で把握する」(丸山真男)国際秩序である。その特徴は、これが、上位に「天」と「理」という普遍価値を頂き、基礎に冊封体制という文法を従えた、圧倒的に優勢な文明の中心によって作成された一元的な秩序だということである。それはまた、宇宙に発し人間内面にいたる、世界を貫徹する儒学的な価値秩序の一環をなしていた。

しかし、西欧社会の国際秩序に基づくこの新しい世界は、これとはまったく違うあり方で作られている。「万国公法(＝国際法)」という考え方は、ここにいわれるような整然とした一元的秩序の貫徹された世界からはどう見ても生まれてこようがない、という意味で、ここにいう、新しい世界のあり方を体現していたのである。

それが西欧世界でどんな背景を負って生み出されてきたかを考えるなら、その意味は、一目瞭然である。具体的にいえば、その淵源は、次のようなものである。一六世紀から一七世紀にかけ、西欧社会に、一つの激動が生じている。それまで西欧世界の上に君臨していたローマ教皇の権威が没落し、宗教改革をへてキリスト教が四分五裂すると、キリスト教中心の普遍世界に代わり、絶対王権の地方国家同士が互いに戦端を開く一方、宗派の異なる者同士が対立し、殺戮しあう、〝自然状態〟にも似た無秩序状態が、生まれてくる。列島が戦国時代を終え、江戸の平和を実現し、未曽有の成熟を迎えようとしていた一六一八年から一六四八年にかけて、ヨーロッパでは、ほぼ全域をまきこんだ三十年戦争が起こっている。発端はドイツとボヘミアの新教派と旧教派の対立をめぐる戦争だが、やがてヨーロッパ全体を巻き込む戦乱となり、この戦争で、戦場になった地域では人口の三〇パーセントから九〇パーセントが失われた。主戦場となったドイツは、その後、長い間、後進性を余儀なくされる。ところで、近代国際法の考え方は、こうした統一された理念の没落、またそれに続く無秩序状態をくぐり抜けることで、はじめて人々の間にリアルなものとして現れてくる。つまり、それは、先の東アジア世界の場合に即していえば、まずそこで世界の「中心」が文明(考え方の力)と武力(物理的な力)の二つに分岐し、さらに後者によって前者が駆逐された後、武力だけが決定因となり、その世界を構成する各単位が互いに自己の覇権を競いあう〝自然状態〟が出現すると、はじめて、その世界に出現する条件を手にするのである。というのも、それは、それ以前の中世的な考え方からいえば、仕方なしのもの、次善の策として、考案されてくるからである。

もし、誰にも、これは「正義」だ、これが「神意」だと信じられるものがあれば、それに従って、ものごとを取り決めていけばよい。けれどもそういうものがなくなって、「正しさ」とか「神意」に従って判断もできず、人々の間での取り決めもできないとなったら、どうするのがよいか。仕方がない、「正しさ」、「神意」はさておき、とにかく――既存の価値観からいえば「正し」くなかろうと「神」に則っていなかろうと――各人が納得できるルールを、各人の主張を取り入れ、調整して、作り出すよりほかはない。近代的な国際法という考え方は、そういう「仕方がない、『正しさ』、『神意』はさておき、とにかく」という、次善のものを最上階に繰り上げる考え方の所産なのである。

なぜ、次善の策が、最上の法として採用されるのか。むろん、はじめに現れるこうした考えは、姑息な妥協策として、さまざまな「正しさ」、「神意」によって非難、攻撃されるにきまっている。しかし、それを排除し、再び、「正しさ」と「神意」に立って互いの平和を模索するが、うまくいかない、さらに殺戮が続く、ということが三〇年も続くと、どういうことになるか。こういう「次善の策」しかない、ということ、そのことによって、そのことだけによって人々が共存できるのなら、それはもはや「次善の策ではない」という判断が、人々の間で、リアルなものとなっていく。そこまできて、はじめて、人は、従来とは異質の法の観念を手にする。そしてそこにきてはじめて、人は、かつてのキリスト教的な一元的世界、普遍的な「正しさ」に立つ真の世界とは異質な、多元的な価値を認めあい、平和に共存することをこそ最高善と考える、善の世界ともいうべき、関係世界とい

うあり方を、手にするのである。(3)

三十年戦争の休戦を実現した一六四八年のウェストファリア条約は、近代の西欧社会成立の契機として知られているが、そこに実現されていることは、こういうことにほかならない。ここにいたってはじめて西欧社会の世界像に逆転が起こる。人々は、それまでと違い、「正しさ」「神意」によってではなく、むしろそれを〝謝絶〟することで、互いに主権と領土を尊重し、内政には干渉しないという、休戦の約束事を取り決めることに成功するのである。

近代国際法の父と呼ばれるグロチウスは、この戦争のさなかに『戦争と平和の法』を公刊し、その中で、こういう。「こういうことは非常な瀆神を覚悟しなくては言えないこと」だが、「仮に神が存在しないでも、人間が存在する限り、自然法は普遍的に妥当する」。彼は、中世的な自然法から、トマス・アクィナスにはあった宇宙論的背景を切除して、新しい人間中心の考え方を作る。彼にあって自然法は、神の自然からではなく、「人間の自然そのものから」引き出される。(4) 近代的な国際法は、いってみれば、あの朱子学的な人倫秩序、宇宙秩序、経綸秩序すべてがことごとく灰燼に帰した後の〝自然状態〟をくぐり、そこでこれまでの考え方ではものごとが解決されないことが誰の目にも明らかになるに及んで、人々のもとにやってくるのである。

列島の人間がそれまで生きていた世界とこの新しい世界の違いは、どこに求められるだろうか。そこには、内在的な原理からも超越的な原理からも帰納されない、別種の原理に立つ「関係世界の考え方」がある。たしかにそこにも、人々を律する普遍的なルールが設定されているが、それは、一元的な原理が崩壊した後、原理のない無秩序な「関係の世界」での生の経験をもとに、そこから、それだけを素材に、人々が交渉と合意とによって作りだす新しい形態の原理にほかならない。人間をあらゆる「先入主」を滅却させた世界に置いてみれば、私利私欲に立脚する万人の万人に対する闘争という「関係の世界」の像が得られる。では、この「関係の世界」の像をもとに、人間が互いに殺し合わずに共存してゆくあり方を考えるなら、どんなあり方が可能か。いや、そもそもそういう検討が可能であるための条件として、何が想定されなければならないか。その基本条件とは、もし外部にそれがもはやないとしたら、この人間の自然の中に、自然法ともいうべきものの萌芽が、存在していることを認めることではないのか。国際法という考え方は、こうして中世の自然法から生まれはするが、やがてそこを離脱し、上方の価値から下方に人間観を演繹するこれまでの関係論理に対し、下方から上方に向け、普遍的な原理を編み上げてゆく、別のタイプの思想の一所産として、作り出されてくるのである。

こう見てくれば、ここにいう「関係の世界」の経験こそ、あの宣長の思想に欠けているものだったことがわかるだろう。しかし、宣長に限らず、江戸期までの列島の人間には、こうした生の経験はなく、また、こうした考え方も存在しなかったというのが正しい。彼らが一八四〇年を機に投げ込まれることになるのは、こうした未知の「関係の世界」なのである。

したがって、わたしがこの「幕末」期に見ておきたいのは、宣長の「内在」の方法が、この「関係の世界」に投げ込まれることによって、どのような変奏を見せるのか、ということである。むろん、宣長の原思想ともいうべきものは宣長の死で途絶えている。その思想は、宣長の「没後の門人」で特異な思想家である平田篤胤に継承され、その神学を経由して国学イデオロギーへと流れ込んだ後、幕末の危機意識と合体して尊皇攘夷思想を生むが、篤胤に受け継がれる時点で、宣長自身の思想とは似ても似つかぬものになっている。篤胤は宣長からあの「先入主の滅却」という核心を取り外す。「方法的信憑」はそのまま「無条件の信憑」となる。彼はそれを一つの教義に作り上げるのだが、そこに語られるものは、すべてあの種的同一性としての「概念」にほかならない。しかし、ただ一つ、あの「内在」という方法、自分のいまいるところから、手元の材料だけで考えるというあり方だけは、篤胤の歪曲にもかかわらず、国学イデオロギーを動かし、攘夷思想に流れ込む。その攘夷思想が、どのようなみちすじをたどって革命の原動力となり、明治のナショナリズムへとつながるのか、という問いは、宣長の試みのいわば「没後の問い」として、いまもわたし達に残されているのである。

一八四〇年、幕末期の列島最大の思想家の一人、佐久間象山(一八一一—六四)は、清国がイギリスとの戦争に敗れたという報を聞き、朱子学を捨て、洋学に転向する。清国がいまや西欧列強の植民地同然の姿となり、いつ列島がその二の舞いになっても不思議ではない状況が生まれる。すると、列島の知識人に、それまであまり知られなかった、一つの感情が現れてくる。
二年後、象山は幕閣老中となった藩主への上書に、こう書いている。

外寇の義は国内の争乱とも相違仕《つかまつり》、事勢に依り候ては世界万国比類無之百代聯綿とおはしまし候皇統の御安危にも預かり候ことにて、独り徳川家の御栄辱にのみ係り候義に無御座候。神州闔国の休戚を共に仕候事に候得ば、生を此国に受け候ものは貴賤尊卑を限らず、如何様とも憂慮仕るべき義と奉存候。(5)

〔外国による侵略は国内と争乱の意味が違います。事態如何では独り徳川家の問題にとどまらず、皇室の安危に係ります。この国全体の命運にかかわることがらでありますから、「生を此国に受け候もの」全員が、身分を越え、これをわがこととして、深く憂慮すべきでしょう〕

このできごと以後、「此国」に「生を受け候」もの、――「この国」に「生まれ」た者――という、未知の感情が、急速に列島の知識人を中心とした一群の人々をとらえるようになる。そこから生まれてくるのが、「日本人」ともいうべきナショナルな意識であり、それを担い、行動に向かうのが、この後、近代化の革命を担う「志士」達である。

対外的な危機意識と、徂徠、宣長をへて醸成された「日本人」の概念および「われわれ」の意識があいまって、ここに、あの「日本人」という概念の容器への内容物の充塡が、果たされている。「この国」に「生まれ」た者という意識が、列島に「民族」という観念をはじめてもたらそうとしている。この意識が、その後、現実にぶつかり、いわゆるネイション(国民)の意識へと、姿を変えていくのである。

ところで、ここで、この先、ナショナリズムと呼ばれるものの二つの様相を取りだすため、寄り道になるが、「国民」という考え方について、見ておきたい。

この時、列島に生まれようとしている意識と、いわゆる世にナショナリズム(国民主義)と呼ばれているものの違いは、どこにあるだろうか。

ヨーロッパでこの意味でのネイションの意識がはじめて革命思想の形をとるのは、フランス革命においてである。この時、「国民(ナシオン)」という未知の概念は、「国王(ロワ)」に代わる、それと対等なもう一つの権威として示される。人々は、革命において、「国民万歳、国王万歳」と呼号する。しかし、この時、国民(ナシオン)というものは、まだ実体として存在していない。それは、名こそ「国民」だが、それの指示する集合性の対象は、むろんフランスの国境を越えている。貴族、僧侶、平民からなる身分秩序の中で、その他大勢として――第三身分といいながら、要するに第一でも第二でもない「埒外の存在」として――生きてきた民衆が、この〝ナシオン(Nation)〟なるものを自分のこととして受けとるのは、それが、排他的な種的同一性ではなく(つまりフランス人の自覚としてではなく)、誰にも開かれた、類的同一性として(人権の自覚として)語られているからである。つまり、言葉としては、ナシオン(国民)だが、革命による身分秩序の打倒を可能にし、近代をもたらしている考え方は、フランス人(国民、人種)という国民意識(種的同一性)ではなくて、人類という類的同一性なのである。

では類と種とはどう違うだろう。わたしは、人類の一員である。また、わたしは日本人の一員である。このうち、最初が類としての自己の規定、後が種としての自己の規定、と考えてみる。すると、最初の、人類という自己の規定では、もし、その規定が、わたしを排除する場合、その類の概念自体が成り立たなくなる。わたしを、君は人間ではない、というような同一性は、すでに類的同一性を失格しているのである。これに対し、種的同一性には、そういうことはない。わたしを、君は日本人ではない、といっても日本人という種的同一性はびくともしない。

さて、このことをおさえたうえでこう考えてみる。革命は人民を国民に変える。それまで、人民は「国王」の権威のもとで「われわれ」だったのだが、以後は、「国民」の権威のもとで「われわれ」となる。それは、それに先立つ「第一身分(僧侶)」「第二身分(貴族)」「第三身分(平民)」という身分制度に基づく共同体を壊し、これに代わり、自由と平等と友愛を旨とする、一様な「国民」の共同体を創成する、という意味で、ナショナリズム、国民主義の体現物だが、ここで断っておかなければならないことは、この時、この「国民」が先に国際法において見たのに似て、「次善の策」とはいわないまでも、「次善の存在」として、把握されていることである。

先に結論をいっておこう。二つの違いを取りだすために、一、いまいる自分の場所から、自分の考え、価値観を作りだし、それに照らしてものごとを考えてゆくあり方と、二、それとは逆に、自分の考えはさておき、他との関係から価値を割り出してくる考え方の間に、線を引き、前者を「内在」の思想と呼び、後者を「関係」の思想と呼んでおく。すると、この時列島に生まれている「民族」の意識は、「内在」の思想としてある。これに対し、フランス革命後に内実をもつあの「国民」の意識は、「内在」の思想ではなく、「関係」の思想なのである。では、フランス革命はどんな意識によって成し遂げられているのか。いま見た通り、そこで「内在」の思想として人々を動かしているのは、言葉こそ「国民」といわれ、「国王」の権威に対置されているものの、その実質は、種的同一性ではない、類的同一性としての、「人間」である。(6)

すると、こういうことになる。

いわゆるナショナリズムと呼ばれているものを、二つに分けることができる。一つは、革命思想としてのそれであり、もう一つは国家創設思想としてのそれである。しばしばそれは、(暴政など)内部的な矛盾に対する激発としての内発的モチーフと、(植民地化の危機など)外圧への抵抗としての外発的モチーフを理由に、民族としてのネイションの主義と、国民としてのネイションの主義というように分けられるが、この二分は実をいえば見かけの分岐にすぎない。ナショナリズムを分けているのは、より本質的には、この「内在」の思想としてのそれと、「関係」の思想としてのそれという違いである。革命の思想はその「内在」の思想にあたり、革命成就後、新国家が他の諸国家との関係の中でまとわなければならない国家創設の思想は、「関係」の思想にあたっている。

さて、この考え方にしたがえば、フランス革命を動かしている革命遂行の思想は、「国民」(ナシオン)を標榜してはいるものの、「人間」を原理とする「内在」の思想である。革命時、人々に、こうした身分制度はどうしてもおかしい、理不尽である、と考えさせているのは、まだ人に知られない「国民」の意識でないことは当然として、けっして、われわれは同じ「民族」なのに平等でないのはおかしい、というような感情ではなく、われわれは同じ「人間」なのに、平等でないのはおかしい、という意識なのである。では、なぜそうであるにもかかわらず、その革命の結果、生まれてくるのが「人間の権利」「市民の権利」であるとともに、「国民の権利」なのか。また、革命の当事者達の集合が、外に対していわれる時には、「人間」でも「市民」でもなく、「国民」とされるのか。その理由は、革命は、「人間」の名のもとに「市民」の手で成就されるが、そこに生まれたものを、関係概念として措定すれば――ということは関係の世界に置けば――、「人間」でも「市民」でもなく、「国民」(この場合「フランス国民」)となるからである。つまり、「国民」概念とは、「人間」概念とも「市民」概念とも異なる、あの西欧の国際秩序から割り出された、関係の概念なのである。

ところで、ある共同体が、一体のもの、ひとしなみなものになる動因は、国王に対する反抗、身分社会への怒りといった、「内圧」だけとは限らない。むしろ、後進国にあっては、「外圧」、異民族支配への怒りまたはそれへの危機感が、共同体の靭帯を強め、それを一体化する。そのため、通常、わたし達は、ナショナリズムを、内発型・先進国型の「国民」に比重を置くナショナリズムと、外発型・後進国型の「民族」に比重をおくナショナリズムに分類している。そこでは両者の対照軸が、人々の結合要素にとられ、前者が、「自由」と「平等」と「友愛」といった〝生まれながらの〟「人間」としての権利・原理によって成員一人一人を結合するのに対し、後者は、「この国」に〝生まれ〟たという「民族」としての連帯感で、人を結合させると考えられる。しかし、これをもってナショナリズムを「国民」中心、「民族」中心の二つに分類するのが不適切であることは、ここに述べていることからも、明らかだろう。先に見てきたことからわかることは、この二つのタイプの革命思想を動かしている人々の結合要素が、「国民」(内圧)と「民族」(外圧)ならぬ、「人間」(内圧)と「民族」(外圧)という一対だということだからである。このことは、このようなナショナリズムの考え方では、「国民」という概念の本質を取りだせないことを語っているのである。

つまり、ナショナリズムの結合要素としての「民族」と「国民」の違いを特定するのは、ナショナリズムが内発型か外発型か、先進国型か後進国型か、ということではなく、革命思想か国家思想か、つまり「内在」の思想としてあるか、「関係」の思想か、ということである。そして、そこでは、先の「人間」を原理とする革命思想と、「民族」を原理とするナショナリズム思想が、ともに前者の「内在」の思想の枠に組み入れられ、この二つが一組となって、革命成就後、二者がともに帰着することになる「関係」の思想としての

「国民」を原理とするナショナリズムと、向かいあっているのである。

〔関係思想〕
「国民」を原理とするナショナリズム

……………

〔内在思想〕
「人間」を原理とする革命思想
「民族」を原理とするナショナリズム思想

むろん、フランスの人間を原理とする革命思想も、革命が成就し、国民を原理とするナショナリズム(＝国民主義)に帰着した後には、周囲の反革命の動きに対して、「国民主義」の祖国としてのフランスを守れ、という形で「フランス主義(＝ゴーリズム)」つまり民族を原理とするナショナリズムの色合いを帯びるようになる。また、列島に外圧に対する危機感から生まれた民族を原理とするナショナリズムも、革命の実践を通じて、藩ごとの忠孝概念、士農工商という身分観念を壊し、そこから「公論」「旧来の陋習の打破」といった個人同士の平等、新たな価値の創出という自由の感覚を作り出すようになると、にわか仕立ての「国民主義」の薄い底板を破り、あのフランス革命の革命思想である「人間」の自由と平等と友愛の意味把握へといたるようになる。現実の「ナショナリズム」には、この民族主義という内在思想と、国民主義という関係思想の二つの要素が、それぞれの割合でともに含まれ、これが理念としての「人権思想」と向かいあっている。ある一つの国の革命思想＝ナショナリズムを、簡単にそのいずれかに分けられないのは、そのためだが、とはいえ、そのことは、ここにいう「民族」と「国民」という二種の概念に立脚するナショナリズムが、異なる、時に対立さえする、「内在」-「関係」という関係にあることを、何ら否定しないのである。

〔現実のナショナリズム〕		〔理念としての人間主義〕
民族主義(内在の思想)		人権思想
国民主義(関係の思想)	……………	

ここから次のような問いが出てくる。列島にアヘン戦争の後、新しく生まれた感情、そして意識を、民族を原理としたナショナリズム思想(＝民族主義)と呼ぶことができる。その本質は、それが「内在」の思想だということである。さて、では、それは、どのようなみちすじを通って、明治国家を担う国民を原理としたナショナリズム、「関係」の思想としての国民主義へと、接続していくのか。

そして答えはといえば、この場合、前者が後者に接続する回路は、ただ一つしかない。西欧社会が国際法という「関係」の思想を作りだす際にたどったみちすじが、それである。

言葉を換えれば、もし、当初の民族主導のナショナリズムが、外来思想として持ち込まれるという形でではなく、自分の経験をへてとらえる「内在」の思想として列島に生まれるとすれば、ありうべきみちすじは、列島の人々が、このナイーヴな「攘夷」の排外心(民族主義)を、抑制するのではなく、発揮し、貫き、「外国人」と衝突する道を猪突猛進し、それでは問題は解決できないということを、自ら得心する、ということ以外にはないのである。自分達は平和に列島に暮らしてきた。少なくとも江戸期以降はどんな外国にも迷惑はかけていない。それなのに、欧米の列強が一方的に軍事的な威嚇をともなって、国を開けよ、という。そういう列強のほとんどは、非西洋の各地域を植民地化してきた閲歴の持ち主である。金銀の流出など、さまざまな形で不当な侵食がすでにはじまっている。自分達には何の非もないのに、なぜ、このような無礼、理不尽な要求に屈しなければならないのか。攘夷思想を簡単にいえば、こうなる。それは、「内在」として考えれば、疑いようのない「正義」の思想である。しかし、これを貫けば、どうなるだろうか。外国勢力を実力で排除する。すると外国勢力と衝突する。当方に非はない、というので、さらに大規模な軍事衝突となる。すると再び完全に粉砕され、このままでは、理不尽ながら、相手の軍門に降るしかないことが明白となる。ではどうするか。仕方がない。「義」はこちらにある。しかし、それはさておき、相手との関係を作るしかない。ここまできて、はじめて、「民族」という内在的な「正義」の感覚が断念され、切断され、それに代わる「関係」の意識が人々を動かすようになる。なぜなら、そうでなければ、この新しい関係の中で、一国を立ちゆかせることができないからだ。「民族」という内在の意識が切断され、これが「国民」の意識に取って代わられるには、ここで、「内在」から「関係」への〝転轍〟が必要とされるのである。

そして、事実は、列島に起こったのが、まったくそれと同じことだったことを示している。列島に生まれた攘夷思想の担い手のうち、もっとも強硬な西南の雄藩、薩摩藩と長州藩が、激しい攘夷の行動に出て、列強勢力と軍事的に衝突し、完膚無きまでに打ちのめされるに及んで、列島にあって、どこよりも早く、ここにいう「内在」の思想(＝尊皇攘夷思想)から「関係」の思想(＝尊皇開国思想)への転轍が生じている。こうして、民族を原理とするナショナリズムから国民を原理とするナショナリズムへの脱皮をいち早くなしとげた薩長両藩の元下級武士たちが、明治維新という近代革命の担い手へと育っていくのである。

ところで、ここに顔を出しているのは、どういう問題というべきだろうか。

一つに、それは、宣長の思想の一つの行く末を示している。それは、「内在」の思想であることに本質をもつ。ところで「内在」の思想は、列島のような環境にある限り、そのままいけば、必ず、ある壁にぶつかる。それは、そのままではけっして「関係」の意識を自分の中から作りだすことはできないのである。宣長の思想を「内在」の思想として継承した幕末の国学イデオロギー、攘夷思想は、そういうことをわたし達に教える。

次に、それは、ふつうわたし達がこの攘夷思想の経験に対して下している評価が、そこに行われることに比して、浅薄であることを語っている。わたし達は、この時の革命遂行者達の動きをとらえ、彼らの一方(尊皇派)が当初、尊皇攘夷という考えに立ちながら、その後、革命が成就すると、敵方(佐幕派)の主張だった開国和親という開明派に転換するのは、非論理的な屈折(=転向)だ、というようにいう。しかしよく考えれば、そもそもこのようなみちすじをとる以外に、列島の「攘夷」の思想が、解体・克服されることはありえなかった。それを現実に実行し、壁にぶつかり、「関係」の意識にめざめる。これが、その時、列島の人間がこの先の世界に踏み出てゆく唯一の回路だったのである。

しかし、このことがわたし達にさしだしている問題は、もう一つある。それは、ここにある「切断」を、わたし達はあの自画像制作の試みに照らして、どのように受けとるのがよいのか、という問題である。

幕末から維新にかけての列島の経験は、「内在」の方法を本質とする自画像制作の試みが、そのままでは「関係」の世界にふれるところで必ず問題にぶつかることを明らかにした。宣長が見出したものを列島にありうべき初原の考え方と考えるなら、それは、その初原の考え方が抱える一つのアポリアということである。

江戸から明治へ。人々は「民族」の意識に衝き動かされ、革命を成就し、新しい「関係」の世界に入る。「国民」という考え方を摑み、自分をそれまでとは違う形で「日本人」であると自認し、非常な勢いで西欧の近代合理主義の考え方を摂取していく。そういう中で、この経験のもつ「断絶」の意味はすみやかに忘れられていく。わたしの考えをいえば、そういう中にあって、たぶんただ一人、その「断絶」の意味を自分の思想の中に抱え続けたのは、明治期最大の思想家の一人、福沢諭吉(一八三四—一九〇一)ではないかと思われる。

2　内在と関係——「丁丑公論」「瘠我慢の説」

列島が維新をなしとげ、国家的独立を確保すると、以後、社会が安定し、成熟するにつれ、「民族」を主としたナショナリズムはすみやかに「国民」を主としたナショナリズムに力点を移動させていく。

江戸から明治への変化を最もはっきりと示すのは、新しくそこに掴まれることになった「日本人」、また「国民」という自己像である。徂徠の言語学的革新により、一八世紀前半に列島にもたらされた「日本人」という概念の容器は、攘夷思想における「民族」の意識をへて、維新後、ここにようやく、「日本人」、「国民」という関係概念——種的な同一性——を手にするにいたる。

その「日本人」が、それまで語られてきた自称としての「日本人」と、概念として、どう違っているかを、こう語ってみることができる。

一八八八年(明治二一)、三宅雪嶺(一八六〇—一九四五)らが『日本人』という雑誌を発行している。この時、「日本人」とは、あの酒井のいう種的同一性としての「日本人」、「国民」としての日本人を意味している。それは、「関係の意識」を介して列島の人間に掴まれているという意味で、国際法にメンバーとして登録された「日本人」、外国人によってそれと認められた「日本人」であり、それ以前との違いを明示的にいうなら、米合衆国大統領からの将軍宛書簡、提督ペリー書簡、そして日米和親修好条約の英文正文に、“Japan”とある国名を受け、国民名として“Japanese”と記されている語の訳語として、列島の人間が新しい世界から受けとり直した「日本人」の概念にほかならない。他方、ペリー来航に際し、第一三代将軍家定に呈された大老井伊直弼(一八一五―六〇)の上書(一八五三年)には、国難に際し、適切に処して、造船、操船技術を速やかに修得し、当方から海外に向かうようになれば、「日本人自在に大洋を乗廻し」、「彼地之容体を実見し、他日海軍之全備をなし置」くことも可能であって、「西洋人に劣り不申」とあり、もう一種の「日本人」という呼称が現れている。(7) その「日本人」は、徂徠以降の「日本人」という概念の成立の延長上に、対外的な危機意識によってその内容をみたされることになった、いわば「内在」に発する自国人概念であり、「外国人」(この場合「西洋人」)の対項としての統一体的な概念となっている点、“Japanese”の訳語としての「日本人」と同じだが、「関係」に発する国民概念にはなっていない点、これとはっきりと違っている。その違いを特定しているのが、これらの概念をささえるものとしての、「関係」の意識のあるなしである。

具体的にいえば、明治期に入り、雑誌の表題ともなり、徳富蘇峰(一八六三―一九五七)の『国民之友』に見る「国民」概念に匹敵する自己概念の内容物となる「日本人」には、すでに、北海道に居住する非ヤマト民族である「アイヌ」民族が含まれている。それが、このアイヌ人を含まない、というよりそもそもアイヌ人という概念を自分の外にもたない、井伊の用いる「日本人」の概念との違いだといってよい。

「アイヌ」という呼称は、列島ではこの新しい世界像の到来以前、存在しなかった。それまでに列島に行われていた呼称は、一つに古代以来の「蝦夷」であり、もう一つに、江戸期以来あわせて用いられるようになる「アイノ」である。「蝦夷」は和人の北方居住民に対する他称であり、「アイノ」は、北方居住民に接した江戸期以降の和人の聴き取りから生まれた自称由来の呼称だが、これに対し、「アイヌ」は、明治になってから渡来した外国人研究者が、これまでの自称の発音聴き取りが誤っていたという判断から、これを"Ainu"に直し、表記したものの、列島に回帰して用いられた訳語にあたっている。(8)「アイノ」が北方居住民と和人の相互関係がとらえた呼称であるのに対し、「アイヌ」は近代国際秩序に登録された"Japan"に居住する少数民族名"Ainu"の訳語である。「アイノ」が「内在」の日本人像に見合う北方居住民名だとすれば、「アイヌ」は、「関係」の日本人像に見合う北方居住民名なのである。

アイヌ人は、列島に住む人間を「シサム(隣人)」「シャモ(和人)」と呼ぶ。井伊の「日本人」概念は、列島人における「蝦夷」・「アイノ」(＝アイヌ人)に対応する、アイヌ人にとっての「シサム」・「シャモ」(＝和人)に該当する概念だが、三宅雪嶺の「日本人」は、英語"Ainu"の訳語としての「アイヌ」人に対応する、英語"Japanese"の訳語としての「日本人」、世界システムに基礎をおく関係概念としての「日本人」なのである。

三宅の「日本人」が、語として雑誌創刊当時にもった「語感」を考えてみよう。そこにあるのは、コンクリートのような均質で、目新しい、人の心をそそる新奇な質感である。

それは、同じ新奇さをもつ「日本歴史」「日本地理」につながる、種的同一性としての「日本人」の新奇さにほかならない。同じ頃、竹越与三郎(一八六五—一九五〇)の『二千五百年史』(一八九六年)が西欧の史書と同じ均質な時間像のうちに日本の太古から幕末までを一望するパースペクティブを提示して、百数十版を重ね、志賀重昂(一八六三—一九二七)の『日本風景論』(一八九四年)が、やはり日清戦争のさなかに発売されると、列島を名所旧跡的な視点と異質な均質的な空間像のもとにとらえて、九カ月間に増補五版を重ねる大ベストセラーとなっている。それまで列島の人間は、武士でなければ、農民、あるいは商人、工人のいずれかだった。あるいは、津軽藩主を君主にいただく津軽人あるいは、土佐藩主を君主にいただく土佐人だった。しかし、ここにいるのは、あの徂徠がいう意味での「統名」としての日本人、つまりこれらのメタレベルとして存在する「日本人」にほかならない。あの種的同一性としての「日本人」という概念が、列島にとうとう実体として姿を見せ、未知のものとして、新しい時代の人々の心をひきつけているのである。

しかし、「関係」の世界は、いったん現れると、いわば自分の起源としての「内在」からの切断という〝転向〟経験の意味を隠蔽するように働く。以後、明治の社会を動かしてゆくのは、「内在」か「関係」か、という対立軸ではなく、いわば「国家」か「国民」かという「関係」概念内部の対立になる。よく知られているように、丸山真男は、これを、「政治的頂点への集中」と「政治的底辺への拡大」という二つの動きとして特定し、それが、幕末期に、尊王論と公議輿論思潮という形で現れ、維新成就後、「国権」派と「民権」

派という対立となったと述べている(「明治国家の思想」)。[9] しかし、これをもう一つ大きなパースペクティブのうちに置き直すなら、ここに起こっているのは、幕末に尊皇攘夷論・佐幕攘夷論(内在思想)と尊皇開国論・佐幕開国論(関係思想)の対立として現れたものが、維新成就後、姿をひそめ、明治に入ると、「国権」派と「民権」派という別の対立軸に取って代わられている、ということである。たしかに幕末期にも「尊王論」と「広義輿論思潮」の二つは存在したが、両者の対立が維新の運動を動かしたのではないから、丸山の見方は、明治期の対位軸を幕末期に逆照させ、そこから両者の淵源を取りだす歴史の遠近法的倒錯を含んでいる。その結果、こうした丸山の見方によってもまた、あの始原の対立が見えなくなっているのである。

とはいえ、むろんこの起源の隠蔽を犯しているのは明治を動かす当事者達である。丸山は、その明治の政治思想の骨格を正確に取りだしているにすぎない。しかし、このことは、次のことを示している。これを宣長の自画像制作の場所から見れば、「国権」と「民権」の対立とは、ともに種的同一性としての「日本人」、「国民」という概念に立脚した、その下位のレベルにおける、近代国家と近代国民の対立にすぎない。明治の時代を動かす「政治的集中の表現」としての国権論と「政治的拡大の原理」としての民権論の対立は、種的同一性としての「日本人」を「国」としてか「民」としてか、いずれかの力点で強化しようというあり方同士の対立なのである。この「国権」と「民権」の対立は、その後、事実として風化しつつ、しかし、中江兆民(一八四七―一九〇一)のような思想家の手で、国家主義とそれに抵抗する民主主義という対立軸に育てあげられてゆく。しかし、この二つの対位を含む近代日本の政治土壌が、昭和に入り、それ自体を覆そうとするもう一つの考え方に迎えられ、昭和期の国粋主義時代を現出することをわたし達は知っている。それはある意味で当然のことである。そこにあるのは先に抑圧された「内在」の思想の甦りだからだ。そのことの遠因は、明治の政治の基軸が、そもそも出発時の「内在」(革命思想)と「関係」(国民思想)の対立を抑圧・忘却することのうえに、作られていることにあるのである。

明治の思想家のほとんどは、中江兆民を含み、国権か民権かという対立は、問題にしたが、その一歩手前にある「内在」か「関係」かは、問題にしなかった。「内在」か「関係」かとは、一言でいえば、あの幕末期における維新の担い手達の、攘夷思想から開国思想への「変節」を、どう受けとめるか、ということである。

簡単にいえば、これは、こういう問題を含んでいる。この国の革命には一つの屈折点がある。あの革命の担い手達の尊皇攘夷の主張が、ある時点でいっせいに尊皇開国に変わってしまったことがそれである。ところで、それは外から見ている限り、明らかな思想的「変節」である。にもかかわらず、列島の当事者、知識人の誰一人として、この「変節」について、正面を向いて、申し開きした例を知らない。この「変節」が革命成就後も意味をもつのは、その背後に、それこそ「攘夷思想」に殉じて死んでいった多くの人間がいるからである。その死者に、革命の当事者の、少なくとも主要部分は責任をもっているとしなければならない。そして、明治に生きる人間も、この新体制がその革命により成立していることを考えるなら、このことに関して、無関心でいることは許されない。しかし、このことを問題として取りあげる人間がほとんどいない。明治日本に生じていたのは、そういう端的な現象だったのである。(10)

福沢諭吉がこの時代にあって、例外的な存在と見えてくるのは、この種の問いの出てくる、あの「断絶」の起点を、彼が思想において一時も忘れなかったと思われるからである。明治期のいわゆる国権と民権、政府と自由民権派の対立について、福沢が示した態度は、奇妙なものとして、記憶されている。それというのも、彼はこの点に関し、「どっちつかず」の態度に終始したからである。たとえば、彼は、あの名高い『学問のすゝめ』では、一国の独立のためには「自由独立の気風を全国に充満せしめ、国中の人々貴賤上下の別なく」、「智者も愚者も目くらも目あきも各々其国人たるの分を尽くさざるべからず」と述べる。「一身独立して、一国独立す」、これが彼の考えであり、国民の「自由独立の気風」は国権の先におかれる。しかし、その同じ彼がまた、国権は、武力によって立つものとして、大事だという。「百巻の万国公法は数門の大砲に若かず、幾冊の和親条約は一筐の弾薬に若かず。大砲弾薬は以て有る道理を主張するの備に非ずして無き道理を造るの器械なり」(『通俗国権論』)。この「どっちつかず」は、ふつう、福沢の論の二枚腰、あるいは福沢の考え方の民権重視から国権重視への転向というように、理解されている。しかし、このことが語っているのは、そういうことではないだろう。仔細に見れば、彼の国権に対する重視は、早い時期から見られ、一方、民権の重視、人々の「一身」の「自由独立の気風」の確立の必要はまた、晩年にいたるまで変わることなく説かれるからである。この「どっちつかず」は、別のものを示している。この二つとは、民権の理念的な立場からの国権批判であり、また現実論に立脚した民権的主張への空論性批判である。それは対立する。ということは二つで一つをなす彼の考えの表明であることで、その彼の考えの中では、両者が、ともに、フィクショナルな意識をともなって、ある限定のもとに把持されていること、つまり、どこか「次善のもの」として彼に抱懐されていることを、語っていると思われるのである。

そうした国権、民権双方に対する距離の意識がなければ、人は、このような態度は、なかなか保てない。つまりこのことは、福沢がこれらの問題を「関係の意識」において、「次善の存在」としてとらえていることをむしろ、語っているのである。

むろん「関係の意識」とは、先に見た通り、ほんらいの「義」は別にあるが、仕方がない、それはそれとして、別な形で問題を考えなければならないという「切断」の意識である。そこからある考えを本来「次善の策」ではあるが、「最上の策」に〝格上げ〟する、という転回が生じてくる。その思想的転回の一つの所産が、ヨーロッパ近代の初原における国際法という考え方であり、そこにもう一つ加えるなら、日本の近代の初原における攘夷から開国へという「変節」としてある「関係」の思想の獲得なのである。

福沢は、むろん誰よりも早く、また誰よりも透徹した形でこの「関係」の思想をとらえた。彼の例外的な洞察力と幅の広い人柄と海外での知見があいまって、あの攘夷思想の暴走なしに、彼にこういう洞察が与えられたのである。しかし、ここに一つの「断絶」があり、一つの「変節」があること、その上に明治の「日本人」意識、「国民」の主張、さらに「国権」と「民権」の対立が築かれていることを、彼は、一時も忘れなかったと思われる。彼はむろん、明治期最大の啓蒙思想家として、西欧近代の合理主義に立ち多岐にわたる主張を行う。しかし同時に、彼はどこかでさめている。それらを彼は「関係」の思想としてつかむ。「日本人」であることも、列島の国家の「国民」であることも、「国権」か「民権」かということも、彼にとってはどこか「次善」の問題なのである。

では、彼にそうした意識を忘れさせない彼における「内在」とは何か。

彼は、一八七七年、西南の役が政府側の勝利で終わり、自決した西郷隆盛(一八二七―七七)が新聞その他でいっせいに国賊として罵詈讒謗にあうと、ひそかに文をしたため、そこに、いう。自分はこの文章をいま公表するつもりはない。これはいずれ、いま公刊されても政府の「出版の条例」にふれ、発行禁止になるだろう。数十年後、「後世子孫」に「今の現況」を知らせ、「以て日本国民抵抗の精神を保存して、其気脈を絶つことなからしめんと欲するの微意」があり、書いておくのである。では、彼のいう「日本国民抵抗の精神」とは何か。自分は西郷とは会ったことがない。また西郷を個人的に擁護したいのでもない。ただ、西郷が、その企てが破れるや、列島をこぞって非難、否定のなすがままになっているのを、黙視できない。彼は、一度、立ち、維新を成就し、二度目、目的を果たさず、いま国賊として非難されるが、彼が行おうとしたことは、二度ともに同じことである。

それは、けっして大義名分というものに遠慮をしない、ということである。大義名分が何のためにあるかを見て、大義名分よりも高次の価値に立ち、その大義名分に抵抗したことである。一度目、維新において、列島の人間が示したのは、「旧幕府及び諸藩の存在する間は、府藩の大義名分を守り、府藩斃《たおる》れば翌日より新政府の大義名分を守」るというように、「旧に新に、右に左に」ただ「大義名分」というものに従って、「唯勢力と銭の存する処に随《したがつ》て」順応するさまだった。これに対し、西郷が行ったことは、幕府に、どんな大義名分があろうと、その目的にするはずのものに背いている場合は反逆することに理があると考え、これを実行したことである。そしていま、再び人々はいう、西郷にどんな理由があるとしても、「苟《いやしく》も一国に政府を立てゝ法を定め、事物の秩序を保護して人民の安全幸福を」進めている限り、「其国法は即ち政府と人民との間に取結びたる約束」である以上、「政府を顚覆《てんぷく》して此法を破らんとする者は、違約の賊として罪せざる可からず」と。しかし、人は何のために政府を作り法を定めるのか。試みに「一国に政府を立てゝ法を定むる」までを第一、「事物の秩序を保護して人民の安全幸福を進《すすむ》る」までを第二の段階とすれば、その「眼目」が第二にあり、しかもそれがその前段で第一が第二への道を外れるところで「大義名分」へと意味を変えることがわかるはずである。西郷は、ここでもそれが目的とするところのため、この「大義名分」と化したものに抵抗しているのである。[11]

　大義名分は公なり表向きなり、廉恥節義は私に在り一身にあり。一身の品行相集て一国の品行と為《な》り、其成跡、社会の事実に顕はれて盛大なるものを目《もく》して、道徳品行の国と称するなり。然るに今の所謂大義名分なるものは、唯黙して政府の命に従ふに在るのみ。(略)故に大義名分は、以て一身の品行を測るの器とするに足らず。(12)

彼は、時の権力が掲げる公的な「大義名分」よりはむしろ私的な「道徳品行」に、高い価値があるという。いったん「法」が定められても、その「法」のめざすところから、いつもそれは相対化されうる、という。あの丸山の掲げる「国権」と「民権」という対立軸から判断する限り、旧士族の不満を背景に勃発した西郷の政府に対する反逆は、いずれ文明の進歩に資すところ少ない愚挙と見られる。福沢がそれとは違う判断基準に立っていることは明らかだろう。では彼の判断基準とはどのようなものか。

たとえどのような約束が「政府と人民」の間に交わされ、法が生まれたとしても、それは万能ではない。それはその法を生むにいたった淵源に照らして「次善の存在」である。それは、つねに、それに先立つ、法をもたらしたものによって、抵抗され、更新されうる。その法を生むにいたる淵源を、たとえばルソーは、人々の間の「約束」に見る。ルソーが明らかにしたのは「関係の論理」の根拠である。しかし福沢は、その「約束」の淵源を、それなしには「約束」が現れない〝自然状態〟に求め、さらにそのルソーの指摘を越えて、〝自然状態〟の万人の万人に対する戦いの根拠を、いわば「内在」に見るのである。たしかに社会は「約束」によって生まれる。その「約束」はその社会の「大義名分」となる。

しかし、それは、その「約束」を必要とさせたもの、あの攘夷思想と同様、それ自身はたわいない価値であるような「内在」の感覚によって、つねに吟味され、抵抗され、更新されなければならない。明治の精神が忘失しているのは、その「国民抵抗の精神」ともいうべきものだ。福沢は、そういいたいのである。

この「内在」の感覚ともいうべきものが、いまや、明治という世界に表現の方途をもたないまでに完全に没却され、文明開化の集団的ヒステリーの中で無意識に抑圧された存在となっていることを、福沢はたぶん、直観している。彼は、この後、もう一度、これと同趣旨に立つ文章を書くが、それもこの一八七七年の文章と同じく、執筆後深く筐底に秘め、人に示していない。自分の新聞をもち、生涯におびただしい数を発表してきた福沢の書いたものの中で、執筆されながら、死の直前まで発表されなかったのは、「丁丑公論」とその一編、「瘠我慢の説」(一八九一年執筆)だけなのである。

そこに、彼は、こう書いている。これまで何度か言及しているので、あらましだけを紹介する。(13)

幕末期に、幕府方の降伏を主導した勝海舟(一八二三—九九)は、西郷隆盛と会見し、江戸城を無血開城する道を選んだ。それは、列島の対外危機の状況の中、内戦を回避し、無益な流血の事態を防いだ点で評価すべきだが、戦わずして降伏し、最後まで抵抗を貫く「瘠我慢」というもっと大切なものをないがしろにしている点で、批判すべきである。「瘠我慢」とは、多勢に無勢、無駄だとわかっているような状況でもあえて抵抗することをいう。なぜ、そのような無駄な抵抗が大切か。その理由は、「瘠我慢」の本質が、死ぬと決った病気の親を、そうとはわかっても、少しでも長く生きていてもらいたいと願う子供の親を思う気持と同じ、「私情」であることにあるからである。勝の降伏方針の背景にあるのは、「皇国の大義」の前で、「幕権の強化維持」などは「一家の私論」にすぎない、という考えである。つまり、日本という国の独立というヨリ公的な価値を前にしては、徳川家の安泰延命という価値は、二義的なもの、私的なものにすぎない、という考え方だ。しかし、これは間違っている。なぜなら、「立国は私なり、公にあらざるなり」。国を立てることは、私情に基づくことであって、けっして公けのことがらではない。私情は、公けのことがらより、先に立つからである。

そもそも人は、なぜ国を立てるのか。その基本は、一人一人の人間が他人と結ぶ他者との関係にある。だから天然自然の境界に隔てられ、天然自然に作られた国と国は、互いに交易し、利を争い、時にはその争闘に生命を虚しくしたりもする。つまり立国とは人間の私情に発することがらであり、けっして天然の公道によるものではない。ところが、この人間の私情が、いったん国が立てられると、忠君愛国の情となって、その国の公道とされる。それは哲学流に考えれば純然たる「人類の私情」だが、それが立国後は、その共同体で「立国の公道」という大義名分に転倒されるのである。しかし、国は立てられるものである以上、また廃されることもありうる。忠君愛国の情は、公的なものとしては、国がある間、その国を支えるが、国が亡くなれば、その公的であることの根拠を失う。公的なものとは、実は国をささえるのではなくして国にささえられるのであり、亡国後、その国をささえるものとして、人に残るのは、あの「人類の私情」のほかにない。「瘠我慢」はそのいまや無根拠の私情となった立国の最後の根拠を象徴するのである。

わたし達は、国を作るまでは私情で動く。そしてたとえば維新がなり、新しく国ができるとはじめて、公的なもので動く。愛国心、忠君の情といった公的なものは、国家の子供のような存在、国家に依存する価値である。国家を、そのないところから作り上げ、また、それが滅びた後も、これを支えるのは、むしろ「私情」なのである。

以上、大急ぎで福沢の主張の核心を要約したが、これを読めば、明らかだろう。ここに「瘠我慢」と呼ばれ、「私情」と呼ばれているものは、遠く宣長の「もののあはれ」につながりながら、あの「内在」の意味とは何か、という問いに応えるものなのである。

「私なるもの」は「公なるもの」よりも広くて深い、という福沢の主張は、彼がいわば「公的」な「表向き」の場所でいってきた私権尊重の議論と似て非なるものである。彼はそれまで、「私利を後にして公益を先にするものあらず。偶これあるも全く嘘の皮にて、肝太くも人を欺く者の口実なるのみ。私利は公益の基にして、公益は能く私利を営むものあるによりて起る可きものなり」(「私の利を営む可き事」一八七七年)とか、「一国の公は国民の私の集まりたるものなれば、私利集まりて公利となり、家財積て国財と」なる(「西洋の文明開化は銭にあり」一八八五年)とかといい、私利が公益の先に立つという趣旨を繰り返しているが、そこにいわれているのは、私利が集まって公利になるといった、いわば算術的な時間の後先の問題にすぎない。私的なものをしっかりと押さえないと、公的なものも、考えられない、と彼はいうので、そこで価値の基準が公的なものにおかれているのは、あの徂徠の議論の場合となお、同じである。しかし、「瘠我慢の説」で福沢は、それを価値の上での後先の問題に転換している。「丁丑公論」ではまだ「一身の品行」(私的なもの)が集まって「一国の品行」(公的なもの)になるといった平板な理解が語られているが、「瘠我慢の説」がいうのは、公道の根拠はたかだか人の属する共同体の存立にあるが、私情の根拠はその共同体を越えた人類の存立のうちにある、という、宣長の儒学批判、「もののあはれ」の論を思わせる、「内在」の論なのである。ここに福沢がいう「私情」は、したがって宣長の「私有自楽」同様、丸山真男が『日本政治思想史研究』で徂徠に認めた、「私的領域」と同じ意味ではない。西欧のプライヴァシーに重なる丸山の私的領域(private sphere)の論は、徂徠においてそうだったように公的領域(public sphere)に先行され、そこから規定を受けるが、ここでの「私情=私的なもの」は、その公的なものに逆に先行する、その親概念なのである。

「瘠我慢」が大事だ、というのは、たとえどう考えても敗ける、という場合でも、すぐに「関係」の意識に転じるのではなく、なお「内在」の意識にとどまることが大事だ、ということである。「瘠我慢」はその抵抗がやがては水泡に帰し、敗北に終わることを予測している。福沢は、「関係」の意識に転じずに「内在」を死守せよ、というのではない。「関係」の意識に転じることには必然がある。しかし、その転向は、できる限りの抵抗をともなう形でなされなければ、大切なものが脱落する、というのである。

大切なものとは、私情の公道よりも広く深いという本質をさす。「内在」がもつ起点としての動かしがたさ、といってもよい。新政府側は、どれだけの抵抗を含んでかは知らず、先の攘夷思想から後の開国思想へと転じた。旧幕府側は、やはり同じく、先の「大義名分」から後の「大義名分」に、どれだけの抵抗をもったかどうかは知らず、転じている。そしてそのことを、みんな忘れている。しかし、ここには忘れられるべきではない、大切なものがあるのではないか。「瘠我慢の説」は、勝海舟と榎本武揚(一八三六—一九〇八)が旧幕臣でありながら「瘠我慢」せず、抵抗なしに新政府の顕官に転じたと見えることへの批判を直接的な主題とするが、「丁丑公論」とこれと、二度にわたる明治の思潮総体への抵抗を通じ、福沢は、自分達の明治の起源にあるあの「内在」から「関係」への転移がもつ「切断」から、目をそらすべきではない、と同時代の人間に向かって書いているのである。


しかし、ここまで書いてきたこと以上に、意味深いこと、それは、これらを福沢が生前は発表すまいと考えたことかも知れない。

そこに福沢の明治の思想家としての最後の思考が生きている。

彼は、例外的に、明治の思想が、その起源に「内在」から「関係」への転移を含んでいるということに自覚的でありつづけた。しかし、彼は、その二つのものをどのような意味でも、関係づけようとはしなかった。その二つの関係は何なのか。それは彼の中にどのように生きているのか。彼は、この二編を篋底に秘める。彼はいわば、この二つのものの〝つながらなさ〟を生きたので、それが彼のこの切断の経験に対する、受けとめ方を意味しているのである。

一九〇一年、この文章が発表されると、三宅の主催する『日本』は、評を載せ、「此の若き高潔にして悲壮なる文が拝金宗の翁の手に出でんとは、よも世人は思ひはせじ。たとへ福沢全集は焚くべしとするも、此の一編は焚くべからず。是れ殆んど翁に於て名誉回復たるが如し」と書く。徳富蘇峰は『国民新聞』に、もし「国民が緩急に際し(略)国家と存亡を倶にするの精神」を「瘠我慢」と呼ぶなら、自分と福沢の間に意見の違いはない、と記す。(14) それから数週間後、福沢は没する。

さて、明治の思想は、この福沢の奇妙な一文を理解できないまま、その抵抗には影響されずに、これら三宅の「日本人」、徳富の「国民」の延長上に、国権と民権の対立を乗せ、大正期に入る。

この時、地球の裏側では、未曽有の世界戦争がはじまろうとしている。そしてその戦争は、起こると、あの一六四八年の三十年戦争停戦以来の大規模な世界像の変更を、列島をも含む関係世界にもたらすことになる。おりしも、この初の世界戦争の講和条約締結交渉の場で、この三宅、徳富の国民ナショナリズムの延長上にあって、日本政府は、西園寺公望(一八四九―一九四〇)全権代表の口から「人種差別撤廃」の動議を行い、明治以来の歩みに一つの一里塚を記している。この主張は、むろん、同じ年に起こっている朝鮮半島における反日独立運動（「三・一運動」）が雄弁に語るように、説得力を欠いた、内実に反する主張にすぎない。また、人種という概念と国民という概念が、ほぼ同じ頃生まれた、種的同一性で人を同定する双生児的存在であることを考えるなら、そもそも人種差別撤廃を一つの国民国家が唱えることのうちにも、その空虚さの根はひそんでいるといいうる。とはいえ、空虚さは空虚さとして、極東の新参国が初の非ヨーロッパ系近代国家として、この時、西欧社会に向けて人種差別反対の動議を出したという事実は、一つの意味をもっている。それは、明治維新によってはじめて「民族」と「国民」という概念を手にした新国家が、とうとう、「国際法」という文法を、自ら使いこなすところまで到達したことの一つの指標だった。そしてまた、それは、この時ヨーロッパに起こっていた関係世界の認識の地殻変動をぴたりといいあてる事実でもあったからである。

いまや、「日本」と呼ばれるべき新国家は、新しい国際秩序の中にいる。そこにあの「ばらばらな身体」としての自画像制作の問題は、すでにその存在をすら、忘れられている。しかし、その問題は、意外な形でまた列島に想起されてくる。ヨーロッパが普遍世界であることをやめ、ヨーロッパ人が「人間」としてではなく「ヨーロッパ人」として彼らに自覚されるようになると、そこから、いわば世界規模の、自画像制作の試みが浮上してくるからである。

民俗学。それがこの試みに与えられた名前にほかならない。

第二章　柳田国男と民俗学

1　民俗学の成立

民俗学＝フォークロア(folklore)は、民族学＝エスノロジー(ethnology)とほぼ時期を同じくして、一八世紀の中葉から一九世紀の中葉にかけて、ヨーロッパに新しい学問として生まれてくる。この本の観点からいえば、この二つははっきりと違う学問だが、一般にはだいぶ区別の難しいものと考えられており、専門家の説明も、きわめて歯切れが悪い。ある入門書はいっている。両者の峻別が早急に望まれる。しかし、「問題の解決策はなく、もしかしたら永遠にミンゾクのゾクという字の表現については解決が下されないかもしれない」、と。(1)

しかし、このような見解も、何ら特別のものとはいえず、たとえば、研究歴からいえばウィーンに学び、この問いに答える適任者である岡正雄の答えも、これに相似した、次のようなものである。岡はいっている。「民族学」が、それまでの西欧諸国の植民地政策の知識の蓄積の結果、「他」なる民族に関する「多」なる民族間の比較研究として生まれているとすれば、これに対し、「民俗学」は、西欧諸国のナショナリズム勃興以来の「民族の自己文化の発見」の結果、基盤的生活文化(＝民俗)をめぐる、「自」なる民族に関する「単」なる民族の研究として生まれている、と。しかし、このような結果の形態から見た「分類」では、とうていここに起こっていることの本質に迫る説明は、手にされない。なぜなら、両者の分岐の理由は、岡の考えているように、一九世紀に入り、西欧諸国にナショナリズムが生まれてきたことにあるのではなかった。むしろ理由は、西欧諸国にはじめて「後進国」の意識をもつ国が生まれてきたことにある。これを、もっと広い範囲のできごととしていうなら、本当の理由は、それまで自己を世界のできごとを計測する絶対的な基準と信じて疑わなかったヨーロッパから、その絶対的な自信が消えた、ということにあったからである。[2]

それは、あの一六四八年に生まれた世界像が、はじめて世界と自己の亀裂としての自意識にめざめ、それ自体として、自画像をもとうとしたことを意味している。民族学と民俗学の違いとは、前者が「自」として「他」を描く(あるいはその逆転としての「他」として「自」を描く)肖像画制作の試みであるのに対し、後者が、ヨーロッパにはじめて現れた、「自」を「自」の目で描こうという――シンメトリックな――自画像制作の試みだった点にある。前者が、自分の視線を普遍的なものと信じて疑わず、異民族の生活習慣を観察、比較する「民族の科学」だとすれば、後者は、その普遍的な視線への疑いとして現れた、自分に固有の地方的な視線で自分の生活習慣を観察しようとする「民俗の科学」である。それは、ヨーロッパにはじめて現れた、種的・類的同一性としての「われわれ＝人間

=ヨーロッパ人」という概念に抵抗する視線でもあったのである。

岡の区別は、前者民族学をフェルカークンデ Völkerkunde（諸民族〔複数〕の科学=比較民族学）、後者民俗学をフォルクスクンデ Volkskunde（民族〔単数〕の科学=一国民族学）と呼ぶドイツ語圏での把握に基づいている。一方が「他」と「多」で、他方が「自」と「単」だというのは、そのことの結果だが、実は、両者の違いの本質は、民俗学が、自分の目で他人をとらえ、かつ他人の目で自分をとらえる肖像画の学から、はじめて自分の目（=考え方）で自分をとらえる自画像の学として、分岐し、自己を切り離していることにある。岡は、ドイツの民俗学をドイツのナショナリズムと結びつけ、自国民としてのアイデンティティ確立の学（一国民族学）だとするが、そうである限り、その民俗学は、民族学の一分肢にすぎず、民族学に重なり、それに含まれる。それは、両者の本質規定として、誤りとはいわないまでも浅い把握であり、民俗学は、本質からすれば、民族学的視線への批判（自己批判）、抵抗として生まれた、自画像制作の視線の産物というべきなのである。(3)

さて、こう見てくればわかるだろう。「民俗学」は、ヨーロッパがはじめてもった「関係」でも「超越」でもない、「内在」の観点だった。このことは、ヨーロッパがいわばはじめて非「ヨーロッパ=普遍」の意識、つまり後進国の意識を、自分にもつにいたったことを意味している。それは、一つに自己を非普遍的なものとして見る謙虚な世界認識をもたらす。たとえば、『金枝篇』の著者フレイザーは、一九一一年、「われわれがもしあらゆる時代、あらゆる国々の人々を、現代のイギリス中産階級の基準で測ろうと固執するならば――それは多分すぐれた基準でもあろうが、通常狭隘《きょうあい》である――人類の永い歴史を決して理解することはできないだろう」と書いている。(4) 彼がいうのは、その二〇〇年前に徂徠がいったのと同じことである。今言で古言を理解してはいけない。自国の基準で異国のものを判断すれば、「異国」の他者性が消える。そこにあるのは、ヨーロッパの観点が普遍的なものだという信憑の崩壊、いわば逆から見られた、ヨーロッパにおける、「自国人」の発見なのである。

自画像制作というモチーフはこの先にくる。その本質は、つまり、自分の考え方で、自分をとらえることにより、種的同一性としての自己把握に抗する、ということである。ヨーロッパに生まれたこの新しい学問のこうした世界史的意義に気づいた学者は、たぶんこの時、ヨーロッパにはいなかった。彼らは、ドイツの民俗学の創始者達が考えたように、これを、自国民族学的な記述の試みとみなし、アイデンティティ確立の学と考えた。そこに、むしろアイデンティティ確立という考え方への抵抗という契機が、より深い本質としてひそんでいるということには、草創期のヨーロッパの民族学者・民俗学者達は、思い至っていない。むしろ、この学問を、本質としてとらえる可能性は、「後進国」としての経験において一日の長をもつ、非ヨーロッパの国々の学者に期待されたのである。

ヨーロッパに生まれたこの学問の流れは、はじめ、列島に新しい農業の学問としてやってきている。その第一人者、新渡戸稲造(一八六二―一九三三)の影響のもと、文学から農政学へと転じ、さらに列島ではじめて民俗学を創始する柳田国男(一八七五―一九六二)は、この時、この新しい学問を本質でとらえることのできた、世界でほとんど最初の学者だった。柳田の創設する日本民俗学は、後に「新しい国学」と称し、宣長とのつながりを鮮明にするが、その一方で、そこに発するモチーフを、世界史的な関心領域としても摑んでいる。宣長以来の自画像制作の試みは、ここにきて、世界的な課題と、出会っているのである。

これまでのところ、民俗学を、このような観点から民族学への抵抗として受けとる民俗学者自身の論を、わたしは寡聞にして目にしていない。しかし、これと似た観点から柳田の民俗学を考察するほぼ唯一の論である橋川文三の『柳田国男――その人間と思想』は、柳田の学問の世界史的意義について、こう述べている。

一八世紀中葉から一九世紀中葉にかけて、ヨーロッパに「いわゆる無識階級(イリテラシイ)――文字なき階層の温存した生活伝統への関心」が発生してくるのは、「資本主義的世界交通様式の発展、国内における生産様式の変化、とくに産業革命にともなう民衆生活形態の急激な変貌という内外の諸条件」を、引き金とする、新しい現象である。そのため、この「条件」の成熟の度合いの違いから諸国間にいくつかの力点の幅が生じ、たとえば後発先進国であるドイツでは、この動きが、「その後進性の自覚からするナショナリズムの影響下に、早くから自国民俗学への傾斜を示し」たのに対し、一方、産業革命の成就によっていち早く先発先進国となったイギリスでは、「その先進性と海外植民地諸民族との接触の経験を反映して、エスノロジーへの傾斜が早くあらわれ、フォークロアの発展はむしろおくれ」た。

しかし、「もしフォークロアの展開をそのような世界的視野で見るなら」、われわれはこの学問が、「さらに広範なある出来事の脈絡《コンテクスト》」に含まれていることに気づく。ほぼ同じ時期、歴史的社会科学の分野に「大きな視野の転換」が生じている。「ヨーロッパ＝キリスト教中心の世界史観の変化」というできごとがそれであり、その核心をなす「キリスト教の相対化」から、政治的には後に、「ヨーロッパの危機という意識」が、生まれてくる。

橋川は書いている。

それ以前においては、たとえばヘーゲルの歴史哲学に典型化されているように、ヨーロッパの精神と制度とは人類史の究極の到達形態であり、アジアその他の地域は低い段階に停滞する世界として、疑われなかった。しかし、凡そ十九世紀のおわるころから、ヨーロッパが相対的な存在であり、キリスト教は地球上の一地方宗教にすぎないという意識が生れはじめた。その例証としては、時代はおくれるが、ヨーロッパ文明を二十一の世界文明の一つにすぎないと見るA・トインビーの場合を想起するだけでも十分であろう。(5)

つまり、橋川によれば、この時期、はじめて、「国際法」の考え方を生んだヨーロッパ、ついでそうした自分の考え方を普遍的なものだと信じるようになったヨーロッパに、自分の考え方も、けっして普遍的なものではなく、地方的なものにとどまるのではないか、という自覚が、現れている。橋川は、たとえばマックス・ウェーバーなどの宗教社会学を、この時生まれているキリスト教の相対視なしには現れえなかったもの、そして、その相対化に対する危機感を表明するものと、考えている。その比較宗教学的方法は、はるかにヘルダーやグリム兄弟にはじまる諸民族の神話の比較研究、デュルケームらの宗教、呪術の社会学的研究と呼応しているが、これらには、また、「ウェーバーより少し早く、ある全く違った実践的関心から、文明社会ないしそのヨーロッパ的段階以前の社会形態に関して、独自の研究を重ねていたもう一人のヨーロッパ人」の仕事が先行している。一八五八年頃に『資本主義的生産に先行する諸形態』を書いているカール・マルクスがその人だが、そこでは、ヨーロッパのあり方が、より高位の審級から相対化され、歴史の一段階にほかならないものとして、とらえられていた。しかも、彼は、当時、ということは一八五〇年代、極東に起ころうとしていたことをさし、「資本主義的生産様式が日本の開国によってまさに地球をとりまく最後の環をとじようとしている」とも述べる。そして、そこでは、開国が、「もし現物地代の貨幣地代への転形を誘致するなら」、その「狭隘な経済的存在の諸条件は解消し」、「日本の模範的農業」もおしまいになるだろうという、恐るべき予言的ともいうべき洞察さえ、示されていたのである(『資本論』)。

〔ウェーバーとマルクスという――加藤〕二人の関心がフォークロアの問題と直接に結びつくものでないことはいうまでもない。しかし、そのような世界史的段階において、もし日本にフォークロアの学問が生れるとするならば、それはいかなる世界史的ヴィジョンを前提とするであろうかと問うことは無意味ではない。すでにヨーロッパは、自己の絶対性を疑うところにまで、世界の諸民族とその宗教・文化を理解しつつあった。そしてそのもっとも天才的な洞察者の視線は、日本の内部の深くにまでとどこうとしていた。日本は、そうした状態の下で、日本と世界とをどのような方法で知ったらいいのか？　私は、日本民俗学の創始者として、柳田の発想を形づくった背後の力は、そのような問題意識だったろうと思う(6)。

民俗学が、ヨーロッパにおいて、比較宗教学や宗教社会学とほぼ同時に現れている理由は、ここに橋川が指摘しているような事情だろう。ヨーロッパが自分を普遍的な文明の尺度だとみなすことのできた時期は、キリスト教の普遍視をともないながら、ヘーゲルの時代まで続くが、彼の歴史哲学を頂点として、以後、ほどなく終わりを告げている。帝国主義的な編成が進むにつれ、普遍的な人間の尺度としてのヨーロッパという観点は、内からも外からも動揺を余儀なくされ、そこから、より高位の審級に立ち、ヨーロッパを相対視する外在的な視点と、相対的な存在としての「自己」を、いわばより低位の審級からとらえ直そうという、これまで述べてきた「内在」を本質にする、その現れとしての、いわゆる外在的に対して〝内在〟的にあたる視点が、生まれてくる。民俗学は、そのうち、後者の観点から生まれた学問であり、その本質は、これまで「他者」に向けてきた観察対象を

「自己」に向け直すこと、さらに、その自分の自分に対する関係を、これまでの肖像画的自画像のあり方――「関係」のあり方――から自画像的自画像のあり方――「内在」のあり方――へと振り向けること、とされる。それは一言でいって、当事者の学である。柳田はいう。

実際のところ、過渡期日本人の生活観察は、自他のために有益なる発見を以てみちていた。ひとり我々の研究に無限の刺戟と誘導とを与え、かつ世界文化史のために幾つかの失われた鍵を拾い上げてくれたのみならず、かねてまた土俗学（エスノロジー＝民族学をさす――加藤）の一大弱点、即ち当事者自身の参与なしには、到底学問は完成するものでなかったということを、反省せしめる因縁ともなっているのである。(7)

観察対象である「当事者自身の参与」はその学問に何をつけ加えるか。それは、観察の意味を変える。さらに観察対象、観察主体の意味を変える。いまや対象を「観察」するのは、彼自身である。柳田は、民俗学をそのような自画像制作の学としてとらえる、世界で最初の一人と、なるのである。

2　常民とは何か

この観点は、柳田の民俗学に「内在」の学としての性格をはっきりと刻印する。そのことをもっともよく示すのが、彼の民俗学の基本概念として知られる「常民」という考え方である。

「常民」とは何か。

この概念について、たとえば、佐藤健二は、これを文字文化と非文字文化(伝承文化)という対比軸のうちにとらえたうえで、「民間伝承文化の担い手たる主体とその思考様式・存在様式を指ししめす概念」と呼び、柳田が、この言葉で指す対象を、形成史的に、次の三つの存在をさすものと想定しつつ、形をなしてきた概念と考えている。つまり、それは、第一に、柳田の初期の「山人」を主要関心とする時期においては、「漂泊者である山人ら」との対抗概念として平地に住む「定住生活者」の意味に使われ、第二に、近世社会の「本百姓」を主たるイメージの源泉とする「稲作定着農民的生活様式をさす概念」とされ、第三に、「民族性とか国民といった概念ともつれあいつつ「日本人」一般にまで拡大された」[8]のである。

これは、現在行われている柳田の「常民」理解に関する、非常にゆきとどいた定義となっているが、この現在の受けとられ方との比較の上で、わたしの考えをいえば、「常民」

とは、何より、彼の民俗学の考え方を核心でささえる概念であり、その本質は、それがある集団の内側からとらえられた像であること、つまり、内在的な概念であることにある。すなわち、その基本的性格は、文字文化と伝承文化という比較軸より、もっと手前、もう少し深いところにあり、ちょうど民俗学が、外から「他」ないし「自」を見る民族学への抵抗として、内から「自」ないし「他」を見る学問として生まれているのと同じく、それは、外在的な把握と内在的な把握、つまりあの肖像画たることと自画像たることを、初原の比較軸とし、前者に対する後者の抵抗の基体として、措定されているのである。

したがって、わたしの考えに立つなら、この概念が、最初、「山人」という列島内の異者、少数者の対抗概念としての「定住生活者」にはじまり、「稲作定着農民的生活様式」の主体概念とされた後、最終的に「民族性とか国民とかいった概念」ともつれあった「日本人」一般、つまりあの種的同一性としての「日本人」にほぼ近いものを意味するところに変転したという事実は、この基体概念の一つの拡散、初志貫徹の失敗、を意味している。宣長の場合にならって、わたし達の柳田への関心を一つの問いの形に直せば、なぜ、当初そのようなものとして柳田にとらえられた「常民」の概念が、その後、拡散するのか、これがわたし達の彼の民俗学への問いとなるのである。

以下、柳田が「常民」をそのようなものとしてとらえていること、しかし、そこにやはり一つの困難が抱えられていること、その結果、一つの拡散が生まれ、それが一つの問題として現れることになることを、順序を追って、見ていく。

柳田の生涯を通じての関心領域は、文学、農政学、民俗学という三つの領域を横断しているが、そのうち、民俗学者としての閲歴が、さらに前後に二分される点で、最近の専門家の見方は、共通している。

そこでの変化の方向は、一言でいうと、関心が「山人」から「南島」へと重心を変えるということであり、その変化を境として、「常民」という概念が、浮上してくる。その転機のきっかけとして、最近の専門家がこれも一致して指摘するのは、一九二一年のはじめての沖縄旅行と、それに踵を接する、この年から足かけ三年の間続く彼の国際連盟委任統治委員会委員としてのジュネーヴ赴任である。

具体的にいえば、それまでの彼は、列島の中に、いわゆる日本人の範疇に入らない別種の存在(「山人」)が棲息しているという仮説を立て、そこに列島の先住民族の存在の痕跡を見ることができると考え、その痕跡を各種民俗の残留資料に探るという姿勢を示した。しかし、沖縄旅行と欧州滞在の二年間の後、彼の民俗学からは、徐々にそのような志向が後退し、代わって、列島に住む平地人(「常民」)を視点存在として、そのマジョリティたる「常民」が、南島から稲とともにこの列島にやってきたという、日本人の源流を南島に求める論が、前面に現れるようになる。

この変化は、一つに、マイノリティへの着目からマジョリティへの着目という観点の移動を含み、二つに、彼のアイヌ民族への関心の廃棄(ヤマト民族とアイヌ民族を関係づける観点の廃棄)を記し、三つに、見方によっては日本人を稲作のもとに一元化するとも見られる観点の登場を、画している。

そのため、たとえば、村井紀『南島イデオロギーの発生』(一九九二年)、小熊英二『単一民族神話の起源』(一九九五年)、赤坂憲雄『柳田国男の読み方』(一九九四年)など、最近の柳田をめぐる論では、その度合いこそ違え、だいたい、政治的な転向から外に向いた関心の内向化までの幅で、この変化は、否定的にないし消極的に評価されている[9]。しかし、私の考えをいえば、それはむしろ逆であり、この時期を境いに、彼は、前節に述べた意味での民俗学の本質を、よりはっきりと摑むようになるのである。

柳田がジュネーヴで行った報告のうち、これまで未訳だったもの――「委任統治領における原住民の福祉と発展」(原文英文)――が一九八三年に、岩本由輝の手で翻訳紹介されている。

その内容について、岩本は、こう述べている。

柳田は、そこで「常民」を"common people" "common body"という英語で、提示している。その概念規定の仕方は、住民から混血児、外来者、首長、村の重立ち、さらにヨーロッパ文明との接点をなす通訳などの階層を順次除外してゆき、最後に「残ったものを一つの階層として一くくりにする」というもので、「その後における柳田の常民概念の決め方と同じ」である。柳田の「常民」の規定としてしばしば引用される一九三五年刊『郷土生活の研究法』のなかの、「常民」とは、「ごく普通の百姓で(略)住民の大半を占めてい」る者であり、「その土地の草分けとか、また村のオモダチ(重立)と言われる者」つまり

「いい階級に属する者」と、たとえば道心坊や、鍛冶屋、桶屋など「しばらくずつ村に住んでは、また他に移って行く漂泊者」とを除いた「中間」に位置する者、という規定は、その「消去法的概念規定ともいうべきやり方」で、これと「まさに軌を一に」している。この点、同じ概念規定のあり方を示しているといってよい。(10)

しかし、わたしの読み取りでは、柳田がそこで行っているのは、そうした「常民」概念の確定の仕方ではない。そこで柳田は、いわば「常民」を、実体としてではなく、まず概念として、――内包としてではなく、外延として――、つまり、「関係」の世界でこれを他の概念から区別する仕方で、特定しようとしている。

そこからわかることの一つは、柳田にとって、ヨーロッパ滞在の経験が、彼に自己反省と、そのことの世界史的意味の了解を、同時にもたらすものだったのではないか、ということである。彼は、それまで、国内で「中央の文化的優越者の立場から」、「現地の人びと」に接してきた。しかしヨーロッパにきて、「国際聯盟」でのヨーロッパを中心とした国々の知識階級の見方、考え方にじかに接し、自分がはるかに、「中央の文化的優越者」であるより、そこにいわれる「現地の人びと」に近い位置にあることを痛感しないではいられなかった。一言でいえば、彼は、そこで、あの民族学のもつヨーロッパにおける意味、世界史的な意味に、ふれているのである。

岩本の訳す「委任統治領における原住民の福祉と発展」と題する英文報告とは、次のようなものである。そこで彼は、こう述べている。

国際連盟は、委任統治領に住む人々に対して、これまでかなり大ざっぱな対応をしてきている。そのことにわたしは、非常な懸念を覚えないわけにいかない。それを示すのは、国際連盟のもつ規定が、「人民」(peoples)、また「原住民」(native)と、ともにかなり大ざっぱなものとなっているという事実である。これは、移民統治領の住民の「福祉」と「発展」を真剣に考えるなら、あまりに乱暴だといわざるをえない。これら島嶼の人々の「福祉」と「発展」のために必要なのは、彼らの生活のありようを踏まえ、それを正しく把握した上で用意される、よく考慮された諸方策である。

たとえば彼は、いっている。

それからまた、私たちは問題を一層複雑にするもう一つの要因である白人入植者の来往という事態に直面する。本国の国民はこの事態のあとにくる混乱を理解できない。これらの事実から確言できるのは、国際聯盟規約第二二条に非常にあっさりと出てくる〝人民〟ということばが大いに複雑な意味を持つということであり、ついで一般的性格しか持たない単純な行政的処置をこのような利害を異にする多数のグループに適用してうまく行くと信じたら間違いであるということである。(11)

また、

私たちは、いくつかの委任統治領におけるかなり重要な規則が〔変化の主導権を握るヨーロッパ人入植者をはじめとする「一切の移住者」と、「いつも同じところにいる住民」という――加藤〕二種類の人々に対して同じ取り扱いを認めるにさいして〝原住民〟ということばに関してあまりにも広い解釈を許していることを知るとき、いささかの懸念を示さないわけには行かない（タンガニイカにおける一九二二年の土地法令、南西アフリカにおける一九二二年の原住民統治宣言、西サモアにおける一九二一年のサモア法、ニューギニアにおける一九二二年の自治体法の解釈と修正、ナウルにおける一九二二年の原住民法など）。(12)

では、この「人民」と「原住民」の二本立ての理解では、どんな不都合が生じるのか。この把握では――彼らをひとしなみに「人民」ととらえようと、「原住民」ととらえようと――、西欧からの入植者並びにそれへの順応者と、それ以外の、むしろそこに住む人々の圧倒的多数部分の違いは、取りだされない。しかし、そこに住む人々の生活を考えるなら、何より大切なのは、その違いなのである。違いの本質は、白人と有色人種ということでも、先進国と未開国ということでもない。他の地域からやってくる同じ原住民の移民でも、「いつも同じところにいる住民」とは違う。「ヨーロッパ人入植者たちだけでなく、他の一切の移住者」もまた、「変化を引き起こすさい」にはその「主導権を握る」ことが知られている。こうした「事実そのものによって」、移民者は、よそからきて変化をもたらす者であることにより、「いつも同じところにいる住民よりもすぐれた能力を持つことを立証」(傍点加藤)しているのである。

ところで、この「いつも同じところにいる住民」は、ヨーロッパ的な普遍的見地から演繹された〝people〟という類的同一性としての概念によっても、人間を文明と未開に分ける外在的な視点の産物である未開人概念としての〝natives〟によっても、取りだせない存在である。しかし、委任統治の「原住民の福祉」に際して最も顧慮されなければならないのは、この「原住民」の核心をなす「いつも同じところにいる住民」、外来の文化にさらされて最も弱い部分となる階層ではないだろうか。では、この階層とは何か。

柳田は、司法制度を委任統治領に移入するに際し、原住民を陪審員にする方法と種族の首長の司法権を条件付きで認める方法と二つの選択肢があるが、そのいずれをよしとすべきかという問題を取りあげ、その判断基準は、原住民のうち、「常民の福祉」にとって、「そのいずれが有効か」ということだと述べる。[13]「常民の福祉」とは、英文にいう〝the welfare of the common people〟である。つまり、「原住民の福祉」(〝the welfare of the natives〟)を表題に掲げる柳田の報告の中心概念は、ここで「常民の福祉」という言葉に置き換えられる。この報告は、わたしの見方からは、ここにある問題が、「原住民」でも「人民」でもなく、「常民」という新しい概念の措定によるのでなければ、根本的に解決できない問題であることを語るものと、受けとられるのである。彼はいう。

原住民内に二つの相容れない階層、つまり、文明国民と接触している階層と、そうしたことのない階層との存在を防ぐことは不可能であろう[14]。

また、

私たちは、行政官とその統治下にある人々との唯一の意思疎通の手段を〔原住民内の知識階級たる通訳など――加藤〕特別の地位にある階層の者が独占するということのもたらす将来の結果を考えて置かねばならない[15]。

また、

こうした原住民社会の私的生活を理解することなしに、彼らの福祉と発展のためになされる素晴らしい演説はすべて無駄話以外の何ものでもない。なぜなら人間性の普遍的類似を前提とした単なる推論では、私たちに原住民の生活の何らかの改良を進めることを十分に確信させることができないからである[16]。

こう見てくれば、わかるのではないだろうか。柳田は、「常民」を「人民」でも「原住民」でもない、しかし両者に並ぶ新たな概念として、ここに提示している。つまり、「常民」とは、少なくともこの英文報告では、「まず混血児を除き、つぎに外来者たちを、それから首長や村の重立ちといった階層を省き、さらに通訳などヨーロッパ語を話せる階層や特別な教育を受けた階層をはずして」その後残った「一くくりの階層」して取りだされている(岩本由輝)というより、「人民」「原住民」といった集合体の概念を相対視する、それに代わる同位概念として、摑まれている。そして、それが、白色人種と有色人種、宗主国と植民地、自国民と他国民といった概念規定の仕方と違っていることは、そのことのうちに、ここに生じていることが、柳田における「民俗学」の発見であることを、語っているかに見えるのである。

柳田は、日本国内でさまざまな地方をめぐり、その地方の山民、平地民の民俗を観察してきた。なるほど彼は、山人についで考える時にも、いつも自分の中にも同じ山人の血が流れているという自覚をもってきた。つまり学問は彼にとって「当事者の参与」を意味していた。しかし、それはまだ学問的な位置づけをもつ信念ではない。そのため、彼の中で、文化的な優位者が劣位者を観察比較する従来の学問と、それへの反省ないし抵抗として生まれる新しい学問の区別は、それほど明確ではなかった。しかし、ここジュネーヴで、彼は、民俗学を後者の意味をもつ新しい学問として摑みかけている。

ここにいう前者のあり方は、従来のヨーロッパ的なあり方を踏襲して生まれた民族学をさす。ところで民俗学は、むしろこのようなあり方への抵抗をこそ、本質としている。「常民」は、このような民族学の本質への覚醒を予告するもの、あるいは、その覚醒そのものとして、ここに語られている。それは、けっして、岩本のいうように一つの「階級概念」でもなければ、佐藤のいうような「民間伝承文化」の主体概念でもなく、いわば内在的にとらえられた一文化集合体の基層概念、語の正確な意味での、〝民俗学的〟概念を、意味しているのである。

彼は、ジュネーヴでの経験を通じ、いわば残留資料を採集する側から残留資料を採集される側に自分の観点を移動させている。彼は思う。考えてみれば、自分がこれまで日本国内でやってきたことは、まだ十分に民俗学的な試みではなかった。なぜなら、それは、ヨーロッパがその植民地獲得競争の中で作り上げた「民族学」の、一国内の基礎的生活文化研究への、まだ無自覚的な適用にすぎなかったからである。彼は、帰国後、「ジュネーヴの冬は寂しかった」という一文にはじまる文章に、「人種平等」の理想にふれ、そこからすれば、自分の「散漫なる今までのディレッタンティズムの、罪深さを感ぜざるをえなかった」と書いているが、(17)そこにいわれる「ディレッタンティズム」という形容は、わたしの考えではその反省をさしている。「山人」の論は、マイノリティーの論と見えて、実は自分をマジョリティーと信じて疑わない基盤の上に立つ論でもあった。しかし疑われなければならないのは、その観察主体のあり方ではないか。あの、いまも専門家達によって、柳田の転向として批判されることの多い、「山人」から「常民」という関心の移動は、実は、民族学とそれほど変わらない民俗学(外からの視線を無自覚に含む民俗学)から、民族学への抵抗としての民俗学(外からの視線に抵抗する学としての民俗学)への深化、柳田における民俗学の本質の覚醒を、意味していたのである。

ある座談会でこう発言する時、橋川文三は、「常民」概念のこの側面をいおうとしている。

私の常民観というのはまだ熟していないのですけれども、いわゆる学問、それから特にたとえば歴史学、そして政治の世界、社会の学問もそうですが、あるいは政治そのもの、そういうもの全体を考え直せという一つの提案といいますか、行動を含めたかなり強い反対、批判の概念として常民というのは出されているのではないか。つまり彼〔柳田――加藤〕の民俗学、あるいはその中核にある常民概念というのは、明治以来の政治に対する全体的な批判の立場であるというように思われてならないんです。彼のフォークロア全体がそういう姿勢をもっている。(18)

しかし、そのようなものとして「民俗学」を受けとることは、学問からいえば、試練である。また、同じことが自画像制作の試みについても、いえる。なぜなら、学であることは、「内在」であるというより「関係」であることであり、このことは、あの「内在」の試みに、一つの困難が導きいれられることを、意味するからである。

「学」であることが、「内在」というあり方に一つの困難をもたらすとは、こういうことである。

3 二重の姿勢

宣長のぶつかった問題を、思い起こそう。

宣長の試みの「内在」性は、あの「先入主の滅却」という概念的なものへの極度の否定として現れていた。そして、「学」は、実証的で厳密な「文献読解の学」として結実していた。しかし、そもそもこの文献読解の学が「学」であるのは、それがあらゆる先入主を滅却して、帰納的に「合理的な解」を求めるものだったからである。ここで合理的であることとは、対象を関係の構成項とみなして、その妥当性を判断する態度をさしている。「学」とは関係への眼差し、つまり「外からの視線」を必要とするのである。

「民俗学」という新しい学問が、これまで、その当事者たちによってすら、「民族学」とあまり区別のつかないものと考えられてきたのも偶然ではない。もし、これを最深の動機で受けとれば――「民族学」への抵抗と受けとれば――、それは、「民俗」(内在)と「学」(関係)に分裂する。しかし、その動機を離れるなら、それは、磁石のエヌ極とエス極のように、すぐに「学」として、〝接着〟するのである。

宣長においては、「内在」がその「学」を食い破る。でも、柳田においては、もうそういうことは許されない。民俗の「学」は、「関係」の中にあり、「関係」を生きている。宣長と同じことを繰り返せば、それはもはや民俗学でなくなる。こうして、柳田にきて、はじめて、あの自画像制作の試みは、「関係の世界」に投げ入れられる。それは、いわば人誰もが大人になれば受けとめなければならない試練を、自画像制作が、もはや一人の大人たる「学」として、受けとることを、意味していたといってよい。

その困難は、まず、帰国した柳田に、彼の創出しようとする民俗学と、彼の抵抗しようとする民族学の、もつれた関係として、現れてくる。

彼はいう。ようやくフォルクスクンデ(一国民族学=民俗学)という学問が世界の学問国に広まってきている現在、「日本人の如き唯一無二の境遇に立つ者」が、これの「受売翻訳を是れ事とするなど」、あってよいことではない。

すなわち自ら研究しなければならぬ。これによって自分を知ろうと努めるに止らず、更に又迷へる外国の民俗学者を導かなければならぬ。(「日本の民俗学」(19))

日本は急速に欧化をとげて「観察される側」から「観察する側」に身を転じた。そのため、そのいずれの側の経験をもよく知っている。そういう「唯一無二の境遇」にある者こそが、この学問を「自ら研究」し、「これによって自分を知ろうと努め」なければならない。柳田は、そうすることが、また欧米の民俗学者に民俗学の本質を教えることになる、という。民俗学の民族学への抵抗、という側面をよく知るのは、彼によれば、日本のような「一身にして二生を経る」国の民俗学なのである。

しかし、同時に、彼は、こうもいう。ジュネーヴからの帰国の途中、アメリカの太平洋岸の大学を覗いたが、彼地では「十種に余る異民族が相集まって、盛んに人種学人類学の講義を聴いている。大学の窓から世の中を客観している」。「新しい疑問と其見方」が「憚る所なく青年に向って説き示されている」。そこで自分は帰国後、帝国大学の有力者、大政治家といわれる人々に、一日も早くこれに倣い、「人類学殊に所謂人種学の比較研究を盛んに」する必要を説いた。しかし、よい顔をするだけで、反応はなかった、と。(20)

民俗学の奥底にあるのは、民族学(人類学、人種学)的なものへの抵抗なのだが、そもそもその「民族学的」なるものが日本には根づいていない。そのため、民俗学は、民族学的なものに抵抗する以前に、学問的な基盤ももたない随想の領域、好事家の学に拡散しかねない困難の前にある。つまり、柳田は、一方で、民族学と民俗学の「二面協力の急務」を説きながら、他方で、この民族学(＝比較民族学)と民俗学(＝一国民俗学)の違いを押さえるという、二重の姿勢を強いられる。彼に困難は、ひとまず、〝一人二役〟の苦渋として、現れるのである。

この一九二〇年代の転換以降の柳田の仕事は、この二重の姿勢という問題を繰り入れる時、はじめて正当に受けとることができるものとなるように思われる。一方で、彼は、民俗学を民族学的なものへの抵抗としてとらえ、それは彼に、一国民俗学、新しい国学という自画像制作のモチーフをもたらす。しかし他方、彼は、民俗学を民族学的なものにつらなる科学的基礎をもつ学問として、これを民族学とともに育成する姿勢を示し、それは、日本の近代化の志向とあいまって、彼に、一国民俗学の世界化としての、世界民俗学という構想を抱かせるにいたるのである。彼はいう。われわれの民間伝承論という名の民俗学の仕事が「この広義の人類学の中に、どれだけの領域を現在は持っているか、かつ又どれまでの役目を果たすのが相当であるか」は残念ながらいまのところ「二つの別々の問題」である。しかしわれわれは、「特にまず一国民俗学の確立を期し、これによって将来の世界民俗学の素地を用意し、これに働く人々の習練に資するを順序としている(21)」と。一国民俗学から世界民俗学へ、という一対の構想の中に、彼の二重の姿勢は、かろうじて自分を仮託する対象を見出すことになる。

けれども、それがもし徹底した相においてとらえられれば、彼の民俗学をそのような場所にとどめておかないはずのものであることは、明らかだろう。もし徹底した洞察がなされていれば、彼の「常民」は、何より、「国民」「民族」という種的同一性としての共同体観念とぶつかり、彼の一国民俗学をいわゆる「一国民族学」(アイデンティティとナショナリズムの学)への抵抗の学とするはずだからである。

そこから、柳田に次のことが起こる。困難は、この二重の姿勢が、それ自体、生きられるうち、彼の中で、拡散する、という形で着地する。まず、彼の民俗学のもつ「内在」と「学」の二重性が緊張を失い、彼の中の外在的視点と内在的視点の間の対立がはっきりとしないものとなる。すると、彼の中に当初あった、種的同一性(本体)と雑種的同一性(基層)を合わせもつ二重性の存在である「日本人」に対する、基層(常民)による抵抗という構図が、やがて、主客を変え、この二重の存在たる「日本人」の、基層(常民)による底支えという、逆の構図に〝変質〟していくのである。

彼は、この後、日本国内における「地方文化」の独自性を強調する一方で、世界における日本という「地方民族」の独自性を強調する姿勢を示す。しかし、小熊英二が的確に指摘しているように、そこには、深刻なディレンマがある。ディレンマは、ほんらい列島の範囲を越えるものとして摑まれたはずの「常民」が、一国単位の「民族」の表象に変質するところからくる。

柳田は、そこで、たぶん彼の「常民」に立脚する世界との関係を、こう考えている。もし、「常民」が「国民」、「民族」を越える概念として定立されていたなら、彼のいう各地方の文化と民俗は、独自のものとして国家を越える原理(=常民性)にささえられたものとなり、統一性としての国民原理とぶつかりあい、しかも、これを別種の共同性へと〝編み直す〟起点として、とらえられるはずである。そしてそこから〝編み直された〟共同性は、これまでの西欧主導の普遍主義とは別個の原理に立つ普遍性の概念を構想させ、それに基づくまた別個のヨリ開かれた一国性の像を、彼にもたらすはずである。そしてそれこそが、これまでの民族学の考え方とは異なる民俗学の考え方に立ち、民族学とは異なる、一国民俗学が、人類学とは異なる、世界民俗学へと育つ、ということの中身をなすことになるだろう、と。

しかし、柳田はこの「常民」概念を、そのような方向には展開できない。そして、やがては「常民」による「日本人」の本質規定、という方向にその〝二重の課題〟を転換しはじめる。後に吉本隆明の柳田論にふれる個所であらためて見るが、むろん、そこでも、その彼の「常民」論のなかに、当初の自画像制作の試みのモチーフは、いわばミクロの次元で、生き続けている。しかし、マクロの次元で、彼の「常民」論は、やがて「日本人」の論と、しだいに区別のつかないものとなっていく。

ここに生まれることになるディレンマを、前記の小熊は、「外部に対しては島のドアを閉じたくとも、内部の統合のためには各地方のドアを開けさせなければならない」と評し、柳田は、それを隠蔽する道具として、常民という概念と標準語という機制を必要とするようになる、と述べている(22)。柳田の南島論はその後、稲作民がその技術をもたらす「海上の道」の論に収斂し、さらに、その「稲の民」たることが「常民」の定義であるとともに、種的同一性としての「日本人」の基底であると、語られるようになる。これは常民概念のほんらいの意味からいえば、完全な転倒だが、困難は、彼をこのようにとらえる。そしてやがて、それは次のような問題となってわたし達の前に姿を現わすのである。

4　一国民俗学と世界民俗学

こう問いをおいてみよう。

柳田の民族学を宣長の自画像制作の試みの継承形と見るなら、ここに顔を出しているのは、どういう問題だろうか。

柳田自身に、自分の一国民俗学を宣長の国学の継承と考える気持のあったことは、次のような発言からわかる。彼はいっている。

民間伝承の学問を、或は迂遠な学問の如くいふ人があるかも知れぬが、断じて迂遠ではない。(略)実際今日は学問上の重要な転換期であって、頼氏の日本外史或宣長大人の国学によつて、其当時の学問が変化させられたと同じ意味の、重要な学問的転換が、今や要望せられて居るのである。我々の学問はまさしく此変転の転機をなすものといへる。是を「新国学」といふも憚らぬ、国に必要な新興の学問である。[23]

また、

我々の三大人が出でて道を説かれたまでは、誰一人日本に国学という学問が新たに唱えらるゝ余地のあることを信ずる者がなかった。その国学の偏えに盛んになった時世には、次に第二の新国学の改めて必要を生ずべきことを認める者のなかったのも是非がない。併し学問が世を救ふべきものであるならば、今はまたこの方式の御国学びが入用になってきているのである。つまりは学問に対する世間の注文が新しい時代に入ってまた一つ加わったのである。それは何かと言へば「人が自ら知らんとする願」である。我々は是非ともこれに答へなければならぬ。(24)

ところで、この柳田の民俗学を、ほぼ宣長の営為を継承するものと見る梶木剛は、前者を、「外からのヨーロッパ的な普遍主義」に対する「内からの〈一国民俗学〉」ととらえた上で、そこにいう「一国民俗学」と「世界民俗学」の関係を、こう述べている。

繰り返して言えば、一国民俗学の緻密な確立なしには、将来にわたって世界民俗学など展望しえない。何故かなら、国内の資料の正確な位置づけがなされないままの国際比較など、意味をなさないからである。

そうだとすれば、いよいよもってヨーロッパ的な普遍主義を撃ちつづけつつ一国民俗学の確立を期し、将来の世界民俗学の素地を用意するものでなければならない。それが、アジアの島嶼に生れ育ったものの責務となる。柳田国男にとっては、従って一国民俗学とは、ヨーロッパ的な普遍主義に敵対しつつ、アジアの一島嶼に固執する思想の学的形態であることを意味する。そしてこれは、別の言い方をするならば、わが国の〈無名者の貌〉に固執する思想の学的形態として一国民俗学がある、ということである。そうであることによって、将来的には、世界の〈無名者の貌〉に面接するための、世界民俗学の道が開かれる。(25)

一国民俗学とは、この本にいう自画像制作の学である。では、この自画像制作の学は、国境を越えて、どんな関係世界の像を結ぶのか。そういう問いがここにある。これに対し、示されているのは、一国単位のそれが、そのまま集成されて、世界民俗学をなす、という見通しである。

しかしよく考えてみよう。一国民俗学が、集成されて世界民俗学になるとする。その時、その集成が「世界民俗学」をなすとすれば、算術的加算によって、一国単位の方法論とそれが集積されたものの方法論が違うものになるということがありえない以上、それは、「内からの自己像」の集積としての「世界民俗学」ではありえない。「内からの自己像＝自画像制作」のうちの学的検討にたえる〝資料部分〟、つまり「内からとらえられた像」のうち「外から視認できる部分」の集積としてしか、ここにいう「世界民俗学」は、想定できないのである。そうだとすれば、これは、それこそ一国民俗学ならぬ一国民族学の集大成としての世界民族学＝比較民族学にほかならない。文化的優位者の観点から劣位者を観察し、調査した結果としての学問と、それは、最終的に変わらないものとなるのである。

このことは、自画像制作の学としての一国民俗学が、そのうちに、自分からはじまる他との関係の学を形成できていないことを語っている。そのため、それは、民俗学の観点からはじめても、いったん国外に出るや、「資料の正確な位置づけ」、「国際比較」といった把握の平板さを露呈し、その関係の領域の部分を、民族学に借りざるをえないのである。

さて、ここまできてわたし達は、日本における「日本人の自画像」制作の試みというものがもつ、一つの困難を取りだすことができるように思う。それは、宣長において見られ、幕末に別の形で反復され、いままた柳田において繰り返されている失敗である。列島の自画像制作の試みとは、自分の考え方で自分を知ろうとする試みである。その課題に普遍性があることは、もうさんざんいったから、繰り返さない。宣長の時代にはその時代に固有の理由があり、柳田の時代にはその時代に固有の理由があった。しかし、それは、宣長においても、柳田においても、つねに、関係の世界とぶつかるところで、挫折する。宣長の場合、彼は、「もののあはれ」から人と人との関係を作り上げる原理を取りだしながら、漢意廃棄の意図を関係世界にまで徹底しなかったために、もし、儒学的関係倫理をすべて廃絶するとしたら、人間世界の関係の論理を「もののあはれ」からどのように、人と人、人と家族、人と国、人と天下の間に作り上げることができるか、という問いに、ぶつからなかった。彼自身は、自分の思想の核心を未成の共同性という点においていたが、それが実は関係世界にまで及ぶものであり、そこまでいかなくては、結局、彼の企てが完遂されないこと、逆に、種的同一性の概念である「日本人」という「漢意」の軍門に降ることになることに、気づかなかったのである。

柳田の場合にも同じことがいえる。彼は、「常民」という考え方、ほんらい関係概念であるものを、ジュネーヴで手にいれながら、それが外在的なものの見方に抵抗する「内からの視線」の学であること、つまり「内からの視線」として、「外からこれをとらえる」学的概念であるゆえんを、うまくとらええられなかった。そのため、彼は、これを内在的な視線に結像する像と考え、外在的なものに対置しながら、それ自身が、外からの視線にささえられる〝概念〟であるという側面を、取り逃す。あの、常民的な「内在」の観点がとらえたものを、そのまま世界大に拡大していけば〝世界〟につながる、という発想は、それがその先に、〝乗換駅〟をもつこと、どこかで、あの攘夷思想のように何かにぶつかり、〝変節〟しないでは、別の原理である「関係」にはたどりつけないことを、見逃している。宣長の挫折は、いったん関係の世界に出たところで、もう一度、柳田において、繰り返されているのである。

ここにあるのは、どういう問題なのだろうか。

こうして、わたし達の考察は、一九四五年の戦争の経験を必要とするところまでくる。

第四部　戦争体験と世界認識

第一章　鏡の破砕

1　江上波夫の騎馬民族説

一九一九年、ヴェルサイユ条約締結会議の席上、日本政府の代表が、人種差別撤廃の動議を行ったことは、その内実がどのように実行を伴わない空疎なものだったにせよ、大きな意味をもつできごとだった。これをヨーロッパのほうからいえば、この時、彼らははじめて、自分達の創出した普遍性の論理が、自分達以外のものによって使われ、公的な場で自分達を非難するのを、目にしたのである。それは、ヨーロッパ人であることと人間であることの間にはじめて他者から打ち込まれた楔だった。第一次世界大戦をへて、ヨーロッパは、それまで自分と一体視してきた世界から、引きはがされる。民俗学の成立は、そのことの最も明らかな表徴だが、この新しい動きは、また別の意味で、日本に大きな影響を及ぼす。同じヨーロッパの自己反省は、以後、めぐりめぐって、それまでヨーロッパを模倣する一方だった極東の後発国を、再び孤立させる契機となるのである。

ここで少し戻り、目を今世紀(二〇世紀)の初頭に向けてみよう。

第一次世界大戦は、人類初の世界戦争だった。この戦争が、どのような意味を人間の歴史にもったかは、これが終結して一世紀をへていない現在、まだ十分に知られるに至っていない。しかし、いまの時点でもすでにいくつかのことはわかっている。その一つは、この戦争を機に、国際法という文法をもつ世界の国際秩序上の力学に、一大変化が生じたということである。

一言でいえば、人の生活の場を戦場に戦車、火炎放射器、毒ガス兵器、ロケット砲といった現代兵器を投入して行われたこの戦争は、ヨーロッパを中心とした当時の世界の人々に、甚大なショックを与え、国際秩序の前提を変化させた。これまでのやり方を変えなければならないこと、これまでよりも国際関係の交際作法において人道的であるべきことが確認され、戦争行為は、政治の一つの形態から、考え方として、行われるべきでない違法行為へと、変わるのである(1)。

入江昭は、『太平洋戦争の起源』で、その国際社会ルールの変化に、当時の日本が十分に気づかず、これに適切に対応できなかったことから、一九二〇年代にはじまり、一九四五年の破局にいたる、日本の孤立化は生じている、と述べている(2)。入江によれば、第一次世界大戦、ロシア革命をへて、世界の行動準則のルールは、帝国主義、植民地主義を当然とするあり方から、国際協調をベースにした帝国主義の修正へと動く。それをソフトな帝国主義、修正帝国主義と呼ぶなら、一九世紀末から第一次世界大戦にいたる国際社会の文法だった「帝国主義」は、一九一九年のヴェルサイユ条約を機に、ハードなそれからソフトなそれへと変わっている(3)。後発資本主義国と先発資本主義国の国際社会における行状は、そのため、ハードなままの帝国主義とソフトになった帝国主義の違いとなって現れ、後者が中心となって新たに作る国際協調という新ルールの中で、ついこの間までは合法的とされた後者の行いが、ルール違反とされるようになるのである。

ここに起こっていることをわかりやすくいうと、これは、サッカーのディフェンスの戦術の一つとして知られる、〝オフサイド・トラップ〟がはたらいた、ということである。西欧の先発先進諸国はそれまで植民地化をめざし、帝国主義の政策をためらうことなく実行し、インドを植民地とし、中国には麻薬を輸出して、これを自国の市場とするなど、非道の限りをつくしてきた。しかし、そのあげく、帝国主義政策が飽和し、世界戦争が惹起されて悲惨きわまりない状況が生まれると、彼らの間に、一つの反省が生じる。時あたかも後発の先進国が、遅れを取り戻そうと後に迫りつつある。彼らは合意事項を更新する。ルール違反のライン(オフサイド・ライン)がそのことにより〝繰り上げ〟られる。それまでは早い者勝ちだった。しかしもう植民地はほとんどない。もっと人道的にやらなければならない、というので、列強の機会均等主義、門戸開放主義という新しい修正帝国主義ルールがここに敷かれ、それが、一九二〇年代をかけて徐々に共通のものになっていく。その後の日本が不当視することになる一九二二年のワシントン条約によって作られる体制は、その新ルールを象徴しているが、第一次世界大戦を対岸の火事として眺め、西欧近代の経験を共有してこなかったニューカマー(新参入者)の日本は、そのルール変更の〝意味〟を理解できない。その結果、これまで列強がやったことを繰り返すことで、気づかずにこの〝オフサイド・トラップ〟にかかり、なぜこれがルール違反なのか、と憤激しつつ、ひたすら孤立感を、深めていくのである。

その意味では、一九三一年にはじまり、四五年に未曽有の敗戦という形で終了する日本のアジア・太平洋戦争の起源は、入江のいうように、一九一〇年代の世界戦争の経験にあることになる。さらにその背後に、ヨーロッパの自己普遍視の根絶というできごとがあることを考えるなら、柳田に民俗学的視線をもたらしたと同じものが、日本を国際社会に押し出しつつ、さらに、これを孤立させる、と見ることも可能なのである。

ところで、一九四五年の敗戦は、日本の自己像の問題が考えられる前提を、大きく変える。

それまで、列島におけるいわゆる自画像問題とは、外から見られる「(彼ら)日本人」としての自己像を、内から見られた自己像に照らし、列島の人間自身がこれをどのように描くか、という問題の形をしていた。しかし、一九四五年の敗戦は、この構造を壊す。それは、いわば、ここにいう、自分を映す鏡を、破砕するのである。

敗戦直後の列島に現れ、人々の心を摑んだのは、一考古学者の提唱した騎馬民族征服王朝説という新説だった。しかしそこには、当時の人々に気づかれないが、その心の琴線にふれる、ある奇妙な性格があった。それは、もはや日本人としての自己をどのように描くか、という構え自体を脱して、敗者である日本人は、実は勝者である連合軍だったと述べる、つまり、自分はかつての敵だ、と述べる、あの「ばらばらな身体」と「鏡像」の関係それ自体を壊す、これまでにない説だったからである。

よく知られているように、この説は、一九四九年、まだ敗戦の衝撃さめやらない被占領下の列島に、発表される。この年、『民族学研究』に掲載された文化人類学者、考古学者によるシンポジウムで、考古学者の江上波夫(一九〇六―二〇〇二)が、新しい日本民族起源の考え方として、この新説を口にする。シンポジウムは「日本民族の起源」と題され、文化人類学者石田英一郎(一九〇三―一九六八)を司会に、江上波夫、岡正雄、八幡一郎の三人によって行われる。江上の立論とは、簡単にいえば、列島の王朝(天皇家)の起源は、朝鮮半島を通過し、対馬海峡を渡って列島に侵入してきた騎馬民族集団による征服王朝だ、った、というものである。(4)ところで、この説は、『民族学研究』第三号に発表されると、たちまち、学界を越え、広く世間に反響を呼ぶ。なぜだろう。それが、奇妙な具合に敗戦国民の心の空白をみたすものだったからだ。それは、「われわれ」は「彼ら」だった、という。意想外な発想の逆転で、当時の列島の人々の自己喪失に、あのかつての利瑪竇の「坤輿万国全図」にも似た、眩暈効果と〝擬制的な自己像〟を与えるものと、なるのである。

まず、こんなふうにいってみよう。

一九四〇年代前半、戦況が不利になってくるにつれ、列島の人々に蘇ってきたのは、およそ六五〇年前の元寇にまつわる「民族」的な、集合的記憶だった。ある思想家(大川周明)は、東条首相の就任に際し、元寇の際に敵軍の来襲を阻止した執権の名前にかけて、先には「北条」が列島を守ったのに対し、今度は「東条」が守る、といったし、空襲が頻度をまし、敗色濃くなってくると、人々は、また「神風」が吹いて「神国」を救うといい あい、特別攻撃飛行隊は広くその名で呼ばれた。

しかし、必ず吹くと信じられた「神風」は吹かなかった。そして「神国」は敗れ、列島は歴史以来はじめて敵国軍隊の入国を許し、占領される。

そこに一つの説が現れる。その説はいう。われわれは、かつては自分をけっして攻撃的ではなく、「呪術的」で「祭祀的」で「平和的」で、どちらかといえば「東南アジア的」で、「農耕民族的な特徴」をもつ民族だと思ってきた。だから、六五〇年前も世界帝国「元」の理不尽な来寇に国の存亡をかけて立ち上がったように、この度の戦争も、我慢に我慢を重ねた末、祖国の存亡をかけ、やむなく鬼畜米英を相手に立ち上がったのだった。しかし、よく考えてみたら、われわれはわれわれがこの間、自分がそうだと思ってきたような存在ではなかった。「平和」で「稲作」中心の「農耕民族」として無法な〝蒙古〟という「騎馬民族」の攻撃から国を守ったとばかり考えてきたのだが、実は、われわれは、われわれこそが、その相手たる「騎馬民族」だったからである。

かつてこの国には、われわれがそうだと思ってきたような「平和」な「農耕民族」が住んでいたのだが、彼らは、紀元五世紀頃に、巨大な力をもつ「現実的な、戦闘的な、王侯貴族的な、北方アジア的な」「騎馬民族」に征服された。しかし、その征服者こそ、われわれ、「日本民族」の「起源」、われわれの祖先たちだったのである、と。

　するとどういうことになるだろう。

　この説は、次のようにいっていることになる。

　つまり、必ず吹くと信じていた神風が吹かなかった。そしてわれわれは敗けた。しかし、よく考えてみたら、われわれは、われわれではなかった。われわれを征服した者、つまりかつて蒙古だった者(=騎馬民族)こそ、われわれだったのである。

　そして、そういう新説が現れた時、列島の人々、征服民族の支配下にあると自認した「われわれ日本人」は、それに心を奪われた。当時行われていたのは、新しい征服、再度の「騎馬民族」軍団による列島への侵入、〝進駐〟にほかならず、それは、その説のいう通り、列島をあっというまに駆逐し、新しい政体を旧支配者との〝習合〟によって樹立しようとしていた。ところでその説は、しかし、「われわれ」こそ、「彼ら」だ、いまいる連合軍、それは〝われわれ〟のかつての姿なのだ、とこの新しい事態の意味を過去に遡って反転してくれる錯視的新説だったのである。

2　エートノス・アントロポス・フマニタス

　ところで、この江上の新説は、これまで列島をその基層で動かしてきたあの自画像制作のモチーフに対する、「関係世界」の側からの、はじめての正面切った挑戦をも、意味していた。なぜなら、それは、これまでの自画像制作のモチーフに対し、〝人誰からも見える自分の像〟それこそが、自分なのではないか、〝自分に感じられている自分〟など、いまや後生大事に保持するに値しないのではないか、と問い質す反問の声を、隠しもっていたからである。

そこから、一つの対話の機会がやってくる。この説の「反問」の意味を十分に理解した先のシンポジウムの司会役、民族学者で文化人類学者の石田英一郎が、三顧の礼を尽くす形で、折口信夫(一八八七―一九五三)とともに、折口の師匠筋にあたる柳田に、この説をもとに、世界民族学と一国民俗学の関係についての考えを問いたい、という趣旨の討論の機会をもちかける。これに柳田が応じるからである。

しかし、この、もし上首尾に進めば、『呵刈葭』論争以来のいわば「内在」と「関係」の対話ないし論争となったはずの機会は、結論を先にいえば、石田の、「自分で自分を知る」ことと「より広い視野で自分を知る」ことの違いを明らかにしたい、という問題提起にもかかわらず、不首尾に終わる。(5)

理由は、石田が、民族学と民俗学の「違い」を明確にして、民俗学から民族学へ、という流れを強調しようとしたのに対し、柳田が、逆に、民俗学と民族学の「融合」こそが必要だという姿勢に終始し、その問いに正面から答えようとしなかったからである。しかし、問題のありかがどこにあるかは、そこにきわめて明確な形で、示されていた。

石田は、まず第一回目の座談会で、柳田・折口の創設した「日本民俗学」が日本一国に対象を限っていることからくる「学問的限界」を問題にする。そして、現にいま世界で行われている「もう一つの民俗学」との関連について、両者の共通性と違い、その境界、分業の可能性等の「原理的な、理論的な問題」を取りあげたいと、いう。(6) そして第二回目の座談会では、冒頭、この「二つのミンゾク学」のあいだに横たわる問題を「理論的に整理してみたい」と切り出す。しかし柳田は、これをはぐらかす。正面から答えようとしない。彼は、いう。民俗学と民族学の違いとは、一国民族学と比較民族学の違いにほかならない。したがって、「二つの学問の共通点として、目標を民族の成立、もしくは民族の進路におくこと」の是非が問題になるだろう。両者は民族(エートノス)の研究としては共通しているのだから、問題は「二つのミンゾク学」の融合、共通の理想を検討することである、と。これに対し、石田はくいさがる。しかし、エートノスを問題にすれば、「もう一つの人類、アントロポスという学問がそこに出て」くる。「エートノスとアントロポスとの統一」というところにまで「問題が発展」する。このことは、民族学と民俗学が「融合すべき」というより、「対立すべき」ことを指し示している。また、その対立点も、細部の違いというよりも、根本的な違い、すなわち「民族」と「人類」という基底にかかわるものというべきではないか。つまり、石田は、「民族(エートノス)と「人類(アントロポス)」の違い、そこにこそ一国民俗学と世界民族学の対立点はあるので、それを問題にすべきではないかと、柳田に切り返すのである。

これに対し、柳田はいう。

学問の基底にアントロポスをおかなければならないということは、ひとり民族学だけでなく、今後文化系統のすべての学問総体の問題で、それをエスノロジーだけでその問題は解決するから自分に任せろ、といわれてもちょっと承知するわけにはいかない。日本の歴史を考えるときに、アントロポスを考えなかったということこそ最近いろいろな不幸な情勢を生んだもとだ。郷土の狭い区域における民族生活を研究する場合にも、やはりエートノスを、アントロポスの立場まで、拡げて考えていかなければならない。それをエスノロジーばかりの特徴とすることには異議をさしはさみます。

（「民俗学から民族学へ」(7)）

なぜこの石田と柳田の対論は、およそ一六〇年前の秋成と宣長の論争のようにならないのか。その理由がすべて一にかかって、柳田の姿勢、その後退的な対応に、あることがわかる。

これまで柳田は、言い方こそさまざまであれ、最も深いところでは、「いろいろな知識、仏教の知識、儒教の知識が入ってきたが、それ以前にも日本人が元来持っている日本人の考え方と名づくべきもの」がある、その「日本人のものの見方、日本人の考える力」(8)によって、日本人が自分を知ろうとすること、その日本人の「自ら知らんとする願」に立脚する学問、つまり「内から」「自らを知らんとする」学問こそが、民俗学だと述べてきた。ここに引く発言が座談会と同時期のもの(一九四九年)であることからわかるように、その考えは、たしかに戦後になっても、変わっていない。しかし、そうだとすれば、それは、外来の「いろいろな知識」によって「日本人」を考える学問である民族学とは、その基本のところで、はっきりと対立するはずである。

しかし、柳田は、こうしてきっちりした形で柳田の民俗学の特徴を押さえる石田の問いに、対立点を明確にする形で、答えない。彼は、ほんらいなら、自分の民俗学は、民族学のエートノス(民族)に、フォークロア(民俗)で答える、それへの抵抗であり、そうである以上、当然、アントロポス(人類)という考え方にも抵抗する、自分の民俗の場所から見れば、「エートノス」と「アントロポス」とはそれこそ「一国民族学」と「世界民族学」ということであり、同じようなものであって、この「エートノス」と「アントロポス」という対立自体に、自分の「常民」という考え方は、対立する、といわなければならない。それなのに、ここでは、石田の問いかけを前に、いや、自分の「民俗学」は「一国民族学」としてエートノスの学であり、「文化系統の学問」の一つであって、そのようなものとして、「アントロポス」の学でもあるのだ、民族学だけが「アントロポス」の学だとする考えには「異議をさしはさみ」たい、と徹底して正対することを避け続けるのである。

しかし、これは、柳田の創始した「日本民俗学」の試みに対する、「世界民族学」の側からのはじめての問い質しにほかならなかった。それがもっとも深いところで尋ねていたのは、前章に見た、「常民」の学は、では関係世界にどのように自分を関係づけるのか、という問題、「内在」にはじまる学は、どう「関係」世界とつながることができるのか、という宣長以来の問題だったのである。

では、それを石田の問いは、どんな形で問おうとしていたのだろうか。

これを、逆に石田の関心、というより、石田の戦後的観点をも相対化する現時点での「関係」の側からの問いに再構成すれば、ここにあるのは、たとえば近年の学問的関心が、次のようにいう、「アントロポス」と「フマニタス」の対立という問題となる。

たとえば、酒井直樹との「世界史」という考え方をめぐる対談の中で、彼自身いくつか興味深い共同体論を、これまで翻訳、紹介してきている西谷修は、こう述べている。

この話の接ぎ穂となっているのは、現在のアメリカの大学における「エスニック・スタディーズ」の分野に、「アフリカ系アメリカ人の研究」や「ラティノ系アメリカ人の研究」や「原住アメリカ人の研究」はあっても、「ヨーロッパ系アメリカ人の研究」というものはない、〝ヨーロッパ系アメリカ人研究〟は、そのエスニック・スタディーズにおける上位審級——メタレベル——を構成し、特権的な「いわゆる人文科学そのもの」の位置におかれている、という——これまで見てきた人類学の非対称性の問題に関わる——酒井の指摘である。西谷はいう。

そのことはとてもよくわかります。ちょっと一般化すると、いまいわれた「人文科学」というのは、もとはいわゆる「ヒューマニティ」ですね。ルネサンスの大学の言葉で言えば「フマニタス」。狭義にはギリシア・ローマの古典学ですが、結局そこに求められるのは神学に頼らない人間的知という一般的な広がりをもっていたわけですね。つまりそれは神学に対抗する、そして後には自然科学に対置される、人間とその文化に関わる知だった。それに対して「アントロポロジー」というのがあります[9]。

彼は続ける。この「アントロポロジー」という言葉は、カントにも出てきており、自然科学的、あるいは考古学的な使い方もされるが、いま一般に理解されているような意味の「人類学」となるのは、一九世紀後半以降のことである。「ヨーロッパの世界展開の過程で、ヨーロッパ人はそれ以外の地に自分たちと同じようだけど違う存在を見出して、はじめはそれを武力と経済力で征服し、やがて学的な認識の対象にするようにな」る。「そういう知の対象」が「アントロポス」とされ、「それに関する知」が「人間学《フマニタス》」とは違うものとして、「人類学《アントロポロジー》」というものになる。「フマニタス」は、「人間性」とも訳される、いわゆる「人間」をさす言葉だが、それに対して「アントロポス」は、その「フマニタス」によって「発見された存在、いわば『同類異種』を意味し、「ほとんど動物と同じように、生態学的なというか、自然誌的、博物学的な研究の対象」をさすことになる。では、「フマニタス」と「アントロポス」の関係はどういうものか。

「フマニタス」という語が「人間性」つまり「人間の本質」とか「人間の本来のあり方」を示すと同時に「人文学」をも意味するというのは、それが知を生み出す主体だとみなされているからです。つまり「フマニタス」というのは「知る人間」とその自己認識を意味している、あるいは「知としての人間」を意味しているというふうに考えられますが、その知の一方的な対象として発見されるのが「アントロポス」だということになります。それは「人間」の知の対象でしかない。「アントロポス」は「フマニタス」を知の対象にはしないですから。それがこの二つの決定的な違いですね。(10)

さて、この西谷の指摘を受ければ、次のことが、わかるはずである。つまり、もし柳田の「一国民俗学」を、民族学的な「外から」の考え方に抵抗し、「内から」「自分の考えで」「自分をとらえよう」とする自画像制作の試みと解するなら、それと石田の提示する「世界民族学＝人類学」の関係は、ここにいう、「フマニタス(人文学)」の初期的な自己反省の産物として一九世紀末以降生まれてきた「フォークロア(民俗学)」と、「フマニタス」の正嫡の産出物として生まれてきた「エスノロジー(民族学)」・「アントロポロジー(人類学)」の関係にあたっている。柳田にとって、「フォークロア」はルネサンス以来の西欧起原の「フマニタス」からある臨界点をへて生みだされた西欧の自己反省の所産にほかならず、その彼にとっての意味は、「自」を主体として疑うことなく「他」

を研究してやむことのない「フマニタス」への抵抗ということにある。それをここでの酒井と西谷の対話の文脈に重ねれば、そこで「フマニタス」の研究の対象とされた「同類異種」が「アントロポス」で、いまやこの「フマニタス」の特権性こそがポストモダンの問題機制のなかで問題とされ、「アントロポス」の側からの反逆が、新しい学問としてのカルチュラル・スタディーズ勃興の機運を生みだそうとしているという以上、柳田の民俗学は、何より「フマニタス」への抵抗の先駆として、「アントロポス」の側からの抵抗と結びついている。厳密にいえば、西欧近代の産物たる「フマニタス」が「エスノロジー(民族学)」を作り、そのことの権力性が研究対象としての「アントロポス」を生みだし、そこから「アントロポロジー(人類学)」が創設されるなか、その客体たる「アントロポス」の側からの抵抗を、いち早く自らに反省的に取り入れた「フマニタス」が「フォークロア(民俗学)」であって、そこに先駆的に「自」による「自」の考究という自画像制作の試みを見出した存在が、「フマニタス」と「アントロポス」の双方に足をかける位置にあった二〇世紀初頭当時の柳田にほかならない。

酒井、西谷の場所と、石田、柳田の場所は、周回遅れで重なっており、そのことからは、近代への抵抗を含む柳田の視点のほうが、近代原理に立ったままでの石田の視点よりもはるかに新しいことがわかるのだが、一方、その柳田には、彼の「内在」を「関係」の世界に結びつけようという意欲がない。その点、柳田は、石田の果敢な「関係」からの呼びかけの前に、宣長に見られたと同様の、弱点と無自覚をさらけだしているといわなければならないのである。

ここで、酒井、西谷の立場を代表するのは、さだめしこれまで「アントロポス」(研究対象)とされてきた側からの「アントロポスの学(アントロポロジー＝人類学)」への反逆として生まれてきたカルチュラル・スタディーズであり、ポストコロニアリズムの学である。これらと、ここに述べてきた自画像制作の試みとは、どのような関係にあるだろうか。わたしの考えをいえば、カルチュラル・スタディーズ、ポストコロニアリズムの学は「関係の学」ではあるが、近代批判の学のみならず自立した学問として考えればなおその内在的な視点、「自」を「自」が検討するというシンメトリックな姿勢と自覚において弱い。他方、柳田の民俗学に代表される自画像制作の学は、「内在の学」ではあるが、やはり自立した学として立つには関係の視点、この内在性それ自体を関係の世界に結びつける姿勢と自覚において弱い。両者は、時代を超えて、互いに補い、学びあう関係にある。しかし、そのような関係が作りだされるには、なおいくつかの行程が踏査されなければならないはずである。

柳田は、以後、ここに示された民俗学の戦後的な〝国民民俗学〟化ともいうべきものを推進していく。一九二〇年代につかまれた「常民」の「国民」、「民族」に抵抗する側面は、彼の仕事の中にいわば「体液」(吉本隆明)となって生きるが、当初の抵抗の色合いは薄まり、それが主張として語られることは、なくなる。

では、日本の五〇年の戦後の経験は、この柳田と石田のナショナルな「エートノス」とインターナショナルな「アントロポス」の対立の延長に、自画像制作の試みという課題を前に、どんな答えを用意するのか。

ある意味で、戦争の体験は、この問いをくぐることでもありえた。戦後の思想は、この問いとのぶつかり方、この問いとのすれ違い方で、以後、一つの対照を描くことになる。

第二章　小林秀雄と「国民」

1　自足する「内在」

戦争の通過の仕方を分岐させた要諦は、いまの時点から見れば、戦争体験を、列島の「内在」の思考がはじめて「関係」にさらされる機会と見たか、そうでなかったか、という一点にあったように思われる。

柳田は、これをそのようには受けとめなかった。つまり戦争を「関係」の到来とは受けとめなかった。そういうことが、先の座談会の対応のうちに、示されている。しかし、そのことは、石田がこれを「関係」の到来と受けとめたことを意味しない。戦争前から「内在」の思考とは無縁に、いわば「関係」の学の中に生きた石田に、戦争のもつ「関係」という本質は、逆にその列島の思考においてもつ異質性としての本質を、明らかにするものとしては現れなかったからである。

このことは、そのようなものとして戦争の「本質」を受けとろうとすれば、そこにいくつかの条件が必要だったことを示している。一つに、戦争を「関係」として受けとるには、柳田のように、これを「内在」の思考で生きる必要があった。しかし、さらにもう一つの条件として、やはりこれを「関係」として受けとるのには、この「内在」の思考が、敗戦により、完全に挫滅した、と受けとるだけの、いわば心の柔らかさが、必要だったのである。

ここから出てくるのは、二つの問いである。

一つは、もし、戦争がこのようなものとして通過されない場合、「内在」の思考は戦後、どのような変容をこうむるのか、という問い、もう一つは、もし、戦争がこのようなものとして通過された場合、それは、どのような変容をこうむり、どのような認識をそこに加えるのか、という問いである。

以下、この二つの問いについて、ここに述べる二つの通過の仕方を代表する二人の思想家にふれ、見ていく。二人の思想家とは、小林秀雄（一九〇二―一九八三）、そして吉本隆明（一九二四―二〇一二）である。

小林秀雄の「内在」の考え方は、戦後、戦前の仕事の延長で、数々の実りある仕事を行わせた後、彼に、最後の著作、『本居宣長』を書かせる。この本の観点から、彼の宣長論を見れば、二つの点で、彼が戦争を「関係」の世界とのぶつかりあいだとはとらえなかったことが、明らかである。

第一に、ここで彼は、この本に対する世評とは裏腹に、彼の戦後論を展開している。つまり、彼にとって戦後がどのように現れたかを、率直に語っている。しかし、そこでの彼の戦後観は、戦前の極端な日本主義に対し、戦後の常識的な態度を対置するものであり、彼の戦前の社会観、人生観との間に、本質的な違いを認められない。つまり戦前の彼の考え方を、自分の身の回りのものを材料に、自分の実感に即し、考えていく「内在」の思考と考えれば、それは、戦後も、変わっていない。

また、彼のこの著作を宣長論として受けとるなら、この論は、「内在」がいつか「関係」とぶつからなければならないアポリアをもつ、という理解に立っていないことにその特徴をもつ。この論は「内在」のままで一つの真理に到達できるという前提に立つ。そして、その場合、それがどのような真理の場所に到達するか、ということの一例を示すが、そこに「関係」の影はなく、そういうものとして、彼の戦争体験のありようを、わたし達に伝えるものとなっている。

ただ、この点に関し、一点、彼の宣長論に示唆され、わたし達に宣長についていうべきことが残される。その点については、別に考える。

『本居宣長』は、戦後三二年目にあたる一九七七年、単行本として上梓される。刊行に際し、特に後半部分を大きく改稿し、全六四章を全五〇章の形に短縮している。小林は、この長編評論の連載執筆に、一九六五年から一九七七年まで、足かけ一三年をかける。これは彼の六三歳から七四歳までの時期を覆う。この評論が、これより早く、一九五八年五月からほぼ四年間にわたって連載され、苦闘の中で中断したベルグソン論『感想』の延長線上に構想された合理主義批判という同じモチーフに立つ論であること、単行本上梓後も二度にわたって「補記」が書きつがれていることを考えると、文字通り、畢生の作品の名にはじない、彼のライフワークであったことがわかる。

さて、第一の点というのは、こうである。

小林は、その宣長考察を江戸の学問の発生からたどる。彼はいう。江戸の学問の淵源は、どこにあるだろうか。それは、それ以前から切れている。その素地を作っているのは、戦国時代というこれに先立つ「文明の大経験」の時期である。その戦国時代の経験の本質は、一言で、「下克上」と呼ばれている。「下克上」とは何か。実力本位に強いものが虚名だけの上位のものを打倒することである。しかし、試みに『大言海』を披くと、その解に、「此語、でもくらしいトモ解スベシ」とある。一見すると「随分、乱暴な解」とも見えるが、ここには、この時の経験のもつ「健全な意味合」が、よく現れている、というべきである。

秀吉の死後一〇年という時点で、江戸期の生きた学問の始祖ともいうべき中江藤樹(一六〇八―四八)は、一一歳の時、「貧農の倅」でありつつ、「大学」を読み、そこに、「天子ヨリ以テ庶人ニ至ルマデ」等しく、身を修めることで「聖人」に近づく、という言葉のあるのにぶつかり、「非常に感動」している。藤樹は、そこから、このいったんそこに入れば、「天子ヨリ以テ庶人ニ至ルマデ」等しい、学問の世界を志すが、このことは、戦国時代において「行動の上で演じられた」劇が、平和な時期に入り、「反省され自覚され、精神界の劇」へと変わったことを語っている。戦国時代の生き生きとした気風は、江戸期になると、その活躍の場を「精神界」に移し、以後、そこで、さまざまな学術の「下克上」の劇が、演じられるのである。

さて、こうした小林の宣長像の背景の粗描は、彼が、一九四五年に終わった戦争を、どのように見ようとしたか、また、「でもくらしい」ではじまった戦後を、最終的に、どのように受けとめようとしたかを、よく示している。なぜ士農工商という身分制度の確固として存在する社会に、これに抗し、万民皆同じ、という教えに「非常に感動」するような人間が生まれているのか。小林は、その淵源に「戦争」を見る。この藤樹の〝人は皆同じ〟、という感覚に、江戸の太平に先立つ戦国期の「文明の大経験」が生きている、宣長の学問も、この経験の「血脈」のうちにある、そういう時、小林は、明らかに彼なりの戦後評価を、吐露しているのである。[(1)]

その小林の姿勢は、次の二点にも現れている。

一つは、彼の「やまと心」「やまと魂」解釈である。小林はいう。宣長の師、賀茂真淵は、「やまと魂」を万葉的な「丈夫《ますらを》」の、雄々しく勁く高く直い「こころ」と解し、上古の「ますらをの手ぶり」が時代を経ると「手弱女《たわやめ》のすがた」に下落すると見た。しかし、小林によれば、上代に「やまと心」とか「やまと魂」といった言葉が使われていた形跡はない。それは、真淵のいう「手弱女のすがた」になった文学の中に、はじめて現れてくる。そしてその意味も、「をゝしくつよき、高く直き、こゝろ」ではなく、当時の学智としての「才《ざえ》」(＝漢才)に対する、日常的な智慧としての「やまと心」である。

源氏、今昔物語、赤染衛門、三つの用例を引いて、小林はいう。

　大和魂は、才に対する言葉で、意味合が才とは異なるものとして使はれてゐる。才が、学んで得た智識に関係するに対し、大和心の方は、これを働かす知慧に関係する。(2)

また、

　これで見ると、「大和魂」といふ言葉の姿は、よほどはっきりして来る。やはり学問を意味する才に対して使われていて、机上の学問に比べられた生活の知慧、死んだ理窟に対する、生きた常識という意味合である。(3)

また、

　大和心、大和魂が、普通、いつも「才」に対して使われているのは、元はと言えば、漢才《からざえ》、漢学に対抗する意識から発生した言葉である事を語ってゐるが、当時の日常語としてのその意味合は、「から」に対する「やまと」によりも、技芸、智識に対して、これを働かす心ばえとか、人柄とかに、重点を置いていた言葉と見てよい。(4)

「日本的」と「日常的」。この「一字の違い」[5]は、しかし、大きな時代感覚の違いともいうべきものの露頭でもある。

真淵が上古の「ますらをぶり」をよしとし、下る時代の「たおやめぶり」を批判して、「万葉集」は素晴らしいが「古今集」以降はダメだと考えるのに対し、宣長は、その考えを覆し、「古今集」以上に真淵の否定する「新古今集」を最高位に評価する。「後世風の歌の中にも、又いひしらずめでたくおもしろ」いものがある。「古へよりも、後世のまされる事も、なきにあらざれば」ひたすら後世風はダメだというのはあたらない。[6]宣長は、さらに、近世の堂上歌人としては名高いがどちらかといえば通俗の気味のある同時代の歌人頓阿の歌集を注釈し、それを上梓しさえする。それを聞き、早速真淵から、なぜ「歌才有といへど、かこみを出るほどの才な」きことが明白な通俗歌人にかかずらうのか、という詰問の手紙が寄せられるが、彼は、考えを変えない。宣長は、頓阿の歌はむろんそれほどのものではないが、歌道の「オトロヘタル中ニテ、スグレタル」その歌は、かえって人々に歌の何たるかを語るのに、「一番手近な、有効な詠歌の手本」になる、という。[7]歌は生き物だということ、批評は生き物だということを、彼は、そのように、とらえるのである。

たしかに宣長も、真淵と同じく、「やまと魂」という言葉を自分の「腹中のもの」としてずいぶん勝手に使用していると、小林はいう。たとえば学問論「うひ山ぶみ」での「やまとだましひを堅固《カタ》くすべきこと」との言明にいう「やまとだましひ」は、神代以来の「皇国の道」を体した心、である。しかし宣長は、「源氏」を「真淵とは比較にならぬほど、熱心に、慎重に読んだ。真淵と違って、この言葉の姿は、忠実に受け取られていたと見てよ」い。そこに新たに〝反漢意〟という意味が加えられ、充満していたにせよ、「原意から逸脱して了うということはなかったと見て差支えない」。

ここでも、「やまと心」の原義を確認し、真淵にあり、後の平田篤胤に著しい復古主義、尚古主義が宣長にはかけらもないことを示すことで、小林は、宣長の「やまと心」という言葉を、戦前の「国粋主義」とははっきり違うものとして、戦後の読者の前に置こうとしているのである。

また、同じ思いに立って、彼は、もしこの問題を「簡便」に見たいなら、宣長が「やまと魂」を真淵のように考え、これを全面展開した、と見なすのが一番よいだろう、「少々乱暴な言い方をしてみるなら、事実、篤胤では、そういう事になった」という。宣長の古道論と篤胤の国学イデオロギーはむしろ対立する。宣長は、列島の神典の最大の特色を、それが、世の中がどのように成立しているかという「天地の理」の問題はもちろん、死んだらどこにいくのかという「生死の安心」の問題にも、一切答えないものであること、そこに「教学として説いて、筋の通せるようなもの」は、かけらもないことにあると、考えた。そこでは、「道なきこと」が「道」であり、「理なきこと」が「理」である。一方篤胤は、そこに宣長の古道論の神髄、非凡な着想を見たが、さらにその上に、「教学」の体系を展開すべきだと考える。篤胤によれば、「古道を説く以上、天地の初発から、人魂の行方に至るまで、古伝に照して、誰にでも納得がいくように」説かなければならない。宣長のように、「安心なきが安心」などと曖昧なことをいっていてはダメである。人々が古伝の解釈を聞いて「はっきりと納得がいって、安心する」ところまでいかなければ、儒仏に対抗する神道にはならない、とする。そのため、真淵、宣長にあった文章を生きる経験は、篤胤にあって脱落する。篤胤はいう、「とかく道を説き、道を学ぶ者は、人の信ずる信ぜぬに、少しも心を残」す必要はない、人が信じようが信じまいが、「独立独行」、「一人で真の道を学ぶ」、これを漢の言葉では「豪傑」といい、また日本の言葉では「大倭魂」というのである[8]。小林は、篤胤の神道の書『霊能真柱』の弟子による序が、これは「師木島《しきしま》の大倭心《やまとごころ》をかたむるふみ」だと賞賛しているのを引き、その文言が、「うひ山ぶみ」における宣長の「やまと魂を堅固《カタ》める」という言葉と、言い方こそ重なれ、「逆の向きに使われて、その意味合」も「大変違ったものになっている」ことに、読者の注意を喚起している。

こうして、小林の宣長理解での「漢意」と「大和心」の対位は、学問——概念的思考——と日常の生きた智慧——常識——の対照を基本構図とする。戦争期を、列島の「庶民」の日常の智慧に自分は立つ、といういい方でくぐり、戦後の民主主義謳歌の時代には、自分はバカだから反省しない、利口な奴はたんと反省すればいいじゃないか、といった彼の戦前と戦後を貫く線は、宣長の、「日常的思考」と解される限りでの「大和心」に、一つの理念的表現を、与えられるのである。

それは、たとえば、宣長に仮託された形で、この宣長論では、こう語られる。

理といふものは、今日ではもう、空理の形で、人の心に深く染付き、学問の上でも、すべての物事が、これを通してしか見られない、これが妨げとなつて、物事を直かに見ない、さういふ慣しが固まつて了つた。自分の願ふところは、ただ学問の、このやうな病んだ異常な状態を、健康で、尋常な状態に返すにある。学問の上で、面倒な説など成さうとする考へは、自分には少しもないのであり、心の汚れを、清く洗ひ去れ、別の言葉で言へば、学者は、物事に対する学問的態度と思ひ込んでゐるものを捨て、一般の人々の極く普通な生活態度に還れ、といふだけなのだ。(9)

小林は、いわば、戦後の日本に生きる自分のものを考える足場を、戦前に語られた「日本」ではない、「一般の人々の極く普通な生活態度」におく。それが、彼における、戦前に比べられた戦後の意味であり、それと同時に、彼の戦前から変わらない思考の足場だと、いわれるのである。

しかし、このことを、宣長のほうから見れば、小林は、あの宣長がぶつかった最後の問題に、彼としては、結局、出会っていない、ということになる。

もし宣長が、ここにいう「大和心」＝日常的思考(常識)の場所に安住していられたなら、そこからは、深い学識に裏打ちされた『古事記』研究と、「日本」のある未成の共同性への視線の回復の主張こそ生まれたにせよ、あの古代主義の奇矯な主張が現れることは、なかっただろうからである。宣長は、もっと誰にも受け入れられる思想家ぶりを示したはずである。

事実、小林の宣長観は、この意味では、従来の宣長観をそう出たものにはなっていない。彼も同じく、あの、世にいわゆる「宣長問題」に摑まっている。そして、その問題に自分なりの答えを見つけようとする余り、この前半は非常によく書かれた宣長論を、ほとんど自分の手で壊しさえしているほどだが、やはり、この問題を解くのに、成功していない。なぜ、一方であのように厳格な古代研究を行った学問の徒が、他方で秋成との『呵刈葭』論争に見られるような高飛車な、極端な、主張に終始する論争者でありうるのか。彼が行うのも、この二つを対立の相で受けとったうえで、そこに何とか橋をかけようという、これまで同様の努力の繰り返しにほかならないのである。

なぜそうなるのか。その理由もはっきりしている。小林は、宣長のぶつかった問題に、ぶつかっていない。宣長のぶつかった難問とは、「内在」の思考で、最後まで考えようとすれば、問題の対象領域が「関係の世界」にさしかかるところで、それは、必ず、挫折する、という問題である。宣長の「内在」は、「概念」への抵抗としてつかまれていた。それは「概念」と対置されることで、「概念」と〝棲み分け〟る「内在」ではなかった。そういう問題に、小林はぶつかっていない。その理由を求めるなら、それは、次のようなものである。

彼は、宣長の基本問題を、「漢意」と「大和心」の対立と見る。そして、世の宣長批判者達が、これを「中国的思考」と「日本的思考」との対立と見、そこに外国嫌いの兆候を見、ナショナリズムを見、国学イデオロギーを見、本来的なものの回復という動機、「日本的思考」を見ようとするのに対し、いや、そうではないのだ、ここにあるのは、概念的な思考とこれに抗する日常的な思考の対位なのだ、という。世の見方は、戦前の宣長観に毒されている。宣長はむしろ、戦後の場所で、自分の受けとるように受けられるのが、似つかわしい。これが、この本で、小林の行う基本的な言明である。

しかし、もし、小林がそういうとすれば、それはあまりに小林自身に似た、「常識」と「無私の精神」から見られた、宣長ということになる。

なぜなら、宣長は、概念への抵抗は、これをどこまでも推し進めていけば、日常的思考の底板をも破ってしまう、しかし、「心」の底板を破ったその先に、誰にも開かれた、鳥虫さえ生まれながらに備える、「まことの道」の座、真心というものがある、というのだからである。両者の違いは、宣長では、この概念への抵抗の敢行が、当初の「漢意」と「大和心」の二層的対位を、やがて、「漢意」、「心(＝大和心)」、「真心」という三層構造にまで解体構築するものだったのに対し、小林では、それが、平板な「漢意」と「大和心」の対位にとどまっていたこと、彼が、その「内在」の図式だけに自足していた、という点にあるのである。

しかし、ここから二つの問題が出てくる。一つは、もし、このような理解に立てば、その先、宣長の行ったことは、その行く先が戦前的な皇国イデオロギーの確立というものでない以上、どのようなものとして描かれるのか、ということであり、もう一つは、これが宣長の受けとり方としてこれまでの凡百の見方を出ない誤読だとして、では、この小林の誤読が語っているのは、どういうことか、という問題である。

2 「日本」から「国民」へ

この二つの問題は、次のような形をしている。

まず、最初の問題は、小林に宣長にはないものを探させるように働く。小林は、先に見たような構図で宣長を理解するため、その「漢意」と「大和心」の安定した対位から、宣長の『古事記』研究の成果、「直毘霊」の古道論、あの「日の神」の主張といった、ほんらい、そこから生まれてこようのない問題まで、説明しなければならなくなる。いきおい、宣長の言葉に、宣長のいっていないことまでをも、読みこまなければならなくなり、特に終わりの三分の一の部分で、彼の論は、いたるところで、よろけ、転び、綻びを見せる。

なかで最もそういうことの顕著な例は、第二部の宣長の章でふれた、あの「歌の本義」にかかわる宣長の言明を、小林自身の文脈で説明しようとし、「言語共同体」の伝統といった概念をもちだしている個所である。

宣長は、「石上私淑言」巻一に、こう書いている。

人に聞する所、もっとも歌の本義にして、仮令の事にあらず。〔歌というものは自分の思いのあふれ出て、言葉になるものだが、その本質からして、どうしても人にそれを聞かせたいと思うことになる。そこまでを含め、歌の本義(本質)である。人に見せたいということは、歌にとって、かりそめのことではない〕

この宣長の歌論のうち、最も「もののあはれを知る」ことの本質にふれる個所を、先にわたし達は、こう受けとった。つまり、世の学者やさかしげな歌人は、歌の本質は自分の心をありのままに歌うことにあるなどというが、そうではなく、歌は、深く感じる、それを歌に作って歌う、そして、それを「人に聞かせ」、その人がその歌に深く動かされるのを見て、うれしく思う、というところまでを含んで歌の本質なのだ。したがって、そういう論者が、自分の歌を人に見せたい、というのは虚栄だ、などというのは、一見もっともそうで、まったく浅薄な意見なのである。

しかし、小林は、この言葉を、そうは受けとらない。彼は、これを、いやにムズカシく、受けとる。

たとえば、彼は、そこにいわれていることを説明するのに、わざわざ、「葦原の　水穂の国は　神ながら　言挙げせぬ国　然れども　言挙げぞわがする　言幸く　真幸く坐せと恙《つつみ》なく　福《さき》く坐《いま》さば　荒磯良　ありても見むと　百重波　千重浪しくに　言挙げすわれ」〔この国は神霊のゆえに、取りたててわざわざものをいう必要のない国である。しかしわたしはこの神霊の中でいう。この先、あなた方が恙ないようにと」という柿本人麿の歌を引く。そして、いう。

「人に聞する所、もつとも歌の本義にして、仮令の事にあらず」と言ふ宣長の言葉は、この人麿の歌とその発想を同じくすると言つても差支へない。（略）「歌の本義」を言ふ彼の念頭にあるのは、「八雲の神詠」であり、その作者によつて摑まれてゐた、その「本義」である。[10]

ここでの力点をいえば、彼は、歌の本義は、（思いと思いのうちにある他者との契機からくるというより）それを抱く人の思いと言葉との関わりから出てくる、そういいたい。彼はいう。

歌人は、歌を詠むといふ事《わざ》によつて、歌を体得してゐるのであつて、その外に、歌を知るどんな道も知らないし、必要ともしてゐない。詠歌といふ行為の特色は、どう詠むかにあつて、何を詠むかにはない。何を歌ふかは、どう歌ふかによつて決まる他はないからだ。[11] 其処から、宣長の「人に聞する所、もつとも歌の本義」といふ言葉は発してゐる。

つまり、彼の理解では、あの「人に聞かせる」は、自分の思いを誰かに伝えたい、という人誰もが感じる思いではなく、歌という「技芸の一流を演ずる」特別の人間の、「聞く者を悦ばす」工夫の問題なのである。

彼は、続けている。

だが、かういふ考へ方は、理学の風のうちに在つた世の一般の識者達には、無縁なものであつた。彼等は、歌といふ技芸の一流を演ずる者の、聞く者を悦ばす為の工夫の裡に、言語のまともな問題が隠れてゐるなどといふ事は、夢にも考へはしなかつた。(12)

こうして、宣長なら、「こちたき」物言いとでも評しただろう評言が延々と続く。こう感じるわたしのこの宣長の言明の読解が、それほど、特殊なものでないことは、たとえば、同じ個所を引いて、吉川幸次郎が、一言、「物のあはれ」を知った後は、「次の段階として、感動を人に伝達したくなるのが、人間の本来である」とその宣長論に述べ、わたしと同じ判断を下していることをあげれば、十分だろう。(13) 宣長のいうところは、いまこれを読んでも、含蓄に富む、深い観点だが、その深さは、わたし達の誰もが、そういわれれば、ああなるほどと合点のいく、そういう性質の深さである。宣長は、こういっている。

人はあるものを、どのように美しいと思うのだろうか。あるものを美しいと感じることの中には、すでに、きっと自分だけでなく、誰もが、――もし彼がまともな人なら――これを見れば、美しいと思うはずだ、という気持が入っている。人は、そういうふうにしか、あるものを、美しい、と感じることは、できないからである。すると、こういうことになるだろう。歌をうたうのは、人が、深く、「感じる」からである。ああ、悲しい、と感じる。しかし、その「悲しい」ことの中に、同じような目にあえば、きっと誰もが悲しいと思うはずだ、という気持が入っている。この気持があるから、人は歌を作る。したがって、歌を作ることのうちには他者との関係がある。歌を作る。人に見せる。人が、そうだよね、といってくれるとうれしい。そのようにして人は自分の微細な気持をもっと克明に誰かに伝えたいと思うようになる。その気持が、もっとよく歌を作りたい、という人の気持になり、人を歌の言葉との関わりの道へと導く。つまり、これらすべてを含んだところに、歌の本義がある。誰にも見せない。自分が楽しめばよい、などという形で、つまり、言葉との関わりだけで、人は、けっして歌を作れないのである。

言明の意味は、このようにすこぶる単純で、しかも単純なまま、このうえなく深い。にもかかわらず、小林がこの簡明な言明の姿を見ず、なぜ、このような煩瑣な振舞いに及ばなければならなくなっているか。そう問うなら、それを説明すると思われる理由は、一つしかない。つまり、彼のその後の行論がそれを語っているように、こう言うことで、彼は、この宣長の言葉を、「自国語」の「伝統」、「言語共同体」、「国民」といった概念と、結びつけようとしているのである。

小林は、宣長の、あの「極く一般的な人々の生活態度」に立脚する思想が、この日本という国のはじまりを記す書と出会った時に、生じること、つまり、あの「内在」の思想が、それだけで自足するものととらえられた場合に、自分を深めることでたどりつく〝真理〟の場所を、日本という「言霊の幸う」国、その国の「言語共同体」の伝統、「国民」というところ以外に見出せない。彼には、わたしの受けとめたようなこと、そしてまた吉川幸次郎が述べているようなことにはさしたる意義を認められない。なぜかはよくわからない。しかしひとえにそのために、彼にはより深淵な答えが必要となり、そのため、この無理な推論が必要となる。彼の行論はそのことを示している。しかし、いうまでもなく、宣長はそんなことを言っているのではない。宣長は、その逆を、言っている。小林の論の破綻は、すべてこのボタンのかけ違いから、くることになるのである。

たとえば、彼は、同趣旨のこういう言葉を引いている。

「すべて心にふかく感ずる事は、人にいひきかせではやみがたき物也、あるひはめづらかなる事おそろしきことおかしき事なども見聞きて心に感ずるときは、必人にもいひきかせまほしくて、心にこめがたし、さていひきかせたりとても、人にも我にも何の益《ヤク》もあらね共、いはでやみがたきは自然の事」なり。

意味は、大筋、次のようである。なぜ、ものを深く感じると、その「感動を人に伝達したくなるのが、人間の本来」なのか。たとえば、宗教心をもっている人に、「あなたの信仰心をあなたの心の中で深めよ、しかし、それを外に出して他人まで説伏し、自分の宗教に引き込もうとするのは邪道だ」といったとしよう。すると、彼は、真の宗教人であれば、こう答えるはずである。「君には信仰ということがわかっていない、信仰というのは、自分の心の中で、これを深め、つきつめればよいというものではない、信仰心が自分の中で深まれば、それはどうしても他の人にそのことをいいたくなる、そして他の人にも、その信仰の福を分かちたくなる、宗教というのはそういうものなのだ」と。宗教心の本質は、その「人に働きかける」ということを不可欠の要素として含みもつ〔どんなものでも心に深く感じられたものは、深ければ深いほど、人にいわずにはいられないものである。人にも自分にも別に役にたつわけではないのだが、いわずにいられない、これが感じることの自然の道理なのである〕。つまり宣長は、そういうことを、人が歌を作ることの働きの中に見るのだが、この言葉にふれ、小林は、こういう。

これも(略)、これが書かれた背景とも言ふべきものを想像してみないと、充分に味ふ事の出来ない文なのである。やはり背景に、歌は、凡そ言語の働きといふもの丶本然を現す、といふ考へがある。言語といふ靭帯で結ばれてゐなければ、私達には共同生活は営めないといふ、解り切つた事実を、彼ほど深く考へた人はなかつた。(14)

ところで、この言葉の少し前には、

さういふ、一と口で言へば、言語に関し、「身に触れて知る」といふ、しつかりした経験を「なほざりに思ひすつる」人々は、「言霊のさきはふ国」の住人とは認められない。

この言語共同体を信ずるとは、言葉が、各人に固有な、表現的な動作や表情のうちに深く入り込み、その徴《しるし》として生きてゐる理由を、即ち言葉のそれぞれの文《あや》に担はれた意味を、信ずる事に他ならないからである(15)。

という文章がある。ここにいう「言語といふ靭帯」「共同生活」は、「言語共同体」の意味で使われている。すると、どういうことになるか。宣長は、あの種的同一性の概念である「日本人」、「自国語」、そういう考え方にこそ抵抗し、あの『古事記』研究に打ち込み、「道があることに抵抗する」こと、それが「道を行う」ということだ、といい、とうとう「日の神」の生国は皇国だ、というところまでいった。それを、小林は、逆転させている。彼は、宣長は、あの「日本語」のつながりの大切さをこそ、これらの言葉でいおうとしている、そういうのだからである。

しかし、宣長の言葉が、人と人との結びつきが、何を根拠に生じているのか、ということに関し、ここに小林のいうようなことを述べているのでないことは、先に見た通りだ。

先の言葉で、あるものを見て、「美しい」と人が思う。そのことの中にすでに、「きっと誰が見てもこれは美しいと思うはずだ」という形で、他者とのつながりの契機が入っている、宣長がいっているのはそういうことなのだが、これを、小林は、こういいかえる。この「はずだ」の中に、日本語を使い、「共同生活」を営んできた「言霊のさきはふ国」の住人同士の、いわば共感の共同性があると。そして、彼の宣長論の最終個所の苦労は、一にかかって、この論証をやりおおせようという意欲から、やってくるのである。

しかし、この宣長の歌論にいわれる他者との関係とは、ある限られた範囲での、たとえば種的同一性の共同体を構成するていの「関係」をさしうるだろうか。こう考えてみよう。自分は正しいと思うが、他の人はそう思わないかもしれない、いろんな正しさがあるだろう、というように人は器用に、「正しさ」を感じることはできない。誰もが、「自分だけではない、誰もが、こういう目にあったら、理不尽、不正と、感じるはずだ」、そういう形で、正不正を感じている。それ以外の形で、人は「正不正」の感覚を手にできないし、手にしていない。宣長がいうのは、そういう意味での「はずだ」の発見である。ほぼ同じ時期を地球の逆の側で生きたカントは、そのことを根拠に、そこから普遍的立法、という考え方を引きだす。宣長のあの「もののあはれを知ること」は、ここで小林が弁証しているような、あの〝共感〟の共同体ではない。そもそも、そのような受けとり方は、〝共感〟という人間のありようを深く考えてみれば、出てこようがない。種的同一性としての「日本人」の追認を、ここから取りだすことは、どう考えても無理なのである。

彼は、戦前の「日本」に対し、より開かれた「国民」を提示する。しかし、それは宣長の行おうとしたことではない。小林の論の破綻は、残念ながら、隠れもないのである。

3　日常的な判断の座

なぜこのようなことになるのか。これを論の次元で、宣長理解の正当さという基準からいえば、小林は、ここで宣長の思想を完全に見誤っている。そのことの最も顕著な現れの一つが、宣長が、「漢意」「心」「真心」という三層構造からなる理解をもとに行った概念への抵抗を、小林が、「漢意」と「心(大和心)」の二層構造で理解している点にあることは、先に述べた通りである。

しかし、このことは、わたし達に、やはり、こういう自問を残す。もし、これが、ほんとうに「誤読」というようなものなら、なぜ、小林ともあろうものが、こういう見誤りをしているのだろうかと。というのも、小林は、宣長の、「漢意」に染まった世の知識人だけが問題なのではない、本を一度も読まない人のなかにも「漢意」は浸透している、そのことがより重大な問題なのだ、という「玉勝間」のあの名高いくだりを、知らないで、あのように、「漢意」と「大和心」の二元論を、宣長理解の基本に採用しているのではない。先にわたしの引いた、「人の心に深く染付」いた「理」に対し、「自分の願うところは、ただ学問の、このような病んだ異常な状態を、健康で、尋常な状態に返すにある」と小林が述べる個所の、わずか数頁前に、実は、彼は、その宣長のくだり、わたしが第二部で引いたと同じ個所を、引いているのである。それを、引きながら、しかも、そこにいわれたことを受けとらず、相変わらず、一度も本を読んだことのない人、つまり「極く普通の人々」の「生活態度」を、「この病んだ異常な状態」を「健康で、尋常な状態」に返すための、足場にする。小林はここに、そういう奇異といえば奇異な態度を、示しているのである。

この小林の態度がどのような彼の考えに出たものか、もう一度いえば、わたしに推量の材料はない。けれども、これを、このように推測してみることは不可能ではない。小林は、むろん、ここで、宣長が「極く普通の人々の生活態度」も、いまや信頼するに足りない、と述べていること、つまり、一般人の常識の場所、「心」の、その底板を〝踏み抜いた〟発言をしていることを、知らないのではない。しかし、それはあまりにばかげたことではないか。それはいかにも自分の見極めた宣長らしからぬことだ。彼は、そう考え、これを、〝黙殺〟しているのである。

そして、このわたしの推測は、これ自体としては何も意味をもたないにせよ、こういうことをわたしに示唆する。小林が実際にどう思ったかとは別に、もし、このようなことが考えられるなら、ここに働いている、小林の直観には、やはり見るべきものがある、と。

というのも、あの宣長の普通の人の「心」もやはり漢意に汚染されているという考え方の中には、小林のこの態度に示唆され、再考すれば、宣長のあの「もののあはれを知る」、あるいは「人に聞する所、もっとも歌の本義なり」という本源的な考え方に照らし、基本的に相容れないものがある、と考えられるからである。

先には方法的な懐疑は可能だが、方法的な信憑というものがありうるか、といわれた。すなわちその問題が、ここに先送りされ、よりはっきりとしたかたちで顔を見せているのである。

こう考えてみよう。ここに宣長のいっていることを、三層の論と考えれば、これは、三層の考え方として、フッサールの自然主義的態度、自然的態度、純粋洞見という考え方に似ている。しかし同時に、それは、最初の二層部分の考え方で、いわゆるロシア型マルクス主義的理解にはじまり、構造主義をへて、ポストモダン思想に続く、あの「実感否定論」にも、同じく似ている。なぜなら、上部構造(意識)は下部構造(存在)に〝規定〟される、というマルクスの命題にはじまり、ものの考え方は、その時代、文化を画する大きな意味の〝考え方〟の制度性――構造――に〝規定〟される、という構造主義の主張にいたるまで、これらに共通しているのは、それらが、全て、人は、あることを感じ、あることを思う、しかし、その「感じる」こと、「思う」こと自体が、その基底にある地の地平、あるいは知の制度性に規制を受けている、という、――「実感」をあてにしてはいけない、それがすでに〝汚染〟されていることを知るべきである、という――「感じ」、「思う」ことの素朴さを否定する「実感否定」の論だということだからである。

しかし、そうだとすれば、これは、宣長のあの「もののあはれを知る」ことに人間の生きる意味の本源を見る考え方と、ぶつかる。この実感否定論は、たとえ誰かが、「もののあはれを知り」、何かを見て、深く「感じ」ても、いや、それは、そう「感じ」させられているにすぎない、とこれを否定する考え方にほかならないからである。

そして、そのことに気づいてみれば、ここから出てくる、「心」の否定と、あのフッサールの自然主義的態度、自然的態度の双方を「一時的」に「判断停止」して〝純粋洞見〟する、というあり方が、その出発点こそ、似ていながら、違っているゆえんが、わたし達に了解されてくる。なぜあの違いが両者の間に生じていたか、その理由がどこにあったかに、わたし達は気づくのである。

違いとは、こういうことである。

先に宣長のところでわたし達が見たのは、フッサールの現象学的還元において、「一時的な判断停止」として現れたものが、宣長の「先入主の滅却」では、いわば「永続的な判断停止」となったということだった。

ところで、この違いはなぜ生じるのか。

宣長においては、あの「心」(日常的思考＝自然的態度)が「漢意」に汚染されたものとして否定されている。しかし、よく考えてみるなら、フッサールにおいてそれは、否定されているのでない、いわば「カッコに入れられている」だけで、その後のフッサールの還元作業の判断の座となっているのは、宣長の「心」の審級、つまり三層構造中、第二層に位置し、日常的な判断の座に該当する、この「自然的態度」なのである。

つまり、フッサールにおいては、一時的にこの自然的態度を凍結する、そして、たとえば自分がここにあるコップがあると確信している時、自分の心(主観)に起こっているのはどういうことなのかを〝外〟から観察する、とそういわれる、このプロセスにおいて、いったん凍結されたうえ、サンプルとして取りだされた主観モデルを観察する主体(主観)は、この一瞬前、〝いったん〟凍結された、あの自然的態度、つまり日常的判断主体(主観)である。それが、いったん凍結された後、すぐにいわば〝解凍〟され、自然的態度から日常的判断の座とその意味を変え、再びそのプロセスに、観察主体として参与しているのである。

宣長では否定されている日常的な判断の座――「心」そして「自然的態度」――が、フッサールでは一時的に停止されているだけだということ、つまり、フッサールでは否定されていないこと、それが、フッサールの現象学と、いわゆる俗流ポストモダン思想といわれるものの違いであるとともに、ここで、宣長の思想との違いとなっている。

結論をいえば、この「心」の否定の一点に、あの「宣長問題」の謎のすべては集約されている。

つまり、宣長は、あの日常的思考(心)の座――日常的な判断の座――を否定した時、あの「日の神」の古代主義の主張への一歩を、踏みだしているのである。

たしかに、これを文献学の問題として考える限り、ここに見えてくるのは、学的な徹底性と奇矯な主張という対立である。この場合、宣長問題のカギは、一見したところ、どこにあるかわからない。しかし、よく考えてみれば、この宣長の行った徂徠文献学の逆転は、文献学の絶滅でもあった。なぜなら、この日常的判断の座という最低限の概念的思考のないところには、「学」もまた、存在しえないからである。

宣長は、いわば「概念(漢意)」に「もののあはれ」を対置したが、それは彼の考えたように概念と非概念の対照を意味していたのではない。それが示しているのは、むしろ概念と非概念の二重性としてあるもの同士の、――一方が概念を主とし、他方が非概念を主とする――、主として概念たるものと、主として非概念なるものの対照だったのである。

それを図示すればこうなる。

漢意　　　　概念 ∨ 非概念 ……　主として概念たるもの
もののあはれ　概念 ∧ 非概念 ……　主として非概念たるもの

人に具体的に生きられる場合、「漢意」もまた概念に納まりきれない非概念的要素を含み、「もののあはれ」も非概念に納まりきれない概念的要素を含む。わたし達に、この対照は、実は、このような形で生きられているのである。

「もののあはれ」にも概念的要素があるとはどういうことか。

わたしは、「もののあはれ」に宣長の思想の他者との関係の起点となるものがあると述べた。しかし考えてみれば、「もののあはれを知る」ことが、単なる主情主義の主張ではなく、そこに、他人も――まともなら――自分と同じように感じるはずだという確信(信憑)の種子が含まれている、というわたし達の発見のうちに、実は、その概念性は、顔を見せている。

わたし達は、先に、こういう例について考えた。

「もののあはれ」が不倫の歌の深さを称揚することについて、こういう反問が起こりうる。では、宣長は、「もののあはれ」の深さを理由に、不倫、破倫の行為を認め、勧めるのかと。

そして、わたし達の考えでは、もし宣長がその考えを文献学において示したと同じ律義さで吐露したなら、その答えは、そうだ、不倫はよいのだ、となるはずだと目された。けれども、なぜ、ここに現れる二者択一は、道学先生的で偽善的な儒教倫理か、でなければ野放図な破倫の勧めかといった、「日の神」の主張の場合と同じ、奇矯で極端なものとなるのか。その理由は、あの日常的な判断の座――「心」――が、思想の出発点ですでに破却されているからにほかならない。

もしそうでなければ、それは、こう考えられるのである。

すなわち、宣長はこういう。

不倫では、最終的に、自分の恋心がめざす相手との相思関係の中に、いわば、そのことによって苦しみ、嫉妬にかられる第三番目の当事者(たとえば不倫相手の夫)が入ってくる。そして、もし、この第三者の苦しみが、「もののあはれを知る」心から見て、不倫当事者としてのわたしの思いの深さと、〝同等〟である場合がありうる。その時何が起こるか。その時、「もののあはれ」は、壊れるのである、と。

不倫された男はうたうだろう、「もののあはれ」の歌を。

不倫する男もうたうだろう、「もののあはれ」の歌を。

そしてその二つの「もののあはれ」が、秤の上で、つりあう。

そのとき、何が起こるか、といえば、「もののあはれ」が壊れるのだ。

そこにあるのは、「もののあはれ」は大事だが、しかし、不倫を貫けば、世の中の秩序を乱した廉で罪に問われる、そうすれば「もののあはれを知る」ことの座自体が危うくなるので、そこまで進むわけにもいかない、といった〝ディレンマ〟の構造なのではない。そこで、「もののあはれ」が壊れることとは、むしろ「もののあはれ」が〝止揚〟されることであり、わたし達は、そこではじめて「倫理」にぶつかる。わたしとその不倫相手の夫との間に、一つの「関係」が生まれるが、それは「もののあはれ」を介した関係ではなく、むしろ「もののあはれ」が壊れたことを介した関係であり、つまり、そこでわたし達は、あの「関係」というものに、ふれているのである。

さて、これらのことは、次のことを語っている。

宣長は概念に抵抗した。しかし、判断は、概念の中に生きている。概念への抵抗は、それ自体、概念の中に座を占めなければならないのである。小林の誤読が示唆する宣長の最後の問題は、概念世界の中に、いわばあの概念に抵抗するもの――未成の共同性――を移すには、どういう手続きが必要か、そういう宿題を、わたし達に残すのである。

何がここには欠けているのか。

わたし達は二重性として存在している。

「内在」の思想には、「もののあはれ」同様、「関係」の世界に進むのに、ある〝転轍〟が、必要なのである。

さて、小林の宣長論は、こういう問題にふれないまま、戦後的な、自足した「内在」の論として、「国民」、あるいは「言語共同体」の発見者としての宣長という像を描いて、終わる。

しかし、戦後がそれにつきるのではない。戦争は別種の経験をも与えた。この小林の戦後的な宣長論への、「関係」の側からの反駁は、もう一人の戦後を代表する思想家、小林とはちょうど逆の形で戦争を通過した、吉本隆明の手で行われる。

第三章　吉本隆明と「関係」

1　「内在」から「関係」への〝転轍〟

一九七七年一〇月、小林の『本居宣長』が刊行された時、この大批評家のライフワークに対し、はじめて現れた本格的な批判は、翌一九七八年一月、吉本隆明が書いた、「文化的な自意識のドラマ」と題する論評だった(1)。これは、四百字詰原稿用紙にして三〇枚程度の、やや長い書評という体裁の評論だが、中身からいえば、戦後を代表する思想家による、昭和を代表する批評家への批評的宣戦布告ともいうべき内容をもっていた。

吉本は、この書評の一年前、小林の『本居宣長』が雑誌連載を終了するのとほぼ同じ時期に、たまたま筑摩書房の近代日本思想大系「小林秀雄」の巻(『小林秀雄集』)を編集し、戦前と戦後を通じての小林の仕事を批判的に概観する解説を書きあげている(2)。そこでも、『本居宣長』をめぐり、一瞥したうえでの判断が示されていたが、これを受ける形で、この書評は、最後、小林はこの宣長論を「〈戦後〉の全歳月を〈無化〉したいというモチーフ」から書いているのではないか、という強い言葉で、しめくくられていた。つまり、ここには二つの戦後がある。少なくとも吉本のつもりで、これは、小林の戦後否定のモチーフに立つ「非戦前的」宣長論に対する、戦後の人間の側からの、一つの反論を意味していたのである。

しかし小林は、ちょうど敗戦直後、石田英一郎の「関係」からの問いかけに正面から答えることを避けた柳田国男同様、この明確な、「関係」からの問いをもった吉本の批判に答えない。しかし、もしこれに答えていたら、やはり、日本の昭和と戦後の対立点というだけでは尽せない、興味深い対立が、浮かびあがっていただろう。そこでは、戦前と戦後の違いをめぐる最大の争点、いわば戦争をどう通過したか、という問題が、あの「内在」と「関係」のぶつかりあいという幕末以来の対位によって、下支えされていたからである。

吉本の、書評対象への全体的評価は、次のようだった。

小林の宣長論は、中江藤樹、伊藤仁斎、徂徠と続く近世儒学者の群像を扱い、宣長の『源氏物語』論を展開する前から三分の二ほどまでは、素晴らしい出来を示している。しかし、そこから歌道と古道、「もののあはれ」と「まことの道」の相関をめぐる考察に入ると、空転をはじめ、以後、「読者はいいようのない停滞感におかれる」。宣長はかなり問題を含む著作家だが、最終的に、そうした評伝対象への有効な批評的視座も示されない。論は、これまでの小林の批評の芸の提示に終始する、後退的な宣長論の形で終わっている。

吉本の批判には手厳しいものがあり、内容も多岐にわたるが、注意をひかれるのは、こうした小林、宣長への批判が、吉本のどういう観点から繰り出されているか、ということである。吉本は、こう述べている。

わたしは宣長にも、それに追従し「訓詁」する小林にも哀しい盲点をみつけだす。日本の学問、芸術がついにすわりよく落着いた果てにいつも陥いるあの普遍的な迷妄の場所を感じる。そこは抽象・論理・原理を確立することのおそろしさに対する無知と軽蔑が眠っている墓地である。(3)

小林は、宣長の「迷妄」に気づいていない。そして宣長と同じ「迷妄」を共有している。その「迷妄」とは、「抽象・論理・原理を確立すること」の「おそろしさ」に、「無知」だということである。

吉本は、宣長の「漢意」批判に、「抽象・論理・原理を確立すること」への批判を見、その批判が、そうしたもののもつ「おそろしさ」への「無知」に基づいている、とする。そして、その無知は、宣長にとどまらず、「日本の学問・芸術」が陥る「普遍的な迷妄」の様相を呈しており、その点、宣長に「追従」する小林も例外ではない、というのである。では、これら「抽象・論理・原理を確立すること」のうちにある力とは何か。また、それに関する「日本の学問・芸術」の「無知」をいう吉本の手にある「知」とは、どのようなものか。

吉本は、その「知」のおそろしさを、自分は戦争体験をくぐることで、教えられた、自分にとっては、こうした宣長的なあり方が、列島における「迷妄」の根源であると知ることが、戦争通過の意味だった、という。約めていえばそういう世界認識を、小林と、そして、宣長の前に、おくのである。

彼は、その少し前では、こういっている。

> この〔古代の世界をいまの観点から見る――加藤〕すりかえから免れるには、歴史をくりかえしじぶんの疑念に近づけ、身体にちかづけ、社会にちかづけ、理念に近づけしては、また離すという意識的な所作を必要としている。感受性や直観だけでは手に負えない。[4]

外側の世界が正確に、正当に思い描かれるとは、外側の世界との関係が他者性をもったまま「すりかえ」なしに、とらえられるということである。そういうことが、列島にいても可能だといえるようになるには、とても「感受性や直観だけでは手に負えない」。戦争体験は、そのことが、それくらい、「おそろし」く、難しく、しかし必須のことであることを若年の自分に教えた。彼は宣長と小林の前に、そういう一皇国少年としての自分を、立たせているのだ、といってみてもよい。

彼は、この書評の一〇年ほど前、あるところに、こう書いている。

> もう十年近くもまえのことだが、(略)わたしは橋川文三に、こんな意味のことを喋言ったのを覚えている。

——おれは戦争中のじぶんについて、どうしてもこれだけは駄目だったなあ、と戦後になって考えこんだことがふたつある。〔そのうちの——加藤〕ひとつは世界認識の方法についてなにも学んでいなかったことである。(5)

ここに「世界認識の方法」と呼ばれているものは、彼が戦後、戦時下の自分に決定的に欠けていたものとして、沈視黙考の末に見つけだす「方法」につけられた名だが、日本の学問・芸術総体の「抽象・論理・原理を確立すること」のもつ力への「無知」の覚醒とは、ここに彼が「戦争中のじぶんについて、どうしてもこれだけは駄目だったなあ、と戦後になって考えこんだ」末につかんだと書く、この洞察に、あたっている。その核心は、その後、「関係の絶対性」と語られる。彼はいう。

ここで、マチウ書〔新約聖書マタイ伝のこと——加藤〕が提出していることから、強いて現代的な意味を抽き出してみると、加担というものは、人間の意思にかかわりなく、人間と人間の関係がそれを強いるものであるということだ。人間の意思はなるほど、選択する自由をもっている。選択の中に、自由の意識がよみがえるのを感ずることができる。だが、この自由な選択にかけられた人間の意思も、人間と人間との関係が強いる絶対性のまえでは、相対的なものにすぎない。

したがって、

関係を意識しない思想など幻にすぎないのである。(略)秩序にたいする反逆、それへの加担というものを、倫理に結びつけ得るのは、ただ関係の絶対性という視点を導入することによってのみ可能である。(6)　(傍点原文)

「内在」の思考は、たしかに「内在」の思考のままに、「選択する自由」をもっている。だから彼は、自由に推論を重ね、考えられるだけのことを考察して進む。しかし、それでいくら考えても、「関係」の認識はそこから出てこない。吉本は、「もののあはれを知ること」は、「内在」の思考として、他者との関係の根源を指さす、しかし、そのようなものでありつつ、それは、「人間と人間との関係が強いる絶対性のまえでは、相対的なものにすぎない」というのである。

そのことを考えるなら、この小林の宣長論への批判が書かれた時期以後、吉本が行った一連の対談、インタビューが、後に単行本としてまとめられるに際し、「世界認識の方法」という題になっていることは、必ずしも偶然ではない。(7)それは、直接にはこの半年後、一九七八年七月に行われたミシェル・フーコーとの対談の題名からきているが、それへの関心を彼に促しているものは、彼のこの時の宣長、小林にむけられた、「内在」と「関係」という対位への関心だったと思われるからである。

彼は、この対談を受けて行われたインタビューの一つで、こういう。なぜ、自分にとってマルクスの思想は大切なのか。

ぼくなりのいい方をすると、マルクスが捨てられないのは、ただ一つなのです。ある概念の水準が別の概念の水準にたいして適応するときには、よくかんがえられてヘーゲル的な全円性がないかぎりは誤謬に転化するということをマルクスはよく知っていたのだとおもうのです。(8)

ここにいわれていることは、また、彼が一九九五年に開かれたある座談会で行う、「僕はもともと文学的発想なんですね。つまり、内面性の自由さえあれば、他はなんにもなくてもいいくらいに思っています」、「ところが、戦後、僕らが反省したことは、文学的発想というのはだめだということなんです」という発言の語るところと、一致している。(9)

また、先の書評の「感受性や直観では手に負えない」という批判の言葉もやはり、書評発表の前月に雑誌掲載された『本居宣長』をめぐる江藤淳との対談における、小林の、自分の宣長論執筆は、よくプロの棋士が一瞬でまず次の手を「勘」でつかみ、次にその「勘」が正しいかどうか時間をかけて吟味する、というのに似ていた、また、自分はそこで「できるだけ対象の内部に入り込み、入り込んだら外に出ない」という内在的な方法を採用した、という発言を、(10)たぶん、念頭においている。吉本がいうのは、この種の「勘」

や内在性に基づく方法だけでは、けっして、「世界」はとらえられない、ということ、つまり、「内在」からはじまる方法は、「よくかんがえられてヘーゲル的な全円性」をもたない限り、ほぼ確実に「誤謬に転落する」、ということなのである。

先の一九九五年の座談会での発言を、彼はこう続けている。

それは僕の戦争体験からの教訓なんですね。外から論理性、客観性でもいいですが、そういうもので規定されると、自分をうんと緊張させなければならないときには、自分に論理というのをもっていないと間違えるねっていうのが、そのときのものすごい教訓なんですよ。内面的な実感にかなえばいいんだということで、戦争を通ってみたら、いやそうじゃねえなということがわかった……

（「半世紀後の憲法」[11]）

こういえば、わかるだろう。吉本は、宣長・小林に代表される「日本の学問・芸術」のいわば「文学的発想」では、必ず「関係の世界」にふれるところで誤る、といっている。また、そこに欠けているのは、「世界認識の方法」だ、といっている。「内在」の方法だけでは必ず誤る、ということを戦争をへてなお学んでいない、そこに小林の宣長論の致命的な弱点がある、彼はそう述べ、その一点に、小林の「〈戦後〉の全歳月を〈無化〉したいというモチーフ」が露呈されている、というのである。

しかし、吉本は、この小林の『本居宣長』批判においては、そこから、では、あの「内在」の方法にさらにどういうことが必要になるか、というようには考えを進めない。彼は、そこから直接、「内在」の方法の否定に向かう。彼はいう。宣長、小林は「論理」の力を「漢意」の名のもと、「空理」であると貶め、それに「感受性」、「直観」といった「内在」の力を対置する。しかし、

宣長のように「空理」を否定するものは、ほんとうは創造を否定することにほかならない。手触り、舌触り、眼触りによって経験される触知の世界はやがて、老いて肉体の自然が衰えたときはっきりと衰弱してゆく。このときに第二の肉体ともいうべき論理の骨格をもたないからすべて展開してゆくものが患わしくなってゆく。そのあげくたどりつくのは境地の味わいという奴だ。それが幸福な老いであるか?(12)

〝漢意〟を見くびってはいけない。その「抽象・論理・原理」のおそろしさを再認識しないでは、列島の思考に未来はない。つまり、吉本は、右に引いた座談会発言で、「文学的発想」はダメだ、必ず誤る、そう述べるように、ここでも同じことを理由に、宣長、小林の「内在」の方法の「迷妄」を、自画像制作の方法の「迷妄」と見て、いわば自画像制作のあり方それ自体を、否定するのである。

しかし、ひるがえってここで吉本の判断についていえば、ここで彼が下しているのが、そういう判断である以上、吉本は、彼もまた、自身の論理に照らし、一つのステップを踏

みとばしていると、いわざるをえない。

なぜなら、ここにあるのも、幕末の長州、薩摩が経験したと同様の事情、「内在」から「関係」への〝転轍〟という変節＝覚醒にほかならないからだ。すなわち、吉本が、「世界認識の方法」へと向う「関係の絶対性」の認識にめざめたのは、彼自身が戦時下に、彼のいう「文学的発想」でどこまでも内在の方法を徹底し、そのことを通じて自分のこの思惟方法の誤りに、突きあたらざるをえなかったからである。もしそういうことがなく、途中で引き返していれば、彼はひどく誤らなかったかもしれない。その代わり、この認識にめざめることもなかった。こういえば、わかってもらえるだろう。つまり、ここにあるのは、あの幕末の攘夷思想について見られたのと、同じ事情である。彼の「関係」への覚醒は、彼の「内在」の徹底にこそ基づき、生じている。彼の二〇歳時の「攘夷思想」体験は、後にこう述懐されている。

わたしは徹底的に戦争を継続すべきだという激しい考えを抱いていた。死は、すでに勘定に入れてある。年少のまま、自分の生涯が戦火のなかに消えてしまうという考えは、当時、未熟なりに思考、判断、感情のすべてをあげて内省し分析しつくしたと信じていた。もちろん論理づけができないでは、死を肯定することができなかったからだ。死は怖ろしくはなかった。反戦とか厭戦とかが、思想としてありうることを、想像さえしなかった。傍観とか逃避とかは、態度としては、それがゆるされる物質的

特権をもとにしてあることはしっていたが、ほとんど反感と侮蔑しかかんじていなかった。(13)

彼は一皇国少年として、「自分の生涯が戦火のなかに消えてしまう」ことについて「未熟ななりに思考、判断、感情のすべてをあげて内省し分析しつくしたと信じ」た。「もちろん論理づけができないでは、死を肯定することができなかったからだ」。しかし、その考えは、戦後になって、占領軍の政策発表の民主的なあり方の見事さ、ガムを嚙むくったくない占領軍兵士たちのカジュアルさ、さらに東京裁判の過程で日本軍が大陸で行っていた麻薬攻勢などの事実が明るみに出されるに及んで、そのお話にならない世界認識としてのお粗末さを露呈し、自分は世界のあり方をまったく正確には摑んでいなかった、という茫然自失の念に彼を突き落とす。

しかし、そうであれば、彼がその「文学的発想」であれ、ともかく徹底的に、「内省し分析しつくした」ことは、彼が「世界認識の方法」に向けての洞察を得る上で、なくてはならない要素だった、としなければならない。その不可欠の契機が、あのように否定すれば脱落する以上、彼は、それを、否定してはならないのである。

したがって、吉本がいおうとしていることは、ほんとうなら、こういうことである。つまり、「内在の方法」は、それだけなら必ず、論理が進展し、関係世界にふれると、その接触点で、挫折する。しかし、だからといって、その関係世界の明視の場所から、この盲目的な「内在の方法」を、否定してはならない。なぜなら、この「内在の方法」は、ある盲目的な状況にいて、そこで問題にぶつかる人間が、そこからものごとを考えてゆく際の不可欠の道程を、象徴しているからだ。それは、一つの「迷妄」ではあるが、それこそ特別の明察なしに世の中を生きる人々が普遍的にそれを手にする、動かしがたい「迷妄」＝誤りなのである。するとどういうことになるのか。わたし達はここに内在の方法に対する「否定」ではなく、「付加」をこそ、要請されることになる。つまり、内在の方法、あの自画像制作の方法は、これだけでは誤る。それをどこまで延長していっても、けっして関係世界の認識には到達しない。一国民俗学の方法をどこまで延長、拡大、集合させても、けっして世界民俗学にはならないように、徂徠のいう「大」が、「小」の合算からはけっして帰結されないように、「内在」はどこまでいってもそれだけでは、「関係」をとらええないのである。しかし、この「内在」の方法に列島のような環境に住む人間にとっての、ここからはじめることの不可避性、必然性があるなら、わたし達は、こう考えなければならない。この内在の方法はよい、しかし、それは別の観点に〝転轍〟されなければ、必ず誤る。この方法は、自己から別個のあり方への〝転轍〟を繰り込むことを、本質的に要請されている、と。つまり、これは、自らをまっとうさせようとすれば、自分を「関係」へと〝転轍〟させなければならない、そういう思想なのである。

しかし、この書評でのいい方こそ、「内在」の否定というものになっているが、吉本の思想が、全体として、「関係」の観点からする「内在」の否定であるよりは、「内在」から

「関係」へという〝転轍〟の構えになっていることは、それまでの、またそれ以降の、彼の仕事に明瞭である。具体的には、彼はこの後、小林の宣長論に対し、彼自身の自画像制作の論を書いて、これに答える。小林の死後着手され、四年の歳月をかけて完成される、『柳田国男論』がそれである。

2　自画像制作と世界認識

吉本は、先の書評で、宣長の「大和心」「大和魂」について、こう述べていた。

小林は、そこにいわれる大和心を、漢意の「学者的態度」に対して、「生活態度」に立脚する考え方をさすといっている。そして、これを「国民」的なものに結びつけ、日本独特の伝統の中に着地させている。けれども、宣長のいう「大和心」＝「生活態度」の本質は、小林のいうようなものでもないが、宣長の考えるようなものでもない。それは、もっと広い、人類的な、「未開の自然宗教的な感性と思惟」に、根ざすものである。

宣長が「才《ざえ》」というときは漢学儒学的な異国文化の教養を、そして「大和魂」というときは、わが国の天地草木ことごとく神という未開の自然宗教的な感性と思惟を指していることは、はっきりしている。これは宣長のいうようにわが国だけにある「万邦無比」なものでも何でもなく、ゲルマンの森林にもラテンの海にも、ポリネシアの

島にも、おおよそ未開の自然宗教の遺制のあるところに、いつも人類が体験した感性と思惟にほかならない。(14)

小林は、宣長における「漢意」と「大和心」の対位が語るのは、中国と日本という排外的二元論であるよりは、知的態度と生活的態度という二つの異質な態度の対照だというのだが、吉本はそれを、もっと大きな概念的な対位に広げ、ここにあるのは、知的態度と生活的態度を一緒にしたものとしてのいわば〝文明の観想的〟な「感性と思惟」と、それ以前の〝未開の自然宗教的〟な「感性と思惟」との対照だと、いうのである。

ところで、ここにいわれる「未開」性が、「ゲルマンの森林、ラテンの海」から「ポリネシアの島」にいたる幅でとらえられていることからわかるように、それは、文明的、文化的なものと、民俗的、野性的なものの対照をも意味している。宣長の「漢意」と「大和魂」を、小林は、自分の批評的原理に引き寄せ、「知性」と「常識」の対照だといってみせたが、これに対し、吉本がおくのは、それよりも柳田の考えに近い、「文明」と「民俗」という二元論なのである。

しかし、ここで彼は、単に柳田の二元論を踏襲しているというのでもない。柳田の「常民」は列島から南島、ポリネシアという幅で構想されている。けれども、吉本はそれを、「ゲルマンの森林」から「ポリネシアの島」までの幅に拡大している。吉本が、儒学的(＝文明的)思考の対項として、小林のいう日本の一般人の「極く普通の生活(＝文化)態度」、

「大和心」に代置するのは、柳田の「民俗」よりも広い、概念としての、「未開の自然宗教的な感性と思惟」、後の言葉にいう「アフリカ的段階」ともいうべき世界なのである。[15]

『小林秀雄集』解説で、吉本は、「思想は肉体を離れて独り歩きできない」というのが小林が『本居宣長』で到達した最終点の認識だが、「これは、柳田国男の考え方とたいへん近い」と述べている。吉本が小林の描く宣長を批判した時、彼の頭にあったのは、もう一人の自画像制作の試みの実行者としての柳田ではなかったかというのがわたしの想像である。じじつ、その後、吉本はその柳田をめぐる考究にとりかかるが、[16]それは、内容から見て、この本にいう、自画像制作の論といってよいものに、なっている。

そこで彼は、ほぼ、こういう。

柳田が行ったことは、「内からの視線」と「外からの視線」の交錯として、日本人の像をとらえようという試みである。彼は、ミクロの次元では、それに成功した。しかし、マクロの次元では、それに失敗した。

ミクロの次元での成功とは、こういうことである。彼は、柳田国男の記述文体というミクロな次元に現れた本質を、次のように描いている。

柳田の記述の本質は、それが、内視鏡と外視鏡を兼ね備えた二重の世界になっているということである。まず、内視鏡という側面を、こういうことができる。柳田の文章を読むと、それを彼が、そこに書かれていることは当然読者にもよく知られていることと考え、そのことを前提に書いている、という感じがわたし達にくる。そういう感じをわたし達に与えるということが、彼の文体の特徴だという気さえしてくる。たとえば彼が日本の村里の婚姻の風習について書くとしよう。その場合、彼にはその風習に関する論理も調査結果も膨大なものが用意されているのだが、彼の文体を動かしているのは、そういう学者的な関心ではない。そのいずれとも違う、ある「固有の熱い思い入れ」があって、論理や調査結果は、その「思い入れ」の結び目に合わない限り、「使われぬまま捨てられてゆく」。そんなふうな記述であるために、わたし達は、読んでいるとそこに書かれていることについ引き込まれ、やがて「内部からの感覚」のよみがえるのをおぼえる。そこに現れるのが、「内視鏡で写している」とでもいうべき、内側から見られた光景という、独特な感触である。

書きしるしていく柳田国男の文体も、それを読んで惹き込まれてゆくわたし(たち)の方も、ほら、改まって言わなくてもわかるだろうといった暗黙の契約を、どこかでかわして〈読むもの〉と〈読まれるもの〉の関係にはいっている。いわばかれの方法も文体も読者の無意識が、村里の内側にいる感じをもつことをあてにし、それを前提に成立っている。(17)　(傍点原文)

ところで、ここに語られている日本の村里の婚礼の習俗を、柳田を離れて考えてみるなら、この視線と対照的な、「外部から視ている視線」というものを想定できるはずである。

そしてその視線から見るなら、この同じ村の婚礼の風習は、「環オセアニア圏の島嶼であり、同時に東南アジア、東アジア、シベリア沿海で大陸に接した小さな列島」でもある島国の、ある「原住民の婚姻風習として視え」てくるだろう。その場合、「この外視鏡に写った婚姻風習は、内部にいるわたしの視線とまったくちがった像《イメージ》にみえる」に違いない。さて、先の「内視鏡で写している世界」と、この「外視鏡に写った」世界は、同じではない。ズレをもつ。柳田の文体は、「内視鏡で写している世界」をわたし達に示すが、同時に、どのようなわけか、そこに「外視鏡に写った世界」もあることを予想させ、その結果として、両者の「空隙」(＝ずれ)の感覚を喚起する。

わたしの内視鏡に写ったわが村里の婚姻風習と、外視鏡からみえるはずのおなじ婚姻風習の像のあいだにはひとつの〈空隙〉がある。そして柳田の文体は、ときに読むものにこの〈空隙〉の存在を喚起するのだ。(18)

それが柳田の文体の示唆する本質で、そのズレの感覚を喚起されるたび、わたし達は、「またいつも感ずるあれだ」という既視感をおぼえる、というのである。

ところで、なぜそのようなことが起こるのだろうか。

吉本はいう。それは、資質、感性の問題ではない。たとえば高群逸枝は、そこに柳田国男の文体と論理の秘密があることを見抜けずに、こうした柳田の婚姻論を、単なる内視鏡の産物と見て、それが客観的な把握にいかに耐えない恣意的な論述かと批判している。けれども、その高群の婚姻論は時代時代の支配階級の「典型的な豪家の婚姻」をもとに歴史的変遷を追った通常の「正統な歴史的な考察」というにすぎず、むろんここにいう内外の「空隙」をとらえるものとは、なっていない。高群の考察は、時代ごとの支配階層の婚姻変遷史を平明に腑分けするが、柳田のそれは、「かれのかんがえる『常民』の概念が成立つような、村里の人々」の婚姻習俗の変遷まで、したがってよそから来て人々を支配する階層のではなく、「いつも同じところにいる住民」のそれにまで、届いている。「常民」とは、「いわば歴史的な時間を生活史のなかに内蔵し、共時化している存在をさ」す。柳田のほかに、誰もそこに生じる「〈空隙〉や〈亀裂〉」の感覚を露出させたものはいない。この内外の視線のとらえる像の間の「空隙」と「亀裂」の感覚の露呈は、柳田により、意識的にめざされたものと、考えられる。

吉本は書いている。

> 柳田国男じしんは、この外視鏡と内視鏡の像のあいだに浮びあがる〈空隙〉と〈亀裂〉の意味を、人々に気づかせたかったとおもえる。あるばあいには外視鏡から覗いたらどうなるか熟知しながら、あえて記述を断念してみせることで、じぶんの内視鏡の壁の内側に、自身で既視現象を産み出してみせた。(19)

また、〔共同体の共通幻覚を語る文体にふれて――加藤〕ちょっとみただけではこの文体は、まったく内視鏡の視線だけで、わが固有の村里の語り草や、共同の幻想を、民俗現象として記述しているだけのようにみえる。鮮明すぎるイメージと、ある未知なものへの恐怖感みたいなものが、柳田国男の資質から文体に運ばれている。

だがもうすこし注意してみると、外視鏡の視線をまったく知らずに、固有の村里の語り草を、ただ記述しているとはとうていおもえなくなってくる。すでにあらかじめ把握されたひとつの外部からの世界像があり、それを文体に潜在させ、しかもその記述をじぶんに禁じていると感じられてくる。そしてじしんの内視鏡の視線と、表面では禁じたじぶんの外部からの世界把握とが交錯するところに、いわば既視現象みたいに、あの〈空隙〉や〈亀裂〉の像《イメージ》を浮び上らせている。(20)

さて、吉本は、ここで、これまで誰もが柳田の文章に感じながら、うまく取りだせなかったものを、言葉にしているのではないだろうか。それは、わたし達の先に行った考察に、もう一つの観点を加える指摘でもある。

わたし達の考察にそっていえば、ここにいわれていることは、こういうことである。柳田は、「内在」と「関係」の交錯としてその文体を作りえている。柳田が「民族学」への抵抗として構想した「民俗学」の学の本質は、彼の主張の面(マクロな次元)では屈曲したが、記述のレベル(ミクロな次元)では実現している。しかし、ここから新しくわかることがある。わたし達は、先に、民俗学の本質とは、「内からの視線」による事象の観察であり、民族学の本質とは、「外からの視線」による事象の観察だと考えたが、そうではなかった。ここでの民俗学と民族学の対照とは、むしろ民族学が「外からの視線」という一方向の視線だけからなる事象の捕捉の学問であるのに対して、民俗学が、「内からの視線」と「外からの視線」の両方向の視線の交錯として事象を捕捉する学問であることに、あるからである。両者の関係は、「内」と「外」ということにあるのでも、「内在」と「関係」ということにあるのでもなく、「『内』と『外』」(「『内在』と『関係』」)の双方向性——二次方程式性——と、「外」(「関係」)の一方向性——一次方程式性——の対比にあると、考えられるのである。

吉本は、柳田の旅行の記録にふれて、こういっている。

柳田は自分の方法を「旅人」の方法とみなした。彼の「旅人」は、名所旧跡の跡をたどる世の旅人とは違っていた。彼は、山や平地の景観を、単に「美的な風景」として見るのでもなく、「地理」としてみるのでもなく、「生活史」として見る見方を確立した。物見遊山の旅人の「美的な風景」の観賞が内の視線による観察で、地理学者の調査が外の視線による観察だとすれば、「生活史」として「山や平地の景観」を見る見方は、自分の見るものが、そこに住む人にとっては別に見えていることを繰り込んで、見るということ、内と外の視線の交錯として見ることを、意味している。彼は、「土俗を通過する外部の眼」として民俗に対したが、その意味したものは、単なる外部の眼の採用でもなければ、また当然、内部の眼への同化でもなかった。それは、彼が地理学者でも常民でもない、ということ、地理学者の眼と常民の眼の交錯する場として存在するということを、意味した。彼はそういう場を、「旅人」と呼んだ。

ひとつの村里や町の内部に住み着いていても、人事の気配と一緒に変化してゆく景観は、いったん変わってしまうと、すぐにもう元の景観がどうだったかを想い起こすのは難しい。（略）

この風景の変貌を記録しておくには、映写装置や絵画や地図を、いわば年毎、月毎、日毎、晨夕に働かせるほかにすべがない。柳田は旅人の記憶が、映像記録装置のない時代に、風景の変貌に拮抗できる唯一のものだとかんがえた。村里の内部に定住するものの眼には、微分的に変化していく風景をとらえることはできない。柳田は村里の変貌を記憶し、これを眼底に記録するものの機能を「旅人」に背負わせた。(21)

吉本は、その「内からの視線」と「外からの視線」の交錯の文体に、柳田の民俗学の核心はあったと、いう。柳田は、そのような意味で、民族学的なあり方への抵抗の学として民俗学を提示することに、個々の著作のミクロな次元においては成功している。しかし、その彼の方法も、マクロな次元では、ある致命的な弱点を露呈している。マクロな次元とは、概念的な次元であり、具体的には、彼の民俗学の中心概念である「常民」という概念をさしている。その第二の論点について、吉本は、いう。

その「常民」概念をつねに「内から見られた像」として示してきた柳田も、最後にはこれを、「外から」の吟味にたえる形で提示している。その晩年の書『海上の道』がそうである。

そこで彼は、いわゆる「国民」、「民族」としての日本人と別種の「常民」としての日本人がこの列島にいること、またその日本人のほうが、ふつう「日本人」について考えようという時、より重要な考察対象となるべきことを、「船」という概念を手がかりに、次のように、あざやかに説明している。

日本の古書である記紀は、ともに、古代王朝の東遷以前の出発地を南九州の地(日向)として描いている。これは、朝鮮半島から渡来した集団が、いったんその地まできてそこで数世代か〝休息〟した痕跡とも、南方から海の道で北上してきた集団がそこに漂着し、やはりいったん〝休息〟し、大きな「船」を手に入れるまで待機した痕跡とも、受けとられるのだが、いずれにしても、そこからの「稲の民」の海の道による北上により、稲の伝播がなされていると考えると、そこに、二種の「日本人」の分岐を、特定することが可能になる。

古代人の移動は、主に海流を動源としている。そこで、「船」を、主たる力源としての「帆」「棹」「櫓」、大きさ、性能、操船技術の総体としての動力という概念に見立てるなら、古代の人々は、その地から北上海流に乗り、豊後水道にさしかかった時点で、もし「船」が高度であれば(大きければ)、この海流を離脱し、瀬戸内海方向に〃左折〃しただろうし、またもし「船」が高度でなければ(小さければ)、そのまま海流に運ばれて、その後、紀伊半島、東海地方、房総半島、東北の太平洋沿岸と、海流の勢いの弱まりに応じ、転々と漂着していったろうと考えられる。

ところでこの岐路は、「流線の分岐であるとともに時間的な差異」を意味している。つまり、ここで豊後水道を〃左折〃して瀬戸内海に入った人々は、古代王朝を作りあげ、そのまま海流に運ばれた人々は転々と漂着しては稲の民となっていったはずだが、ここにいう小さな「船」の時代の人々は、大きな「船」の時代の人々より、ずっと時間を遡る、古い時期の人々だっただろう。彼らは、豊後水道で、そのまま海流を離脱できずに、北上し、列島各地に転々と漂着し、稲作技術とともに、その地に点在して住み着くようになったに違いない。そして、その後、だいぶ時間をへてから、高度な「船」をもった人々が、瀬戸内海に入り、その沿岸地方に上陸していくことになったはずである。

つまり、柳田は、前者、小さな「船」で海流に乗り、そのまま運ばれて列島各地に漂着した人々が、自分のいう「常民」であり、これらの人々は、それから遥か後の時代に、大きな「船」で瀬戸内海に入り、古代王朝を作った人々よりも、ずっと基層に位置する、列島に生きている人々の本源をなす「日本人」だといったのである。

しかし、そのことはただちに、柳田がその「常民」概念を関係世界に〝外化〟できたということを意味しない。むしろ、問題は、この彼のいう「常民」が、このように外在化されてなお、どこまでいっても古代王朝を作った「日本人」と、つながらなかったことにある。では、この「常民」とあの古代王朝の「日本人」は、どう関係するのか。吉本はいう。柳田の語る「日本人」(=常民)は、点概念としての日本人である。そのような概念把握にあっては「どれだけの人口が、どれだけの期間に、どの地域からどの地域の島々まで分布したか」、また「先住している縄文の諸種族とどう混合し、どういう制度的な関係を結ぶようになったか、と問おうとしても、意味をなさない」。

> 柳田の概念の弱点を問うとすれば、かれの〈起原〉や〈到来した人〉としての「日本人」の概念が、時間的にも空間的にも点概念の動きとしてしか成立しておらず、移動の方位に流れたときに、わずかに線分を構成するにすぎないことである。柳田が想像していた画像をいえば、ほとんど無人のヤポネシアの島々に、わずかな人数の〈稲の人〉が、つぎつぎに充ち塡ちていくイメージをもっていたとしかおもえない。これは途方もない誤解のようにおもえる。(22)

柳田の「常民」の論は、ちょうど宣長の歌論が文学の領域では儒学的概念に対する有効な抵抗でありえたように、列島の「国民」概念を相手にしている間は、たとえそれが自ら「稲の民」として示される場合であっても、先に見てきたように、それに対する有効な抵抗でありうる。けれども、宣長の歌論の主張が、現実の儒教倫理を前にすると、一転して〝棲み分け〟の論理となり、その抵抗の無効ぶりを露わにしないでいなかったように、柳田の「常民」の論も、関係概念としての資格を問われるや、とたんに、その無効ぶりを露わにするのである。

吉本は、敗戦直後に行われた石田とのやりとりで柳田が行った駁論は、柳田の民俗学の観点を逸脱しているが、それは問題となった江上の騎馬民族説に示された「日本人」観への「抜き難い不信」が強かったための勇み足だったろうという。しかし、彼によれば、柳田の「常民」論のもつこのレベルにおける誤解は、江上の騎馬民族説が、それを聞く人に、「無意識のうちに短い期間のあいだに、数千人の騎馬にまたがって異種族が、眼立つようにやってきて、北九州に上陸し、瀬戸内海を経て畿内に入ったというイメージを抱かせるのが、途方もない虚妄」だと思われるのとまったく同じ意味で、虚妄とみなされなければならないものを含んでいる。それというのも、ここで江上がおり、柳田がいるのは、現実に人の生きる世界だが、そこでは「内在の視線」と「関係の視線」の複合として世界が構成されている。しかし、江上には「内在の視線」が欠けており、柳田には「関係の視線」が欠けている。両者の描く像は、その虚妄の度合いで、どっちもどっちといわざるをえない相似を、示すことになるからである。吉本はいう。

柳田が「日本人」を〈稲の人〉という点概念であらわしたことで、あとのこる問題はひとつしか考えられない。柳田の「日本人」はどこまでいっても、制度の構成された秩序、あるいはその頂点にある初期王権をどうやって産出したのかということと関わることはないことである。ひと通りの意味でいえば、柳田の「日本人」の概念は、どこまでいっても〈稲の人〉としての常民であり、自然法的な村落共同体の秩序をのぞいては、べつに秩序や制度を構成することはないものであった。(23)

吉本のこの二つの指摘は、結局、わたし達に二つのことを教える。一つに、それは、柳田の中に、「民俗学」が、最終的に、ミクロの次元での「内からの視線」による「外からの視線」への〝抵抗〟として、生き続けた、ということである。しかし、このミクロの次元での「内からの視線」による「外からの視線」への〝抵抗〟とは何か。ここまできて、わたし達はもう一つのことに気づくが、つまり、これは、前節でわたし達が見た、「内からの視線」が「外」に向う時、必ずぶつからざるをえない関係世界のとば口での挫折点における〝転轍〟の、ちょうど逆から見た場合の、いい方なのである。

「外からの視線」がある内部事象を考察しようとする時、それは、あるところで「内からの視線」に〝転轍〟しなければ、内部事象を見誤る。たとえば高群逸枝の日本婚姻史研究が列島の婚姻の変遷をきれいにたどりながら、歴史研究の一応用例にとどまり、日本の婚姻に含まれる全問題の振幅をとらえるものになっていないのは、それが単なる「外からの視線」による内部事象の考察にすぎないからである。自画像制作の学の問題点としてこれまでわたし達が見てきたことは、「内からの視線」がその考察対象を外部事象(関係世界の事象)に向ける時には、関係世界からの〝外圧〟がかかり、盲目になる、そのため、あるところで、その世界機制の偏差を内部に繰り込み、自分を関係世界向きに〝転轍〟しなければ、外部の関係事象を見誤る、ということだった。ここにあるのは、それとちょうど逆方向から見られた場合の問題、外から内部事象を見る場合にも、内部世界からの〝内圧〟がかかる、あの〝抵抗〟は、その内圧にあたっている、ということだったのである。

内から外にむかう場合の〝転轍〟が不可避なのは、内在の世界と関係の世界が異質だからである。しかしそのことから、もう一つのことが出てくる。外から内にむかう視線も、〝転轍〟を要する。そして、このもう一つの転轍は、世界認識の方法も、自画像制作の学へと転轍しなければ、世界を深く認識することはできない。そういうことを、このことは、先にいわれたこととは別のこととして、新しくわたし達に教えるのである。

さて、ここまでくれば、わたし達は、こう結論へと歩みだしても、よいだろう。

柳田の民俗学は、ミクロな次元で、「内在」と「関係」の関係を生きた。それは、外からの視線が内からの視線を内包しただけでなく、また、内からの視線が、外からの視線をあらかじめ自分の外延に〝予約〟するものとして、存在した、ということである。(前者は生まれてこようとする子供を体内に感じる母親を思わせる。後者は、死後の自分が、宙

に浮んで自分を見ているると感じる瀕死の死者を思わせる）

では、もしマクロな次元でも、「内在」と「関係」の関係が生きられ、内からの視線が、外からの視線をあらかじめ外部に〝予約〟して、存在するとしたら、どうなるだろうか。柳田の場合に即していえば、それは、「常民」の論が、自分には「関係」の意識が欠けているという弱点を、あらかじめ自分に繰り込んで、論として存在する、ということである。「内在」が自分と違う、自分にはない捉え方のあることを予期し、それとのズレを繰り込むとは、具体的には、そういう機制をもつことを意味するように思われる。その欠如の意識は、当然に、「常民」の見方では覆えない関係の領域を、欠如態で、自分の「常民」論の中に繰り込むことを導く。そして、その場合、このいわば自乗化された「常民論」は、同様に、「関係」の視線では、「内在」を捉えられないことを自覚し、「内在」とのずれを繰り込んだ自乗化された「関係世界」の論と、一対の関係におかれるだろう。そして、このマクロの次元のあり方の革新は、ミクロの次元にも、新しく、そこでの外からの視線が、内からの視線を内包して存在する、というあり方をもたらすはずである。

ここに想定される常民論と関係世界論の一対が、わたしの考えでは、マクロの次元における、「内在」と「関係」の基本的な関係にほかならない。

これは、自画像制作の論が、関係世界の学と一対になることで、はじめて、自己の認識の学になるということである。しかし、関係世界の学も、それと同時に、自画像制作の論と一対になることで、はじめて、世界認識の方法となることを意味している。

わたし達は、自分を知るためにも、世界がどのような成り立ちをしているかを知らなければならない。同時に、世界を知るためにも、それを構成する一つ一つの要素が、どのような内から見られた像として存在しているかを、知らなければならないのである。

3 『古事記』の中の「アフリカ的段階」

さて、吉本隆明は、一九九八年に書かれた『アフリカ的段階について——史観の拡張』を、このように書きはじめている。

ヘーゲルは歴史についてはじめて世界的な規模の哲学をつくりあげてみせた。一九世紀の前半のころだ。歴史は誰にも納得できるようにいえば、もともとある現在の瞬間に世界中のすべての人間が、何をかんがえ、どんな行為をしているか、その総和を意味している。すると(略)ある瞬間とつぎの瞬間とでは歴史の貌はさしたる変化はない。(略)だが(略)時を経て比べてみると、その貌ははっきり判るように変わっている。するといちばんわかり易いのは、ある瞬間、ある時代の貌を基準にとって、その前と後でどう違っているかを推論してみせることだ。ヘーゲルは同時代の西欧社会をいちばん発達した場所として基準において、世界史を区分した。それが歴史の哲学の基本だった。(24)

歴史はほんらい、その世界に住む個々の人間に生きられているそのあり方(内から見られた像)の総体であるべきだが、それは内側から見られている限り「さしたる変化」を示さず、外から見られない限り、変化の構造を現さない。そのため、勢い、「ある瞬間、ある時代」のあり方を基準に、外部から「わかり易い」方法で秩序立てて説明する方法が採用されることになる。

そう述べ、吉本は、ヘーゲルが、この外在史の基準＝ゴールを同時代、一九世紀の西欧社会に定め、そこから他の世界を観察し、意味づけ、段階ごとに区分することで、歴史の哲学を完成させた、と指摘している。

読めばわかるように、村の婚姻の動向をめぐり、内視鏡と外視鏡の視界を重合させた柳田の「旅人」の方法と、支配階級の「典型的な豪家の婚姻」をもとに歴史的変遷を追っただけの高群逸枝の通常の外在的考察について語られたと同じ比較軸が、ここに、そのままに生きている。

一九七八年に書かれた小林の『本居宣長』に対する批判に続き、その九年後、一九八七年に書き上げられた『柳田国男論』からさらに一一年、「史観の拡張」をめざし、新たな世界史論として上梓されるこの吉本の晩年の著作を、自画像制作の観点から見られた吉本の思考の集大成、柳田がもし関係世界にその「常民」論を展開できれば、提示できたかもしれない、世界関係論の一例として受けとることができる。ここまで述べてきた、自画像制作の方法が、関係の世界の壁にぶつかり、そこで関係の思想へと転轍したあげく、さらに、関係の思想から自画像制作の方法(内在の思想)に還流し、これを取りこむことで生みだされた、世界認識の思想の達成の一つがここにある。

この本に語られていることを、これまで用いてきた概念と、吉本の柳田国男論の言葉で言い直せば、こうなるだろうか。

従来、ヘーゲルに代表される西欧の歴史哲学の考え方では、世界の歴史は、もっぱら外から関係の世界の中で見られ、計量され、価値づけられてきた。したがって、西欧の文明の到達点をゴールにする価値観のもと、フマニタス(人文学)の観点に立ち、その観察対象を多少ともアントロポス(同類異種)として位階づける歴史が、世界史をつくりあげてきたといってよい。

そこでは、観察主体と観察対象の主客のヒエラルヒーが疑われることも、観察主体が、自己と、他を、同じ対称的(シンメトリック)なあり方で意味づけることの必要が顧みられることも、たえてなかった。

世界は、誰にも納得できるようにいえば、「もともとある現在の瞬間に世界中のすべての人間が、何をかんがえ、どんな行為をしているか、その総和を意味している」――つまり、それぞれが内から見られた像として存在している世界を構成する一つ一つの要素の、外から見られた総和を意味している――のだが、しかし、そうした世界の内容は、内から見られている限り、関係の構造をもたず、変化として取り出されない。内から見られた像には、むしろ人間の不変の生存の相が現れてくるからだ。そのため、歴史の見方は、どうしても、山稜の稜線伝いに「変化」を取りだし、外からの見方に立つ外在史としてはじまる。つまり、世界認識の方法は、それもまた、まず、自画像制作の方法を欠かして、外在的、一面的なものとしてはじまるほかにない理由を、もっているのである。

そのため、ヘーゲル、さらにマルクスの史観においては、その外から見るかぎり後進性を露わとするアジア社会は、アジア的段階として受けとめられ、さらに遅れたアフリカ的な社会は「未開」の段階として、歴史の外に排除されるようになる。

たとえば、一七世紀前半、長崎平戸に着任し、日本人と結婚し、日本語に熟達した初期の日本社会の記述者であるフランソワ・カロンは、『日本大王国志』の中で、日本をいわばアントロポス(同類異種)の社会として観察して、江戸前期の日本の原住民社会の刑罰がいかに理不尽で残虐なものであるかを縷々、詳述した。他方、明治維新直後の日本を踏査した異色のイギリス人女性探検家、イザベル・バードは、やはり同じ関係構造のもと、明治初期の東北部の奥地の「原住民たち」がいかに西洋のフマニタスの観点から見ても評価すべき「美質」をもっているかを述べ、これを称揚している。

そして、そこではアントロポス(＝原住民)として現れたわたし達も、やがて、近代化をへると今度はフマニタスの側に無自覚に身を転じる。各種エリートの一隅に、民族学者なる知的選良が生まれてくると、今度は新参の文明国の立場から、さまざまなほかの地域の住民を民族学的観点に立ち、アントロポス(同類異種)として観察、考察、記述するようになる。

しかし、これでは仕方がないのではないか。せめて、一度はアントロポスとして記述された当事者意識をもつわれわれこそが、フマニタス一辺倒の西洋の民族学的なあり方の非対称性を指摘し、それを克服する新しい学問構築の先頭に立たなければならないのではないか。新たに西欧自体に、自ら自己を観察と考察の対象に据えようという民俗学(自画像制作の学)創設の機運が生まれようとしている現在、「日本人の如き唯一無二の境遇に立つ者」が「受売翻訳を是れ事とするなど」、あってよいはずがない。「すなわち自ら研究し「これによって自分を知ろうと努めるに止まらず、更に又迷へる外国の民俗学者を導かねばならぬ」、こう一九二六年に柳田国男は述べたのだが、その柳田の言葉が、世界戦争をへて、一九九八年、ヘーゲルの世界哲学の「外在史」的な構造の脱構築という、この吉本の提言に、結実しようとしているのである。

先に、一九七八年、小林の『本居宣長』について、吉本は、小林のいう「大和魂」は、漢学儒学的な異国の教養に対する日常の感覚にとどまるが、そもそも宣長のそれが、このような位相を突き抜けて「わが国の天地草木ことごとく神という未開の自然宗教的な感性と思惟を指していることは、はっきりしている」と指摘していた。そのうえで、しかし、「これは宣長のいうようにわが国だけにある『万邦無比』なものでも何でもない」、と述べ、そうした未成の「感覚と思惟」は、「ゲルマンの森林にもラテンの海にも、ポリネシアの島にも」ある、「おおよそ未開の自然宗教の遺制のあるところに、いつも人類が体験した感性と思惟にほかならない」と続けたのだが、二〇年後、彼はそれを、漢意に対する大和魂ではなく、ヘーゲルの世界歴史(外在史)に対する「アフリカ的段階」からの脱構築の企て、世界の歴史を「外在史」と「内在史」の重合性として組み替える画期的な提言として、述べ直すのである。

彼はいう。

ヘーゲルは、先にいう山の稜線をたどる仕方で世界史を構想したが、その結果、西欧の同時代の価値観から判断して動きの乏しい、また、遅れたアフリカなどの地域は未開の「旧世界」として除外され、後退的なアジアなど非西洋の地域も西洋世界と関係する限りで二次的な価値をもつ世界とみなされることになった。ここで切り捨てられているのは、ヘーゲルの近代的な見方からは無意味なものと判断される始原世界の未明性である。しかし、もし世界史という概念が成りたつとしたら、世界を構成しているすべての人が、日々、ふつうの生活の中で普遍的に経験している全領域的な「生きること」の総和が、あるがままに取りだされることによってのほかはない。それ以外に、普遍的な世界史という概念が成りたつ根拠はないからだ。そうだとすれば、内在性につながる始原世界のこの未明性を排除して成り立つヘーゲルの歴史観は、もっぱら関係世界に立ち、自と他の位階性に無自覚に構築された、一面的で暴力的でもある、近代的な産物といわなければならない。

そもそも、この始原世界の未明性とは何か。

ここでヘーゲルに切りすてられた「未明」な要素を、仮にアフリカ的な世界と呼んでみよう。するとそこで生きられている精神世界は『古事記』などの日本の神話にも、北米のネイティブ・アメリカンの創世神話にも、また太平洋の島々の民話などにもみつかる、「未明の社会の世界普遍的な共通性」であることがわかる。西洋の旧約世界にすら、ヨブ記などのうちに、その未明性の片鱗が認められる。

重要なのは、この未明性がけっして過去の存在なのではないということだ。それは現在を生きる私たちの心性の中にも、生活の中にも、生きている。それは、いわば内在と関係の重層としてあるわたし達の二重の生存の基層が、歴史の始原に遡って「露頭」しているその姿なのだ。現代社会に生きるわたし達の中にも、この未明の精神世界が、自然との交感の力、あるいは理性的な力の損耗と不在を通じて、なおありありと生きている。

この外在史と内在史の一方を担うものとして、いま空間的な地域区分とも時間的な時期区分とも異なる概念として「段階」という考えを新たに設け、これを、ヘーゲルの歴史から未明性として除外されたアフリカに因んで、アフリカ的段階と名づけよう。そうすれば、この従来型の世界史の考え方を変革するうえでのカギは、この内在の「段階」を文明と人間の「母型」として組み入れ、そこから世界史を組み替えることと推量される。

吉本は、両者の比較軸を「内在」と「外在」の相のもとに置く。

　ヘーゲルはいわば絶対的な近代主義といえるところから、世界史を文明の発展と進化の過程とみなした。そこからは野蛮、未開、原始のアフリカ的なものは、まだ迷妄から醒めない状態としかかんがえられるはずがない。たしかに自然史(自然をも対象とする歴史)としては妥当な視方だという考えも成り立つ。だが人間の内在史(精神関係の歴史)からみれば、近代は外在的な文明の形と大きさに圧倒され、精神のすがた形はぼろぼろになって、穴ぼこがいたるところにあけられた時期とみることもできる。(25)

吉本は、ここにいわれるアフリカ的段階における人間の姿を、ネイティブ・アメリカン・チェロキー族の少年を主人公とする小説などを例に、描き出す。それと『古事記』の世界が、ともに「天地草木ことごとく神」という「自然まみれ」の世界として、この新しい世界認識の学の中では一つのものとなっている。先に宣長により、『古事記』において「道という概念のないこと」がそこに「道という事実のあることを語っている」と述べられたことが、ここでは、アフリカ的な段階という関係世界の概念のもと、語り直されているのである。そこでは、人間が動物や植物や自然の事物との間に、文明世界の人間には思いも及ばない、深い交感の世界が作り上げられている。吉本は、ネイティブ・アメリカンのチェロキー族の少年の話を引き、そこでは伐木される木と人たちが一体の存在であることを示し、それがまた、宣長の論じた『古事記』の自然まみれの世界とともに、アフリカ的段階を示す世界をなしているゆえんを、次のように語る。

ここまでみてきて、日本神話『古事記』や『日本書紀』の初期の自然認識は(チェロキー族の世界と――加藤)おなじ質のものだということがわかる。たとえば『書紀』の一書のイザナギ・イザナミの国生みの記述で、イザナギノミコトとイザナミノミコトが大八洲国を生んだあと、国が朝霧のようなものに覆われるのを見て、イザナギが呼気で吹きはらうところにシナトベノミコトという風の神が生まれる。(略)また海に生まれた神はワタツミノミコト、山の神はヤマツミノカミであり、(略)樹木の神はククチノチノカミであり、大地の神はハニヤスノカミである。この全自然物は神として存在しているという初期日本神話の記述は、はっきりとプレ・アジア的(アフリカ的)な段階にある特徴のひとつということができよう。(26)

しかし、ひるがえって考えれば、こうしたアフリカ的段階にある世界は、どんなに精神世界として豊かであっても、他方、政治制度的には「土地、財産、奴隷、生産物などの全所有がひとりの専制的な王に属する」、野蛮で残酷な世界でもあるのではないか。そこで人々は幸福だといえるだろうか。はたして、こうした世界に価値を求める史観には理があるのか、という反論が、当然出てきうる。だからこそ、ヘーゲルは、これを未開社会という判定のもとに切り捨てた。そしてその果てに、いまのわれわれの近代の名の下での生活と価値観とがある。そうである以上、こうした主張は、いま、一種の郷愁にすぎないのではないか。――現代の上田秋成であれば、そう、吉本に反論するに違いない。

しかし、やはり、アフリカ的な段階という内在の観点を〝繰り入れる〟ことなしに、ありうべき歴史の姿、世界の認識は得られない。それでは世界を、半面でしかみていない。そしてまた、こうした見方こそが、アフリカを現在の極めて困難な境遇に固定する世界の推移をもたらした当のものでもある。吉本はいう。

わたしたちがヘーゲルのアフリカ的な世界への理解といちばん離れてしまう点は、原住民が人間としての豊かな感情や情念をもたず、宗教心も倫理もまったくしめさない動物状態の野蛮とみなしているところだ。ヘーゲルは野蛮や未開を残虐や残酷とむすびつけ、生命の重さや人間性を軽んじている状態にあると解釈している。だが現在のわたしたちは西洋近代と深く異質の仕方で自然物や人間を滲みとおるように理解し、自然もまた言葉を発する生き生きとした存在として扱っている豊かな世界だと思っている。(27)

ヘーゲルのもとで世界史は、「文明の発展と進化」の過程としか見られていない。一元的な価値をめざし、究極の目標をめがけ、無限に進行するものとして観念されている。しかし、そのようなヘーゲルの見方は、いまの私たちの目からは、また別の意味で、野蛮で残酷、かつ鈍感で粗暴なものと見えずにすまないのではないだろうか。

吉本は、では、なぜそもそも現在、アフリカは、旧「暗黒大陸」として、完全に世界の進展から落ちこぼれた地域と見られ、また、そのような現実のうちに遺棄されているのだろう、と問う。具体的にいえば、アフリカは後進地域というよりはいまや完全に世界から立ち後れ、世界からの救済なしにはもう立ちゆかないことが明白な「お荷物」的存在と受けとめられている。アフリカまでをほんとうの意味で組み込んだ未来世界の構想は、現在、存在しないといってよい。しかし、この矛盾と破綻は、もとをただせばそもそもこれらの未明の世界を旧世界と呼んで排除することで作りあげられた「ヘーゲル、マルクスなどの一九世紀的な史観の矛盾に起因」している。こうした従来型の考え方、世界の認識を根本的にあらためないかぎり、もはや世界規模の世直しともいうべき変革が不可能であることは、火を見るよりも明らかなのではないだろうか。

吉本は、このように内在性の視点の意味を、国際連盟における柳田よろしく、関係世界の中で意味づけ、そこで何が、どのくらいの深度で変わらなければ、世の変革が不可能なままであるかと、指摘する。

自画像制作の経験に立ち、新しい世界認識のあり方が今後どのようなものに変わるべきかを、指し示すのである。

しかし、もうこれくらいでよいだろう。

世界は、わたし達が自分を知ろうとする、そのあり方が、外から見える像を要素として、構成されたものである。そこでは、わたし達は、自分を知ろうとすれば、いったん自分の外に立たなければならない。しかし、ひるがえっていえば、世界を知るとは、それを構成している一つ一つの対象が、内からはどのように見られているかを、外にいながら知ることである。そこでわたし達は、世界を知ろうとすれば、いったん世界を離れ、自分の中に戻らなければならないのである。

したがって、世界認識の方法も、自分を深める過程で、自画像制作の学とぶつかり、これを取りこまざるをえない。そのことによって、ようやくはじめて自己を更新することができるのだが、『アフリカ的段階について』と題する吉本の企ては、そのような自画像制作の方法の繰り込みによる、世界認識の方法の更新の一つの例、おそらくはその嚆矢の試みに、ほかならなかった。

終わりに——四つの象限

この本の初版を上梓したあとになされた本書への書評的な言及の中で、民俗学者、中村生雄が、ある社会学上の知見に触れる形で、こう述べている。

人が「ほんとうの私」をどんなふうに考えるかには、四つの可能性があるという。その四つの可能性のおのおのを「ジョハリの窓」と呼ぶことがあるらしいが、そのうちまず第一の窓には、「自分にも人にも見える私」が、第二の窓には、「人からは見えず自分にしか見えない私」が、第三の窓には、「人からは見えるが自分には見えない私」が、第四の窓には、「人にも自分にも見えない私」が映ることになるのだそうだ。(1)

中村は、わたしのいう「自画像制作の方法」が、このうち第二の「人からは見えず自分にしか見えない私」の取りだしにかかわるものであるといい、それがいわば四つの象限の中の一つに位置する自己への関心のあり方であることを、指摘している。

中村の指摘に助けられて、この本で私が行ったことを、およそ次のように整理してみることができる。

一、自画像制作の関心は、自分と他人の関係の意識がある段階に達したところからはじまる。それを、第一の象限の「自分にも人にも見えている自分」というものの発見、ないし、それへの違和感の発生として、述べておくことができる。人は、自分を、人から見られている自分、また、自分によって感じられている自分であることに気づくが、すると、どうしてもそのような単一な自分が存在していることに安住していられなくなる。日本の社会において、自画像制作の関心ともいうべきものが、徂徠の他者――「外国語」そして「外国人」――の発見からはじまったことも、そのような契機の一つと受けとることができる。

二、やがて、この他者の発見は、第二の象限の「人からは見えず自分にしか見えない私」の発見、またそのような「私」への関心へと人を導く。徂徠の革命が宣長の抵抗へと接続した過程を、そう受けとっておくことが可能である。

三、しかし、この「内在」の学は、かならずや関係の世界とぶつかる。宣長の思考の経験が教えるように、統一的で外在的な「まとまり」の意識に抗して、自分のそれへの違和的な「感じ方」をどこまでも深くたどっていくと、その果てで人は「つながり」の意識とでもいうべきものに、出会う。そして、そこで、関係の世界へと転轍し、「関係」の思想へと離脱していかないかぎり、人はかならず誤る。宣長は、最後、漢意の概念的思考に抵抗して不倫の恋という「もののあはれ」の核心までたどるが、そこから「倫理」へと進めば世の儒学倫理の規矩と衝突せざるをえない、ちょうどそのような地点で、立ちどまる。そしてその立ちどまりが、太陽は日本に生まれたという彼の主張を、他と関係づけられない、狂信と受けとられかねない形のままに孤立させる。この段階を、第三の象限の「人からは見えるが自分には見えない私」があることの発見、つまり関係世界との衝突、と呼んでおくことができる。

一九〇〇年前後に、西欧の学問はようやく第一の「人にも自分にも見えている自分」(フマニタス＝人間)としての学問、その代わり人はすべて自分の同類異種(アントロポス)としてしか見えてこない単純な非対称性の学問に対する自問(疑い)を生むまでに成熟する。そしてその後、その疑いのなかに、第二の「人からは見えず自分にしか見えない私」(内在の私)、第三の「人からは見えるが自分には見えない私」(関係の私)が顔を覗かせていることに気づき、その重合を考察の対象とする民俗学を生みだすようになる。これは、「自」が「自」を見るはじめての西欧における自画像制作の学の端緒にほかならなかった。

その可能性にいち早く気づいた柳田は、この自画像への関心に立つ学問を、この第三の象限の「人からは見えるが自分には見えない私」(関係)の学にまで育てようとするが、その学問的な企ては、中途で挫折する。彼は、後の吉本隆明の評価によれば、ミクロの次元ではそれにほぼ成功するが、マクロの次元で、その企ては腰砕けに終わる。彼の「常民」概念の拡散、また、「日本」への収斂のさまが、それをよく示している。柳田は、その背後に、ポリネシアの島嶼のみならず、ゲルマンの密林、ラテンの海、さらにはアフリカの草原にまで拡がる未開性の感性と思惟の世界が控えているという学問的構想をもたなかった。

同じことが、第二次世界大戦を、関係世界との衝突という形では通過しなかった小林秀雄にも起こっている。小林は宣長の大和魂を世のナショナリストたちに抗して、「日本」に帰着するものではなく、「日常」に帰着するものとして捉える。しかし、宣長がその「日常の思想」を超えて探求を続けようとした動機をうまくたどりきれず、再び言語共同体という紐帯を宣長が必要としたという方向に屈折していく。「内在」の思想が「関係」の世界にまで拡がっていかないばあいの停滞を、小林は体現している。

他方、第二次世界大戦を関係世界との衝突として経験する吉本は、そこでの皇国少年としての「誤り」を手がかりに、自分の思想を関係世界へと転轍して、新たな展開を手にする。彼は、それを「関係の絶対性」の発見(「マチウ書試論」)として語る。

その「内在」を徹底した末の関係世界への転轍は、幕末に、薩摩・長州という尊皇攘夷の雄藩が、その「内在」の主張を徹底することで欧州の列強に惨敗し、関係世界の現実にふれ、一転、尊皇開国に変節、転向したことの正確な反復でもある。

四、では、「内在」の思想を徹底し、関係世界とぶつかる寸前のところまでいった宣長、また、ほぼそれとぶつかったともいえる柳田が、もし、さらにその先に出て、自画像制作の学に基づく世界認識の方法へと手をかけるところまで進み出ることがあれば、そこに現れるのは、どのような問題だったただろうか。

それを、第四の象限の「人にも自分にも見えない私」の発見としての世界認識の学の構築と、見ておくことができる。それは、従来の世界認識の学への自画像制作の経験に立脚した異議申し立ての形をとることもあれば、その外在的な世界認識の学の自己批判の形をとることもありうる。吉本の『アフリカ的段階について——史観の拡張』は、そのうち、自画像制作の学の側からの一つの更新の企てである。

「日本人の自画像」という主題を追って、わたし達はここまできた。この主題がわたし達に語りかけるのは、ひと通りいえば、以上のようなことである。

日本において二〇〇年の幅で遂行されてきた自画像制作をめぐる思考の冒険は、それが、これまでの世界認識の方法を揺るがすていの実質をもつものであることを、その理由の深さと広がりとともに、わたし達に教える。この自画像制作の思想のめざすものが、単に日本の問題にとどまらず、新しい世界認識の方法へと道を開くものでもある、というとき、わたし達は、かつて二〇〇年以上前、宣長が述べた破天荒な主張を、また、別の仕方で語っているのである。私がこの本で試みたのは、その確認の作業、また、今後にむけての準備の作業であった。

さて、このへんで、この本のはじまりの場所に戻ろう。

わたしはこの本を、ある文化人類学者が記したアフリカの小さな部族の飢餓の現実の記録からはじめた。ある山岳に住む狩猟の部族が、狩猟を禁じられ、農耕で生きることを強いられ、そこに旱魃が続き、伝来の文化伝統を崩壊させ、しまいには社会的紐革に加え、家族的紐革すら死に絶えた「つながり」のない社会を現出させる。そこで、飢えて、死のうとする人と人とが、最後に示したのは、むろん、その部族の「まとまり」への帰還ではない。そこでは、人種だとか、国民だとか、民族だとか、そういう「まとまり」の意識は消えている。そして、同時に、家族、友人、知り合い、という関係の意識も消えている、といってよい。しかし、そこで死のうとする人は、手を伸ばし、相手の手にふれようとする。最後には、その手を離すにしても、手を、近づける。そこでは、飢えて死のうとすることの低さが、人と人をつないでいる。これら文化の累積、またその破壊の苛酷さを、生きていることの最後の息吹が、バーの下をくぐり抜ける仕方で超え出ているのである。

自画像制作の方法の起点の権利をわたしはさんざんこの本で強調してきた。このアフリカの飢えて死ぬ人が示す様子は、その方法の未来に向けての可能性をも、語っていると思う。

注

はじめに

(1)コリン・M・ターンブル『ブリンジ・ヌガク――食うものをくれ』幾野宏訳、筑摩書房、一九七四年。

第一部　自画像制作とは何か

第一章　自画像の思想

(1)この本に先立つ「日本人」概念をめぐる一連の論考は以下の通りである。項目執筆「日本人」(見田宗介・栗原彬・田中義久編『社会学事典』弘文堂、一九八八年)、「『日本人』の成立」『可能性としての戦後以後』岩波書店、一九九九年(初出『国際学研究』明治学院大学論叢第二号、一九八八年)、「『日本人』の岬」Ⅰ、Ⅱ(『へるめす』第五六号、第五七号、一九九五年七月、九月)。

(2)酒井直樹「死産される日本語・日本人――日本語という統一体をめぐる(反)歴史的考察」(『死産される日本語・日本人――「日本」の歴史―地政的配置』新曜社、一九九六年、初出一九九四年)一七二―一七四頁。

(3)森鷗外の「阿部一族」では、肥後藩で藩主に許可を得られず殉死できなかった老臣阿部家の家長が、命を惜しんでいるかのような藩での評判を耳にし、怒りを発し、一族の面前で切腹を遂げる。これが藩命に背いたこととなり、家格引き下げの処分を受ける。さらにこれに抗議する行動をとった嫡子が捕縛され、盗賊同様の扱いで縛り首とされる。この「藩」から「阿部家一族」に加えられた度重なる恥辱に、一族が決起し、藩のさし向けた討手と争闘のうえ、全滅する。ここでは、肥後藩の一員であることの「同一性」と阿部家の一員であることの「同一性」は互いに排他的でなく、共存しており、かつ、互いに相対的である。この二つの相対的な「同一性」が主客逆転し、この悲劇が生じている。しかし、ここに「国民」という「種的同一性」が現れると、絶対的排他性が生まれ、そこでの「日本国民」と「肥後藩士」の関係は共存不可能なものとなる(廃藩置県)。また、「日本国民」と「阿部一族」の関係は、共存するが、そこでのヒエラルヒーは絶対的なものとなり、「阿部一族」の同一性はつねに「日本国民」の同一性の下位に置かれる。当初、この絶対的位階性の導入のため、国民全員を「天皇の赤子」として一視同仁する、近代天皇制が必要とされた。

(4)同前、一七四―一七七頁。

(5)柄谷行人は、「一九八九年に至るまで、私は未来の理念を軽蔑していた」。ソ連に代表される「旧来のマルクス主義的政党や国家」が「存続するかぎり」、それを批判し、これに「単に否定的であるだけで、何かをやったような気がしていた」。しかし、「彼らが崩壊したとき、私は自身が逆説的に彼らに依存していたことに気づいた。私は何か積極的なことをいわなければならないと感じ始めた。私がカントについて考え始めたのは、本当はそのときからである」と、『トランスクリティーク――カントとマルクス』(批評空間、二〇〇一年)の序文で述べている。

(6)同前、一七七頁。

(7)酒井直樹「天皇制と近代」(『日本史研究』三六一号、一九九二年九月、後に「歴史という語りの政治的機能――天皇制と近代」と解題されて酒井注2書に収録)。

(8)同前、一二七―一三一頁。

(9)同前、一二八―一二九頁。

(10)ポー『アッシャー家の崩壊』佐々木直次郎訳(『黒猫・黄金虫』新潮文庫、一九五一年)五二頁。

(11)ベネディクト・アンダーソン『想像の共同体』白石隆・白石さや訳、リブロポート、一九八七年、四四頁。なお、この指摘のカギとなる「ちょうどその頃……は」という語法の「ちょうどその頃」(meanwhile)は、この訳書では単に「この間」とやや単調に訳されている。

第二章　地図という自画像

(1)応地利明『絵地図の世界像』岩波新書、一九九六年、二一―二二頁。

(2)同前、二五頁。

(3)崔官『文禄・慶長の役――文学に刻まれた戦争』講談社、一九九四年、一頁。

(4)田中優子『グローバリゼーションの中の江戸』岩波ジュニア新書、二〇一二年、一二八―一二九頁。

(5)海野一隆『地図の文化史――世界と日本』八坂書房、一九九六年、一〇八頁。

(6)室賀信夫『古地図抄――日本の地図の歩み』東海大学出版会、一九八三年、五六、六三頁。室賀によれば岡本良知、高見澤忠雄がこのような説を唱えている(岡本良知『十六世紀における日本地図の発達』八木書店、一九七三年など)。

(7)丸山眞男『日本政治思想史研究』東京大学出版会、新装版一九八三年、二〇頁。

第二部　近代以前

第一章　徂徠の革命

(1)酒井直樹「死産される日本語・日本人」(第一部第一章注2書に同じ)一八五—一八六頁。

(2)同前、一八六頁。

(3)吉川幸次郎『本居宣長』筑摩書房、一九七七年、二〇九—二二七頁。

(4)吉川幸次郎「徂徠学案」(『日本思想大系三六巻　荻生徂徠』解説、岩波書店、一九七三年)六四八—六四九頁。なお、以下、この章の記述は、その事物的な説明のレベルにおいて、多くを吉川の徂徠論に依拠している。

(5)荻生徂徠「学則」一、荻生注4書、一八八—一八九頁。

(6)荻生徂徠「訳文筌蹄」(『荻生徂徠全集』第五巻、河出書房新社、一九七七年)二四頁。

(7)吉川注4論文、六五三—六五四頁。

(8)荻生注6論文、二四頁。

(9)日本の言葉は、かつて文字をもたない音声言語として存在した。そのため、古代初期に言語としての中国語が入ってきた時、これを言語として受けとめることができなかった。中国語の到来が文字の到来として受けとめられたのはそのためである。その事情を母体として生まれた漢文訓読法を、人は「漢文を読むための工夫」と見ることが多い。しかしそうではない。山城むつみは、これを、「漢文を読むためにではなく和文を書くために案出された工夫である」と述べている(「訓読について」『批評空間』第二号、第一期、一九九三年、八二頁)。漢文訓読法は、仮に定義すれば、音声言語としてしか存在していなかった列島の初原語が、音声言語と書記言語(文字)を兼ね備えた「言語」となるためにとった、一時的な中間形態が、「漢文を読むための工夫」に転じたものである。したがって山城のいう通り、「漢文を読むための工夫」ではない、しかし、山城のいうようには、「和文を書くために案出された工夫」でもない。その頃、この〝漢文訓読法〟を離れて「和文」は存在していない。漢文訓読法が和文である、という状況がそこにあった。すなわち、和文は当時、未成の言語だったのである。したがって、漢文訓読法とは、「和文を作るために」案出された工夫が、その後転用され、「漢文を外国語でなくするために」用いられたものである。中国語は、こういうわけではじめに列島に移入されて以来、一度も外国語としては受けとめられていない。したがって、徂徠が、それを、この時「はじめて」外国語として発見している。

(10)吉川注4論文、六六九頁。
(11)同前、六七〇頁。
(12)同前、六七〇―六七一頁。
(13)橋本治『桃尻語訳 枕草子』上、河出文庫、一九九八年、二五頁、初出一九八七年。
(14)吉川注4論文、七一五―七一六頁より再引用。
(15)丸山前掲(第一部第二章注7書)二〇―二五頁。
(16)荻生徂徠「弁名」下、荻生注4書、一二三頁。

(17)吉川注4論文、七二〇頁。
(18)丸山前掲、八三―八四頁。
(19)丸山前掲より再引用、一七一頁。
(20)たとえば「弁道」三、荻生注4書、一三頁頭注。
(21)丸山前掲、一八五頁。

第二章　宣長の抵抗

(1)この種の宣長考察の代表的なものには、前出、丸山眞男『日本政治思想史研究』の他に、村岡典嗣『本居宣長』(岩波書店、一九六六年、初出一九一一年)、源了圓『徳川合理思想の系譜』(中央公論社、一九七二年)、日野龍夫『宣長と秋成』(筑摩書房、一九八四年)などがある。
(2)宣長の論を国学イデオロギーの源泉、あるいは国民国家イデオロギーの体現物と見て否定することの第二の範疇の論には、最近のものとして、子安宣邦『本居宣長』(岩波新書、一九九二年)、百川敬仁『内なる宣長』(東京大学出版会、一九八七年)などがある。
(3)第三のカテゴリーの、宣長の称揚の論としては、戦時下に書かれた代表的なものに、蓮田善明『本居宣長』(新潮社、一九四三年)がある。なお、小林秀雄『本居宣長』(新潮社、一九七七年)は戦後型の宣長評価の一典型を示すが、それについては第四部第二章で考える。
(4)子安宣邦『本居宣長』注2書、三一―四〇頁。
(5)『朝日新聞』一九八八年三月二二日夕刊。子安宣邦『「宣長問題」とは何か』(青土社、一九九五年)より再引用、一八―二二頁を参照。

(6)子安注2書、四三頁。
(7)本居宣長『玉勝間』一の二四(『日本思想大系第四〇巻　本居宣長』岩波書店、一九七八年)二五頁。
(8)野口武彦「本居宣長の古道論と治道論」(野口編注『宣長選集一』解説、筑摩書房、一九八六年)より再引用、一九頁。
(9)同前、三六―三七頁。
(10)日野龍夫「宣長学の成立」(『宣長と秋成』筑摩書房、一九八四年)より再引用、一三七頁。漢文からの訳は、日野による。
(11)日野龍夫「宣長学成立まで」(注7『日本思想大系第四〇巻　本居宣長』解説)、五六八頁。
(12)丸山前掲より再引用、一一一頁。
(13)本居宣長「あしわけをぶね」(丸山前掲より再引用、一七二頁)。
(14)本居宣長「紫文要領」巻下(丸山前掲より再引用、一七三頁)。
(15)宣長の示唆するのは次のことである。丸山は、ここで公(public)と私(private)の分離を近代の意識の指標と見なしているが、この分岐は、実は公(public)によって主導された分岐にほかならない。しかし、私的なものは、私的領域というprivacyの原理とは別に、公から独立した別個の価値の意識と秩序をもっている。なお、これについては、加藤の以下の著作を参照。『増補改訂・日本の無思想』第三部「近代の嘘――公的なものと私的なもの」平凡社ライブラリー、二〇一五年、『戦後的思考』第三部「戦後――私利私欲をめぐって」講談社文芸文庫、二〇一六年、初出一九九九年。
(16)本居宣長「直毘霊」野口注8書、所収、四六―四七頁。

(17)野口注8論文より再引用、一二頁。
(18)本居宣長「直毘霊」前掲、五七頁。
(19)同前、六五頁。
(20)同前。
(21)本居宣長『玉勝間』一の二三、前掲、二五頁。
(22)同前、一の二四。二六頁。
(23)フッサール『ヨーロッパの学問の危機と先験的現象学』第一部、第二部(『世界の名著第六二巻
ブレンターノ・フッサール』中央公論社、一九八〇年、一九三五年執筆)
(24)野口注8論文、二三頁。
(25)本居宣長『呵刈葭』解題(石川淳編『本居宣長』中央公論社、一九八四年)一八六頁。
(26)本居宣長『呵刈葭』(『本居宣長全集』第九巻、筑摩書房、一九七二年)三九九頁。
(27)日野龍夫「宣長の一側面」(石川編『本居宣長』注25前掲、月報)一頁。
(28)本居宣長『呵刈葭』前掲、四〇四頁。
(29)同前、四〇四—四〇五頁。
(30)同前、四〇七頁。
(31)本居宣長『くずばな』(野口編注『宣長選集一』前掲)七七頁。
(32)野口注8論文、二二頁。
(33)本居宣長『くずばな』(野口編注『宣長選集一』前掲)上、七九頁。
(34)本居宣長「直毘霊」前掲、四八頁。

(35)同前、五五頁。
(36)同前、五三頁。
(37)同前、五九―六〇頁。
(38)本居宣長「うひ山ぶみ」、本居注7書、五三五―五三六頁。
(39)本居宣長「石上私淑言」巻二、七四(『本居宣長全集』第二巻、筑摩書房、一九六八年)一五九頁。
(40)同前、巻二、七六。本居注39書、一六一頁。
(41)同前、巻一、一四。本居前掲、一一二頁。

第三部　近代以後

第一章　関係の発見

(1)松本健一『開国・維新』中央公論社、一九九八年、一二四頁。
(2)同前、一三一頁。
(3)ここに真と善を出していることについて一言付言する。真は原理的に内在の方法で捉えられる。そうである以上、つねにいくつかの真がありうる。ではそのいくつかの真のぶつかりあいをどう考えるか。そのいくつかの真の対立に対し、真とは別の位階に、それらいくつかの真の違いにもかかわらず、それを互いに許容し、共通する価値に基づいて、平和と共存と調和をめざすことを内容とする、これと異なるもう一つの価値秩序概念を想定することができる。ここでは、その真の上に立つ――関係性の――価値概念を、善とよんでいる。たとえば竹田青嗣・西研編『はじめての哲学史

——強く深く考えるために』(有斐閣、一九九八年)におけるカントの項の記述が、こうした考え方の一端を提示している。むろんこのような無秩序の戦乱の経験から、こうした関係性に立脚する考え方を取りだしてくるのは、カントである。

(4)福田歓一『政治学史』東京大学出版会、一九八五年、二九四頁。

(5)佐久間象山の松代藩主真田幸貫宛て上書(一八四二年)。丸山眞男「幕末における視座の変革」(『忠誠と反逆』筑摩書房、一九九二年)より再引用、一一八頁。

(6)ここでは「内在」と「関係」を二元論の軸にとる。そのため、これを世にいう哲学概念に重ねれば、この「内在」はさらに下位分類として、「内在」と「超越」とに分かれることになる。したがって、フランス革命における「人間」の原理に立脚する革命思想は、ほんらいなら「超越」と呼ばれてもよいはずだが、ここでは「内在」と呼ぶ。本文に述べる二分法の視点に立つと、「民族」(＝内在)と「人間」(＝超越)がともに〝内在〟の概念であり、「国民」(＝関係)が〝関係〟の概念になる。

(7)「ペリー来航に関する井伊直弼の上書(嘉永六年八月二九日)」(大久保利謙他編『近代史資料』吉川弘文館、一九六五年)一四頁。

(8)「アイノ」呼称は、早い時期では『蝦夷随筆』(一七三八年)『北海随筆』(一七三九年)よりあるという(金田一京助「言語学上より見たる蝦夷とアイヌ」一九二三年、『金田一京助全集』第六巻、三省堂、一九九三年)。金田一は、こう書いている。「即ち(江戸期から明治期にかけての呼称変化は——加藤)アイノ→アイヌとなって行ったようであるが、この二語の間には内的な歴史的関係があるのでなく、アイヌ人の方では、もとから ainu と発音していたのだが昔の人は、それをアイノと聞いて、アイノと呼んでいた。それをバチェラー博士以後はじめて、アイノ人が言うのは aino ではなくainuだとわかって、今度はアイヌと呼ぶようになったのである」(金田一前掲文)。しかし、アイヌ人は「もとからainuと発音していた」のではない。彼らは、「これを英語で表記すれば、“aino”とではなく“ainu”となるような音で発音していた」のであり、外国からきて最初のアイヌ人研究家となったバチェラーは、それまでの列島での表記である「アイノ」をもとに“aino”とみなしていた呼称を、誤りに気づいた時点で、“ainu”と訂正している。「アイヌ」表記は、この“ainu”の訳語として生まれている。単なる列島語「アイノ」の訂正ではない。

(9)丸山眞男「明治国家の思想」(『戦中と戦後の間』みすず書房、一九七六年)二〇二―二〇四頁。

(10)ここにいう「変節」に躓き、これに抗議した幕末期、明治初期の志士たちの数が、必ずしも少なくないものであったことを、野口良平の近刊『幕末的思考』(みすず書房、二〇一七年)によって知ることができた。野口は、新政府軍の年貢半減令(一八六八年)の無責任な取り下げにより一方的に「偽官軍」扱いを受け、信頼する新政府に裏切られ梟首された相楽総三その他、時代に翻弄された人士の例を数多くあげている。

(11)福沢諭吉「丁丑公論」(『福沢諭吉選集』第一二巻、岩波書店、一九八一年、執筆一八七七年)二一二、二二一―二二二頁。

(12)同前、二二一―二二二頁。

(13)福沢諭吉「瘠我慢の説」については、これまで次の二つで触れている。「『瘠我慢の説』考――民主主義とナショナリズムの閉回路をめぐって」(『可能性としての戦後以後』岩波書店、一九九九年)、『増補改訂・日本の無思想』平凡社ライブラリー、二〇一五年、初出一九九九年。

(14)それぞれ三宅雪嶺〔無署名〕「『瘠我慢の説』を紹介す」(『日本』一九〇〇年一二月二八日)、徳富蘇峰「瘠我慢の説を読む」(『国民新聞』一九〇一年一月一三日)、伊藤正雄「『瘠我慢の説』私説」(『神戸女子大学紀要』第四巻、一九七五年)より再引用。

第二章　柳田国男と民俗学

(1)野口武徳「総説」(赤田光男他『日本民俗学』弘文堂、一九八四年)一頁。

(2)岡正雄「民俗学と民族学」(『日本民俗学大系1　民俗学の成立と展開』平凡社、一九八五年、初出一九六〇年)一七七―一七八頁。

(3)ここに現れている民族学(「自」として「他」を描く肖像画制作)に対する、「自」を「自」の目で描く自画像制作の試みとしての民俗学という観点は、この後読んだブルーノ・ラトゥールの『虚構の「近代」――科学人類学は警告する』(川村久美子訳、新評論、二〇〇八年、原著一九九一年)が提起している「シンメトリックな人類学」という観点と、その人類学・民俗学批判のあり方で、響きあうものをもっている。今後の考察の課題としたい。

(4)フレイザー『金枝篇』一九一一年版、橋川文三『柳田国男――その人間と思想』(講談社学術文庫、一九七七年、初出一九六四年)七八頁より再引用。

(5)橋川注4書、七九頁。

(6)同前、八二頁。

(7)柳田国男『民間伝承論』共立社、一九三四年、橋川注4書、八五―八六頁より再引用。

(8)佐藤健二「常民」(事典項目、『社会学事典』弘文堂、一九八八年)四六六頁。

(9)ここに述べた指摘は、それぞれ、村井紀『増補・改訂　南島イデオロギーの発生――柳田国男と植民地主義』(太田出版、一九九五年、初版一九九二年)八―九頁、小熊英二『単一民族神話の起源――〈日本人〉の自画像の系譜』(新曜社、一九九五年)二〇五―二三四頁、赤坂憲雄『柳田国男の読み方――もうひとつの民俗学は可能か』(ちくま新書、一九九四年)一八七―一九六頁、などにある。

(10)岩本由輝『もう一つの遠野物語』刀水書房、一九八三年、一八四―一八六頁、同『続柳田国男――民俗学の周縁』柏書房、一九八三年、七九―八〇頁。

(11)柳田国男「委任統治領における原住民の福祉と発展」(一九二三年七月二〇日―八月一〇日、国際聯盟常設委任統治委員会第三回会議における報告、『同議事録』〈原英文〉)岩本由輝訳、岩本注10、『もう一つの遠野物語』所収、二一七―二一八頁。

(12)同前、二一九頁。

(13)同前、二二四頁。

(14)同前、二二八頁。

(15)同前、二二九頁。

(16)同前、二二九―二三〇頁。

(17)柳田国男「海南小記」(『定本柳田国男集』第一巻、筑摩書房、一九六八年)二三一頁。

(18)座談会「柳田学の形成と主題」における橋川文三の発言、『柳田国男研究』創刊号、一九七三年、所収。

(19)柳田国男「日本の民俗学」『青年と学問』所収、初出一九二六年、注17前掲定本全集、第二五巻、一九七〇年、二五六頁。

(20)同「青年と学問」『青年と学問』所収、初出一九二五年、同前、一〇七頁。

(21)同「一国民俗学」『民間伝承論』所収、初出一九三四年、同前、三四九頁。
(22)小熊注9書、二三〇頁。
(23)柳田国男『民間伝承論』第三書館、一九八六年、初出一九三四年、梶木剛『柳田國男の思想』勁草書房、一九八九年より再引用、四六九頁。
(24)同「新たなる国学」『郷土生活の研究法』所収、初出一九三五年、注17前掲定本全集、第二五巻、三二七―三二八頁。
(25)梶木注23前掲、四五〇―四五一頁。

第四部　戦争体験と世界認識

第一章　鏡の破砕

(1)具体的にいえば、はじめて資本主義国の体制を労働者を搾取する非人道的な悪であると弾劾する共産主義革命が実現し、これに対抗するように資本主義国にも戦争を違法とみなす新しい戦争観が現れる。ヴェルサイユ条約締結以降、一九二〇年、国際連盟が発足し、一九二八年、パリ不戦条約が締結される。
(2)入江昭『太平洋戦争の起源』篠原初枝訳、東京大学出版会、一九九一年。
(3)ハンナ・アーレントによれば、「帝国主義」の時代は、ヨーロッパにおける「アフリカ争奪戦」のおこる一八八四年から第一次世界大戦の起こる一九一四年までを覆う。つまり、第一次世界大戦で終わる。(『全体主義の起源2　帝国主義』大島通義・大島かおり訳、みすず書房、一九七二年)

一頁。
(4)石田英一郎(司会)・江上波夫・岡正雄・八幡一郎「シンポジウム・日本民族の起源」『民族学研究』第三号、一九四九年。なお、江上はその後、その所説をさらにまとめ、「日本における民族の形成と国家の起源」という論考の形にしている。江上他著『論集騎馬民族征服王朝説』大和書房、新装版一九八六年、初版一九七五年、一〇一—一四四頁。
(5)座談会は、一日あいだにはさんで二回にわたって行われ、それぞれ「日本人の神と霊魂の観念そのほか」、「民俗学から民族学へ」と題され、『民族学研究』一九四九年一二月号、一九五〇年二月号に掲載された。
(6)注5の第一回目の座談会「日本人の神と霊魂の観念そのほか」(柳田国男・折口信夫・司会石田英一郎)における石田の発言。宮田登編『柳田国男対談集』ちくま学芸文庫、一九九二年、二一一頁。
(7)注5の第二回目座談会「民俗学から民族学へ」での柳田の発言。注6宮田編書、二七七—二七八頁。
(8)家永三郎との対談「日本歴史閑談」一九四九年での柳田の発言。注6宮田編書、一九〇頁。
(9)西谷修・酒井直樹の対談「世界史の解体」における西谷修の発言。酒井直樹・西谷修著『〈世界史〉の解体——翻訳・主体・歴史』以文社、一九九九年、二〇頁。
(10)同前、二一頁。

第二章　小林秀雄と「国民」

(1)小林秀雄『本居宣長』新潮社、一九七七年、八回、七四—八二頁。

(2)同前、二五回、二八七頁。

(3)同前、二八八頁。

(4)同前、二九〇頁。

(5)鶴見俊輔は、以前、自分の上梓しようとする本の題名を「日本的思想の可能性」としていたところ、丸山眞男に、それは君の思想の意味を体していない、君の思想の核心は「日本的」ではなくて「日常的」ではないかといわれ、感じるところがあり、急遽、出版社に連絡してタイトルを「日常的思想の可能性」に改めた、という話を、あるところで語っている(『期待と回想』上巻、晶文社、一九九七年、一八九―一九〇頁)。小林の指摘は、このエピソードを連想させる。

(6)本居宣長「うひ山ぶみ」(ノ)、『日本思想大系第四〇巻　本居宣長』前掲(第二部第二章注7書)、五三二頁。

(7)小林前掲、二二回、二四一頁。

(8)同前、二六回、三〇四頁。

(9)同前、三四回、四一六頁。

(10)同前、三五回、四三〇―四三一頁。

(11)同前、四三一頁。

(12)同前。

(13)吉川『本居宣長』前掲(第二部第一章注3書)二三八頁。

(14)小林前掲、三五回、四二七頁。

(15)同前、四二五―四二六頁。

第三章　吉本隆明と「関係」

(1)吉本隆明「文化的な自意識のドラマ」(『週刊読書人』一九七八年一月二日、九日。以後「『本居宣長』を読む」と改題して『悲劇の解読』筑摩書房、一九七九年に「小林秀雄」の付録の形で収録)。

(2)小林の『本居宣長』は一九七六年一二月に六三回までの連載を終え、一九七七年九月に終章を擱筆した後、同年一〇月に刊行される。吉本の編集・解説による『小林秀雄集』(『近代日本思想大系』第二九巻、筑摩書房)は、その雑誌連載終了とほぼ同時期の一九七七年一月に刊行されている。

(3)吉本注1文、『悲劇の解読』八四頁。

(4)同前。

(5)「情況とは何かⅥ――知識人・大衆・家」(『自立の思想的拠点』徳間書店、一九六六年)一五〇頁。

(6)「マチウ書試論」(『芸術的抵抗と挫折』未来社、一九六三年)七四―七五頁。なお、この一文は一九五五年前後に書かれた「マチウ書試論」3の最後に出てくる。

(7)この吉本とフーコーの対談は「世界認識の方法――マルクス主義をどう始末するか」(通訳・蓮實重彦)と題され、一九七八年七月、『海』に掲載された後、吉本隆明『世界認識の方法』(中公文庫、一九八四年、初出一九八〇年)に収録されている。

(8)インタビュー「歴史・人間・国家」(聞き手樺山紘一、『中央公論』一九七八年一二月号、前掲『世界認識の方法』所収)における吉本の発言。八二頁。

(9)座談会「半世紀後の憲法」(吉本隆明・竹田青嗣・橋爪大三郎・加藤典洋『思想の科学』一九九五年七月号)での吉本の発言。五〇頁。

(10)小林秀雄・江藤淳対談「『本居宣長』をめぐって」(『新潮』一九七七年一二月号、『江藤淳文学集成2』河出書房新社、一九八四年)での小林の発言。三八八頁、三九一頁。
(11)注9座談会、同前、五〇頁。なおこの発言は加藤に向けられた発言である。
(12)吉本注1文、八四―八五頁。
(13)吉本隆明『高村光太郎』講談社文芸文庫、一九九一年、初出一九五七年、一七二―一七三頁。
(14)吉本注1文、八〇頁。
(15)本文に記してあるように、ここに述べられる「未開の自然宗教的な感性と思惟」という吉本の表現は、まず、一九七八年の小林の『本居宣長』への書評の中に現れ、宣長が『古事記』の中に見出したものは、日本だけにある「万邦無比」のものではなく、その反対に、「ゲルマンの森林、ラテンの海」、「ポリネシアの島」に通底する広がりをもつだろう、と語られた。ついで、一九八七年の『柳田国男論』では、この後見るように、「常民」の広がりは「日本」にとどまるものではなく、マクロ的な概念把握を要する内容をもつものだが、柳田はそこまで踏み出すことがなかった、として、柳田のマクロ的次元における弱点として語られることになる。では、宣長が、「万邦無比」の狭さから抜け出し、柳田が、マクロ的視点での弱点を克服し、新しい関係の世界へと踏み出すことができたとすれば、それらは、どのような論の広がりをもつことになったか。それへの答えとして、吉本が、一九九八年に書くのが、『アフリカ的段階について――史観の拡張』である。本書の刊行時、本書の第四部第三章第二節のあとには、文庫版あとがきに記すように、最終節として第三節「未成の共同性へ」が準備されており、そこで、この吉本の新しい著作が、取りあげられていたが、紙幅の関係で収載できなかった。今回はこれを復活し、節題を「『古事記』の中の「アフリカ的段階」」

と改め、「終わりに」との二部仕立てで、収録している。
(16)吉本隆明の『柳田国男論』は、一九八四年四月から一九八七年六月まで『国文学　解釈と教材の研究』に断続的に九回掲載された後、そのまま『吉本隆明全集撰第四巻　思想家』(大和書房、一九八七年)に収録された。その後、関連論考をあわせて『定本柳田国男論』(洋泉社、一九九五年)として上梓されている。
(17)吉本隆明「柳田国男論」『吉本隆明全集撰第四巻　思想家』前掲、一〇頁。
(18)同前、一一頁。
(19)同前、一七頁。
(20)同前、二〇―二一頁。
(21)同前、一七三頁。
(22)同前、四四―四五頁。
(23)同前、四七頁。
(24)吉本隆明『アフリカ的段階について――史観の拡張』春秋社、一九九八年、一五―一六頁。
(25)同前、二七―二八頁。
(26)同前、五八頁。
(27)同前、二七頁。

終わりに

(1)中村生雄「自画像を描くということ――加藤典洋『日本人の自画像』に関連して」『大阪大学日

本学報』二〇号（大阪大学大学院文学研究科日本学研究室、二〇〇一年）、一七三頁。なお、この文章には励まされた。中村氏は二〇一〇年に亡くなられた。学恩に感謝したい。

あとがき

この本は最終的に、この間、わたしが述べてきたことの原論(?)のような位置をしめるものになった。ここに考えられていることは、一言でいうと、「内在」から「関係」への〝転轍〟という問題である。賢明な読者はもうお気づきかと思うが、これは、わたしが、この間、述べてきた、あの自国の死者との向き合いを先に、そこから他国の死者にいくのでなければ、わたし達は他国の死者に出会えない、という主張(『敗戦後論』)の、「原論」なのである。

人は「内在」の方法からはじめるしかない。しかし、その「内在」の方法をどこまでも愚直に貫徹すれば、必ず、関係世界のとば口で、躓く。けれども、その躓きがなければ、人に、「関係」の方法へと転轍しなければならない理由は、生まれない。わたしのいう、自国の死者への弔いを先にすることとは、ここにいう、「内在」を先にすることに該当する。しかし、それが必ず、〝転轍〟の試練にさらされるとは、それが、他国の死者と出会わずにいない、また、他国の死者と出会う、ただ一つの道だ、ということである。

さて、この本の最初の着想を手にしてから一五年になる。

この本は、その時考えたものとはだいぶ違うものになった。いざ執筆する段になり、準備してきたことをそのまま書いたら、これは、マズい、という予感がした。わたしの言い方だと、「球をおきにいく」投げ方になってしまう。そのため、自分にとって一番、困難であろうと思われるルートを選ぶことになった。直接の執筆には、一九九九年一〇月から二〇〇〇年三月まで、六カ月をかけている。大学からもらった特別研究休暇を使って、「山にこもり」、さらに「山からおりて」、ほとんど他には何もせずに、ひたすら、この原稿を書いた。

この本がその枠の中で書かれるシリーズ「日本の五〇年　日本の二〇〇年」の狙いを、わたしはこう理解している。これまで、近代をめぐる問いは、日本では、だいぶ長い間、明治維新を起点に、一〇〇年を単位に考えられてきた。五〇年と二〇〇年というのは、この一〇〇年を分力し、また合力することによって得られたものである。そのうち、五〇年は、戦後の時間の幅を意味している。いまや、戦後という時間が、かつての明治以降の近代に迫る独立した歴史的時間となってきたという認識が、そこにはある。歴史としての戦後に向かい合う、というのがこの五〇年の意味なのだろう。

では、二〇〇年という時間の幅は、何か。いま、日本で近代のさまざまな事象の意味を考えようとしたら、近代以前を繰り込まないと、有効な結果をえられない、という経験的判断が、そこにはあるだろう。「わたし達の近代」が、わたし達の「近代以前」からはじまっていること、明治と江戸の落差を貫通する視線が必要なことを、わたし達の「近代以後」の生は、日々、わたし達に告げてやまない。二〇〇年は、一〇〇年の近代を相対化し、またわたし達の五〇年の近代を相対化する、この国がくれた、もう一つの近代なのである。わたしは、「日本人の自画像」をめぐる問いを、このような判断に刺戟されて、改めて考え直す必要に迫られた。「われわれ日本人とは何か」という問いは、江戸の後期、国学の大成者といわれる本居宣長において現れる。その宣長が死去したのは一八〇一年、いまから二〇〇年前のことである。

宣長に関しては五年ほどまえに、勤務する明治学院大学国際学部の近代天皇制研究会で半年間ほど、読書会を続けたことがある。しかし、自分の関心からこんなふうに江戸期の著作を没頭して読んだのは、はじめてである。徂徠とともに、そうして読み、予想もしない解放感をおぼえた。明治以来日本を覆う「近代の疲れ」ともいうべきもののなかに自分もいることを、わたしははじめて、自分のこととして感じたのである。

最後になったが、最初にわたしの目を宣長および柳田に向かわせてくれた明治学院大学国際学部の同僚である阿満利麿氏、質問に答えて下さった北海道立アイヌ民族文化研究センター研究課の小川正人氏、また調査の面で助けて下さった径書房編集部の瀧口夕美氏、講談社『群像』編集部の寺西直裕氏に、感謝する。また、規定の期日を大幅に遅れ、さらに三月まで、御迷惑をおかけし続けることになった岩波書店の方々、このシリーズの責任者である同編集部長の高村幸治氏、助言を下さった同編集部、坂本政謙氏、辛抱強く原稿完成を待ち、言葉に尽くせない御苦労を寛大にお引き受け下さった担当の吉村弘樹氏に、お詫び申し上げるとともに、深く、感謝の意を表する。

この原稿は、寒い人のいない山の中と、もう時間のない人の間で、二回にわたって書き直された。寒い山中の貸別荘につきあわせたのは、猫のキヨ。夜遅くまで御迷惑をおかけした人の数は、数知れない。頭を垂れ、深く感謝したい。

二〇〇〇年三月

加藤典洋

岩波現代文庫版あとがき

この本が最初に書かれたときの、執筆の背景について、述べておきたい。

二〇〇〇年、いまから一七年前、私はこの本を並々ならぬ意欲と野心をもって書いたはずである。考えられたことの最初のきっかけは、「『日本人』の成立」という論考が書かれた一九八八年。単行本のあとがきに、この本は(一九九七年刊の)『敗戦後論』の原論にあたる、と書いているが、九年後、新たに提起した戦後の問題で露呈した問題を、自在に、日本の始原に探り、未来の世界認識にまでつなぐという構想のもと、展開しようと考えていた。

この間、『敗戦後論』という形で表明した思想が、どこから、なぜ、生まれてこざるをえないのか。そのことの背景を、一九九八年から一九九九年にかけ、『戦後的思考』(講談社文芸文庫、二〇一六年、初出一九九九年)、『日本の無思想』(増補改訂のうえ、平凡社ライブラリー、二〇一五年、初出一九九九年)で追尋したが、これを受け、最後、「自」が「自」を描く自画像制作の思想というあり方を手がかりに、江戸からポスト近代まで、明治、昭和、戦後を串刺しに、始原と未来に開かれた形で展開しようと考えた。当時、ひそかに『敗戦後論』以後の三部作と考えたものの、その掉尾をなすものが、この本だったのである。

内容として、『敗戦後論』に示された問題の淵源を、プレ近代、江戸後期の思想的な冒険、幕末の経験のうちに求め、そこでの発見の定式を、「内在」から「関係」への〝転轍〟というあり方にまとめている。ただ、このあと述べる事情から、この二〇〇〇年刊の単行本版では、もう一つの目論見、自画像制作の〝復路(還相)〟にあたる、関係の思想への内在の観点の再取り込みを経由した、本居宣長の『古事記伝』から吉本隆明の『アフリカ的段階について——史観の拡張』までをつなぐ試みに、整合的な形を与えるにはいたっていない。

この本を書き終えたときには、さすがに一種の虚脱感に襲われ、自分はいったい何をしようとしているのか、このさき当分、自分の関心についてきてくれる読者はいないのではないか、という気持ちに襲われた。ほんとうならもっと時間をかけ、人にも尋ねながらやるべき仕事を、急ぎ足で一人でやってしまったという思いがあった。しかし、いま、読み返してみても、ここに書かれたことが古びてしまったとは思えない。また、当時の思想の流行とは無縁に、孤立の中で考えられたためだろう。その後、類書が現れたとも見受けられない。自画像制作の学は、まだはじまったばかりであり、いまでも、書けといわれたら、今度こそ、広く人に学びながら、より明確な展望を手にしながらではあるけれども、また似たような内容の本を書いてしまいそうな気がしている。

中身は、見ての通り。今回の文庫版をきっかけに、吉本隆明、小林秀雄、柳田国男から遡り、さらに宣長、徂徠にまで関心を伸ばす人、幕末から明治へという動きの中で消えた尊攘思想のゆくえを追う人、またその一九三〇年代における皇国史観の名での甦りに関心をもつ人、あるいは地図や図像を手がかりに、ダイナミックに日本の始原について考える人などが出てくることを、期待している。同時に、関連する分野の専門家から、新たな教示を得られることを切に願っている。

先の刊行時、じつは、シリーズの一つとして書かれたために長さに制限があった。そのために、最後、泣く泣く、出てからまもない吉本隆明の『アフリカ的段階について――史観の拡張』にふれた最終節の収録を、割愛しなければならなかった。増刷の機会があれば、そのときに入れるという編集側との合意があったが、この著作をもとに科研費のプレ近代をめぐる共同研究を提案してきた橋爪大三郎氏、本文(「終わりに」)にもふれた民俗学者の中村生雄氏の言及などには励まされたものの、その後、さしたる反響はなく、そのままに終わった。

これまで、この収載されなかった最終節は、橋爪氏との共同研究の報告書(『日本プレ近代思想の系譜学』平成12―14年度日本学術振興会科学研究費補助金基盤研究C2課題番号12610043、研究成果報告書、研究代表者橋爪大三郎、二〇〇五年八月)に付録として収載されるにとどまっていた。それがこのたび、ようやく日の目を見る。今回の岩波現代文庫版に「増補」の二字を冠するのは、そのためである。私の歓びは、深い。

ただし、今回、著作全体を通読し、この最終節は、かなりの個所を書きかえている。当初の内容は、刊行から間もない吉本隆明『アフリカ的段階について――史観の拡張』の達成を受けて、この著作の意義を強調するものだったが、それまで取りあげてきた他の試みとの関連にしぼり、加筆訂正のうえ、最後に「終わりに――四つの象限」を分離した。最終節のタイトルも、「未成の共同性へ」から「『古事記』の中の「アフリカ的段階」」に改めている。これで、自画像制作から世界認識の学の更新まで、往相と還相をカバーした形となる。最終節は、一部、二〇一四年の著作『人類が永遠に続くのではないとしたら』での言及と内容的に重なっていることも、お断りしておく。

最後に、文庫化に関して、岩波書店編集部の坂本政謙さんに言葉に尽くせないほど、お世話になった。記して感謝を申し上げる。

二〇一六年一一月

加藤典洋

本書は二〇〇〇年三月、シリーズ「日本の50年 日本の200年」のうちの一冊として岩波書店から刊行された。文庫化に際し、全体への加筆修正とともに、第四部第三章に新たな節と、「終わりに――四つの象限」を増補した。

増補 日本人の自画像

2017年1月17日　第1刷発行

著　者　加藤典洋《かとうのりひろ》

発行者　岡本　厚

発行所　株式会社　岩波書店
〒101-8002 東京都千代田区一ツ橋 2-5-5

案内 03-5210-4000　営業部 03-5210-4111
現代文庫編集部 03-5210-4136
http://www.iwanami.co.jp/

印刷・精興社　製本・中永製本

ISBN 978-4-00-600357-9　Printed in Japan

岩波現代文庫の発足に際して

新しい世紀が目前に迫っている。しかし二〇世紀は、戦争、貧困、差別と抑圧、民族間の憎悪等に対して本質的な解決策を見いだすことができなかったばかりか、文明の名による自然破壊は人類の存続を脅かすまでに拡大した。一方、第二次大戦後より半世紀余の間、ひたすら追い求めてきた物質的豊かさが必ずしも真の幸福に直結せず、むしろ社会のありかたを歪め、人間精神の荒廃をもたらすという逆説を、われわれは人類史上はじめて痛切に体験した。

それゆえ先人たちが第二次世界大戦後の諸問題といかに取り組み、思考し、解決を模索したかの軌跡を読みとくことは、今日の緊急の課題であるにとどまらず、将来にわたって必須の知的営為となるはずである。幸いわれわれの前には、この時代の様ざまな葛藤から生まれた、人文、社会、自然諸科学をはじめ、文学作品、ヒューマン・ドキュメントにいたる広範な分野のすぐれた成果の蓄積が存在する。

岩波現代文庫は、これらの学問的、文芸的な達成を、日本人の思索に切実な影響を与えた諸外国の著作とともに、厳選して収録し、次代に手渡していこうという目的をもって発刊される。いまや、次々に生起する大小の悲喜劇に対してわれわれは傍観者であることは許されない。一人ひとりが生活と思想を再構築すべき時である。

岩波現代文庫は、戦後日本人の知的自叙伝ともいうべき書物群であり、現状に甘んずることなく困難な事態に正対して、持続的に思考し、未来を拓こうとする同時代人の糧となるであろう。

（二〇〇〇年一月）

岩波現代文庫[学術]

G351-352
定本 丸山眞男回顧談(上・下)
松沢弘陽・植手通有・平石直昭 編

自らの生涯を同時代のなかに据えてじっくりと語りおろした、昭和史の貴重な証言。読解に資する注を大幅に増補した決定版。下巻に人名索引、解説(平石直昭)を収録。

G353
宇宙の統一理論を求めて ―物理はいかに考えられたか―
風間洋一

太陽系、地球、人間、それらを造る分子、原子、素粒子。この多様な存在と運動形式をどのように統一的にとらえようとしてきたか。科学者の情熱を通して描く。

G354
トランスナショナル・ジャパン ―ポピュラー文化がアジアをひらく―
岩渕功一

一九九〇年代における日本の「アジア回帰」を通して、トランスナショナルな欲望と内向きのナショナリズムとの危うい関係をあぶり出した先駆的研究が最新の論考を加えて蘇る。

G355
ニーチェかく語りき
三島憲一

ニーチェを後世の芸術家や思想家はどう読んだのか。ハイデガーや三島由紀夫らが共感した言葉を紹介し、ニーチェ読解の多様性を論ずる。岩波現代文庫オリジナル版。

G356
江戸の酒 ―つくる・売る・味わう―
吉田元

酒づくりの技術が確立し、さらに洗練されていった江戸時代の、日本酒をめぐる歴史・社会・文化を、史料を読み解きながら精細に描き出す。〈解説〉吉村俊之

2017.1

岩波現代文庫[学術]

G357

増補 日本人の自画像

加藤典洋

日本人というまとまりの意識によって失われたものとは何か。開かれた共同性に向けた、「内在」から「関係」への〝転轍〟は、どのようにして可能となるのか。

2017.1